EL CATECISMO MENOR
DE MARTÍN LUTERO
con explicaciones

MARTIN LUTHER'S
SMALL CATECHISM
with explanation

Edición bilingüe – Bilingual Edition

CONCORDIA PUBLISHING HOUSE • SAINT LOUIS

3558 South Jefferson Avenue, Saint Louis, Missouri 63118-3968 U.S.A.
1-800-325-3040 • cph.org

Editorial Concordia es la división hispana de Concordia Publishing House.

Impreso en los Estados Unidos de América

This edition published in 2015.
3558 S. Jefferson Ave., St. Louis, MO 63118-3968
1-800-325-3040 • cph.org

Manufactured in the United States of America

4 5 6 7 8 9 10 11 31 30 29 28 27 26 25 24 23

CONTENIDO

CONTENTS

LOS DIEZ MANDAMIENTOS

Cómo el jefe de familia debe enseñarlos en forma muy sencilla a los de su casa.

El Primer Mandamiento

No tengas otros dioses aparte de mí.

¿Qué quiere decir esto?

Más que a todas las cosas debemos temer y amar a Dios y confiar en él.

El Segundo Mandamiento

No hagas mal uso del nombre del Señor tu Dios.

¿Qué quiere decir esto?

Debemos temer y amar a Dios de modo que no usemos su nombre para maldecir, jurar, hechizar, mentir o engañar, sino que lo invoquemos en todas las necesidades, lo adoremos, alabemos y le demos gracias.

El Tercer Mandamiento

Acuérdate del día de reposo, para santificarlo.

¿Qué quiere decir esto?

Debemos temer y amar a Dios de modo que no despreciemos la predicación y su palabra, sino que la consideremos santa, la oigamos y aprendamos con gusto.

El Cuarto Mandamiento

Honra a tu padre y a tu madre.

¿Qué quiere decir esto?

Debemos temer y amar a Dios de modo que no despreciemos ni irritemos a nuestros padres y superiores, sino que los honremos, les sirvamos, obedezcamos, los amemos y tengamos en alta estima.

El Quinto Mandamiento

No mates.

¿Qué quiere decir esto?

Debemos temer y amar a Dios de modo que no hagamos daño o mal material alguno a nuestro prójimo en su cuerpo, sino que le ayudemos y hagamos prosperar en todas las necesidades de su vida.

El Sexto Mandamiento

No cometas adulterio.

¿Qué quiere decir esto?

Debemos temer y amar a Dios de modo que llevemos una vida casta y decente en palabras y obras, y que cada uno ame y honre a su cónyuge.

THE TEN COMMANDMENTS

As the head of the family should teach them in a simple way to his household

The First Commandment

You shall have no other gods.

What does this mean?

We should fear, love, and trust in God above all things.

The Second Commandment

You shall not misuse the name of the Lord your God.

What does this mean?

We should fear and love God so that we do not curse, swear, use satanic arts, lie, or deceive by His name, but call upon it in every trouble, pray, praise, and give thanks.

The Third Commandment

Remember the Sabbath day by keeping it holy.

What does this mean?

We should fear and love God so that we do not despise preaching and His Word, but hold it sacred and gladly hear and learn it.

The Fourth Commandment

Honor your father and your mother.

What does this mean?

We should fear and love God so that we do not despise or anger our parents and other authorities, but honor them, serve and obey them, love and cherish them.

The Fifth Commandment

You shall not murder.

What does this mean?

We should fear and love God so that we do not hurt or harm our neighbor in his body, but help and support him in every physical need.

The Sixth Commandment

You shall not commit adultery.

What does this mean?

We should fear and love God so that we lead a sexually pure and decent life in what we say and do, and husband and wife love and honor each other.

El Séptimo Mandamiento

No robes.

¿Qué quiere decir esto?

Debemos temer y amar a Dios de modo que no quitemos el dinero o los bienes de nuestro prójimo, ni nos apoderemos de ellos con mercaderías o negocios falsos, sino que le ayudemos a mejorar y conservar sus bienes y medios de vida.

El Octavo Mandamiento

No digas mentiras en perjuicio de tu prójimo.

¿Qué quiere decir esto?

Debemos temer y amar a Dios de modo que no mintamos contra nuestro prójimo, ni le traicionemos, ni calumniemos, ni le difamemos, sino que le disculpemos, hablemos bien de él e interpretemos todo en el mejor sentido.

El Noveno Mandamiento

No codicies la casa de tu prójimo.

¿Qué quiere decir esto?

Debemos temer y amar a Dios de modo que no tratemos de obtener con astucia la herencia o la casa de nuestro prójimo ni nos apoderemos de ellas con apariencia de derecho, sino que le ayudemos y cooperemos con él en la conservación de lo que le pertenece.

El Décimo Mandamiento

No codicies la mujer de tu prójimo, ni su esclavo o esclava, ni su buey ni su asno, ni nada que le pertenezca.

¿Qué quiere decir esto?

Debemos temer y amar a Dios de modo que no le quitemos al prójimo su mujer, sus criados o sus animales, ni los alejemos, ni hagamos que lo abandonen, sino que los instemos a que permanezcan con él y cumplan con sus obligaciones.

La conclusión de los Mandamientos

¿Qué dice Dios de todos estos mandamientos en conjunto?

*Dice así: "Yo soy el Señor tu Dios, fuerte y celoso. Yo visito en los hijos la maldad de los padres que me aborrecen, hasta la tercera y cuarta generación, pero trato con misericordia infinita a los que me aman y cumplen mis mandamientos." (***Ex 20.5-6***)*

¿Qué quiere decir esto?

Dios amenaza castigar a todos los que traspasan estos mandamientos. Por lo tanto, debemos temer su ira y no actuar en contra de dichos mandamientos. En cambio, él promete gracia y todo género de bienes a todos los que los cumplen. Así que debemos amarlo y confiar en él y actuar gustosos conforme a sus mandamientos.

The Seventh Commandment

You shall not steal.

What does this mean?

We should fear and love God so that we do not take our neighbor's money or possessions, or get them in any dishonest way, but help him to improve and protect his possessions and income.

The Eighth Commandment

You shall not give false testimony against your neighbor.

What does this mean?

We should fear and love God so that we do not tell lies about our neighbor, betray him, slander him, or hurt his reputation, but defend him, speak well of him, and explain everything in the kindest way.

The Ninth Commandment

You shall not covet your neighbor's house.

What does this mean?

We should fear and love God so that we do not scheme to get our neighbor's inheritance or house, or get it in a way which only appears right, but help and be of service to him in keeping it.

The Tenth Commandment

You shall not covet your neighbor's wife, or his manservant or maidservant, his ox or donkey, or anything that belongs to your neighbor.

What does this mean?

We should fear and love God so that we do not entice or force away our neighbor's wife, workers, or animals, or turn them against him, but urge them to stay and do their duty.

[The text of the commandments is from Ex. 20:3, 7, 8, 12–17.]

The Close of the Commandments

What does God say about all these commandments?

*He says, "I, the Lord your God, am a jealous God, punishing the children for the sin of the fathers to the third and fourth generation of those who hate Me, but showing love to a thousand generations of those who love Me and keep My commandments." (***Ex. 20: 5–6***)*

What does this mean?

God threatens to punish all who break these commandments. Therefore, we should fear His wrath and not do anything against them. But He promises grace and every blessing to all who keep these commandments. Therefore, we should also love and trust in Him and gladly do what He commands.

EL CREDO

Cómo el jefe de familia debe enseñarlo en forma muy sencilla a los de su casa.

El primer artículo

La creación

Creo en Dios Padre todopoderoso, creador del cielo y de la tierra.

¿Qué quiere decir esto?

Creo que Dios me ha creado y también a todas las criaturas; que me ha dado cuerpo y alma, ojos, oídos y todos los miembros, la razón y todos los sentidos y aún los sostiene, y además vestido y calzado, comida y bebida, casa y hogar, esposa e hijos, campos, ganado y todos los bienes; que me provee abundantemente y a diario de todo lo que necesito para sustentar este cuerpo y vida, me protege contra todo peligro y me guarda y preserva de todo mal; y todo esto por pura bondad y misericordia paternal y divina, sin que yo en manera alguna lo merezca ni sea digno de ello. Por todo esto debo darle gracias, ensalzarlo, servirle y obedecerle. Esto es con toda certeza la verdad.

El segundo artículo

La redención

Y en Jesucristo, su único Hijo, nuestro Señor; que fue concebido por obra del Espíritu Santo, nació de la virgen María; padeció bajo el poder de Poncio Pilatos, fue crucificado, muerto y sepultado; descendió a los infiernos; al tercer día resucitó de entre los muertos; subió a los cielos y está sentado a la diestra de Dios Padre todopoderoso; y desde allí ha de venir a juzgar a los vivos y a los muertos.

¿Qué quiere decir esto?

Creo que Jesucristo, verdadero Dios engendrado del Padre en la eternidad, y también verdadero hombre nacido de la virgen María, es mi Señor, que me ha redimido a mí, hombre perdido y condenado, y me ha rescatado y conquistado de todos los pecados, de la muerte y del poder del diablo, no con oro o plata, sino con su santa y preciosa sangre y con su inocente pasión y muerte; y todo esto lo hizo para que yo sea suyo y viva bajo él en su reino, y le sirva en justicia, inocencia y bienaventuranza eternas, así como él resucitó de la muerte y vive y reina eternamente. Esto es con toda certeza la verdad.

El tercer artículo

La santificación

Creo en el Espíritu Santo; la santa iglesia cristiana, la comunión de los santos; el perdón de los pecados; la resurrección de la carne y la vida perdurable. Amén.

THE CREED

As the head of the family should teach it in a simple way to his household

The First Article

Creation

I believe in God, the Father Almighty, Maker of heaven and earth.

What does this mean?

I believe that God has made me and all creatures; that He has given me my body and soul, eyes, ears, and all my members, my reason and all my senses, and still takes care of them.

He also gives me clothing and shoes, food and drink, house and home, wife and children, land, animals, and all I have. He richly and daily provides me with all that I need to support this body and life.

He defends me against all danger and guards and protects me from all evil.

All this He does only out of fatherly, divine goodness and mercy, without any merit or worthiness in me. For all this it is my duty to thank and praise, serve and obey Him.

This is most certainly true.

The Second Article

Redemption

And in Jesus Christ, His only Son, our Lord, who was conceived by the Holy Spirit, born of the Virgin Mary, suffered under Pontius Pilate, was crucified, died and was buried. He descended into hell. The third day He rose again from the dead. He ascended into heaven and sits at the right hand of God, the Father Almighty. From thence He will come to judge the living and the dead.

What does this mean?

I believe that Jesus Christ, true God, begotten of the Father from eternity, and also true man, born of the Virgin Mary, is my Lord,

who has redeemed me, a lost and condemned person, purchased and won me from all sins, from death, and from the power of the devil; not with gold or silver, but with His holy, precious blood and with His innocent suffering and death,

that I may be His own and live under Him in His kingdom and serve Him in everlasting righteousness, innocence, and blessedness, just as He is risen from the dead, lives and reigns to all eternity. This is most certainly true.

The Third Article

Sanctification

I believe in the Holy Spirit, the holy Christian church, the communion of saints, the forgiveness of sins, the resurrection of the body, and the life everlasting. Amen.

¿Qué quiere decir esto?
Creo que ni por mi propia razón, ni por mis propias fuerzas soy capaz de creer en Jesucristo, mi Señor, o venir a él; sino que el Espíritu Santo me ha llamado mediante el evangelio, me ha iluminado con sus dones, y me ha santificado y conservado en la verdadera fe, del mismo modo como él llama, congrega, ilumina y santifica a toda la cristiandad en la tierra, y la conserva unida a Jesucristo en la verdadera y única fe; en esta cristiandad él me perdona todos los pecados a mí y a todos los creyentes, diaria y abundantemente, y en el último día me resucitará a mí y a todos los muertos y me dará en Cristo, juntamente con todos los creyentes, la vida eterna. Esto es con toda certeza la verdad.

EL PADRENUESTRO

Cómo el jefe de familia debe enseñarlo en forma muy sencilla a los de su casa.

Padre nuestro que estás en los cielos. Santificado sea tu nombre. Venga a nos tu reino. Hágase tu voluntad, así en la tierra como en el cielo. El pan nuestro de cada día, dánoslo hoy. Y perdónanos nuestras deudas, así como nosotros perdonamos a nuestros deudores. Y no nos dejes caer en la tentación. Mas líbranos del mal. Porque tuyo es el reino y el poder y la gloria por los siglos de los siglos. Amén.

La introducción

Padre nuestro que estás en los cielos.

¿Qué quiere decir esto?
Con esto, Dios quiere atraernos para que creamos que él es nuestro verdadero Padre y nosotros sus verdaderos hijos, a fin de que le pidamos con valor y plena confianza, como hijos amados a su amoroso padre.

Primera Petición

Santificado sea tu nombre.

¿Qué quiere decir esto?
El nombre de Dios ya es santo de por sí; pero rogamos con esta petición que sea santificado también entre nosotros.

¿Cómo sucede esto?
Cuando la palabra de Dios es enseñada en toda su pureza, y cuando también vivimos santamente conforme a ella, como hijos de Dios. ¡Ayúdanos a que esto sea así, amado Padre celestial! Pero quien enseña y vive de manera distinta de lo que enseña la palabra de Dios, profana entre nosotros el nombre de Dios. De ello ¡guárdanos, Padre celestial!

What does this mean?
I believe that I cannot by my own reason or strength believe in Jesus Christ, my Lord, or come to Him; but the Holy Spirit has called me by the Gospel, enlightened me with His gifts, sanctified and kept me in the true faith.
In the same way He calls, gathers, enlightens, and sanctifies the whole Christian church on earth, and keeps it with Jesus Christ in the one true faith.
In this Christian church He daily and richly forgives all my sins and the sins of all believers.
On the Last Day He will raise me and all the dead, and give eternal life to me and all believers in Christ. This is most certainly true.

THE LORD'S PRAYER

As the head of the family should teach it in a simple way to his household

Our Father who art in heaven, hallowed be Thy name, Thy kingdom come, Thy will be done on earth as it is in heaven. Give us this day our daily bread; and forgive us our trespasses as we forgive those who trespass against us; and lead us not into temptation, but deliver us from evil. For Thine is the kingdom and the power and the glory forever and ever. Amen.
Our Father in heaven, hallowed be Your name, Your kingdom come, Your will be done on earth as in heaven. Give us today our daily bread. Forgive us our sins as we forgive those who sin against us. Lead us not into temptation, but deliver us from evil. For the kingdom, the power, and the glory are Yours now and forever. Amen.

The Introduction

Our Father who art in heaven.
Our Father in heaven.
What does this mean?
With these words God tenderly invites us to believe that He is our true Father and that we are His true children, so that with all boldness and confidence we may ask Him as dear children ask their dear father.

The First Petition

Hallowed be Thy name.
Hallowed be Your name.
What does this mean?
God's name is certainly holy in itself, but we pray in this petition that it may be kept holy among us also.
How is God's name kept holy?
God's name is kept holy when the Word of God is taught in its truth and purity, and we, as the children of God, also lead holy lives according to it. Help us to do this, dear Father in heaven! But anyone who teaches or lives contrary to God's Word profanes the name of God among us. Protect us from this, heavenly Father!

Segunda Petición

Venga a nos tu reino.

¿Qué quiere decir esto?

El reino de Dios viene en verdad por sí solo, aún sin nuestra oración. Pero rogamos con esta petición que venga también a nosotros.

¿Cómo sucede esto?

Cuando el Padre celestial nos da su Espíritu Santo, para que, por su gracia, creamos su santa palabra y llevemos una vida de piedad, tanto aquí en el mundo temporal como allá en el otro, eternamente.

Tercera Petición

Hágase tu voluntad, así en la tierra como en el cielo.

¿Qué quiere decir esto?

La buena y misericordiosa voluntad de Dios se hace, en verdad, sin nuestra oración; pero rogamos con esta petición que se haga también entre nosotros.

¿Cómo sucede esto?

Cuando Dios desbarata y estorba todo mal propósito y voluntad que tratan de impedir que santifiquemos el nombre de Dios y de obstaculizar la venida de su reino, tales como la voluntad del diablo, del mundo y de nuestra carne. Así también se hace la voluntad de Dios, cuando él nos fortalece y nos mantiene firmes en su palabra y en la fe hasta el fin de nuestros días. Esta es su misericordiosa y buena voluntad.

Cuarta Petición

El pan nuestro de cada día, dánoslo hoy.

¿Qué quiere decir esto?

Dios da diariamente el pan, también sin nuestra súplica, aún a todos los malos; pero rogamos con esta petición que él nos haga reconocer esto y así recibamos nuestro pan cotidiano con gratitud.

¿Qué es el pan cotidiano?

Todo aquello que se necesita como alimento y para satisfacción de las necesidades de esta vida, como: comida, bebida, vestido, calzado, casa, hogar, tierras, ganado, dinero, bienes; piadoso cónyuge, hijos piadosos, piadosos criados, autoridades piadosas y fieles; buen gobierno, buen tiempo; paz, salud, buen orden, buena reputación, buenos amigos, vecinos fieles, y cosas semejantes a éstas.

The Second Petition

Thy kingdom come.

Your kingdom come.

What does this mean?

The kingdom of God certainly comes by itself without our prayer, but we pray in this petition that it may come to us also.

How does God's kingdom come?

God's kingdom comes when our heavenly Father gives us His Holy Spirit, so that by His grace we believe His holy Word and lead godly lives here in time and there in eternity.

The Third Petition

Thy will be done on earth as it is in heaven.

Your will be done on earth as in heaven.

What does this mean?

The good and gracious will of God is done even without our prayer, but we pray in this petition that it may be done among us also.

How is God's will done?

God's will is done

when He breaks and hinders every evil plan and purpose of the devil, the world, and our sinful nature, which do not want us to hallow God's name or let His kingdom come;

and when He strengthens and keeps us firm in His Word and faith until we die.

This is His good and gracious will.

The Fourth Petition

Give us this day our daily bread.

Give us today our daily bread.

What does this mean?

God certainly gives daily bread to everyone without our prayers, even to all evil people, but we pray in this petition that God would lead us to realize this and to receive our daily bread with thanksgiving.

What is meant by daily bread?

Daily bread includes everything that has to do with the support and needs of the body, such as food, drink, clothing, shoes, house, home, land, animals, money, goods, a devout husband or wife, devout children, devout workers, devout and faithful rulers, good government, good weather, peace, health, self-control, good reputation, good friends, faithful neighbors, and the like.

Quinta Petición

Y perdónanos nuestras deudas, así como nosotros perdonamos a nuestros deudores.

¿Qué quiere decir esto?

Con esta petición rogamos al Padre celestial que no tome en cuenta nuestros pecados, ni por causa de ellos nos niegue lo que pedimos. En efecto, nosotros no somos dignos de recibir nada de lo que imploramos, ni tampoco lo hemos merecido, pero quiera Dios dárnoslo todo por su gracia, pues diariamente pecamos mucho y sólo merecemos el castigo. Así, por cierto, también por nuestra parte perdonemos de corazón, y con agrado hagamos bien a los que contra nosotros pecaren.

Sexta Petición

Y no nos dejes caer en la tentación.

¿Qué quiere decir esto?

Dios, en verdad, no tienta a nadie; pero con esta petición le rogamos que nos guarde y preserve, a fin de que el diablo, el mundo, y nuestra carne, no nos engañen y seduzcan, llevándonos a una fe errónea, a la desesperación, y a otras grandes vergüenzas y vicios. Y aun cuando fuéremos tentados a ello, que al fin logremos vencer y retener la victoria.

Séptima Petición

Mas líbranos del mal.

¿Qué quiere decir esto?

Con esta petición rogamos, como en resumen, que el Padre celestial nos libre de todo lo que pueda perjudicar nuestro cuerpo y alma, nuestros bienes y honra, y que al fin, cuando llegue nuestra última hora, nos conceda un fin bienaventurado, y, por su gracia, nos lleve de este valle de lágrimas al cielo, para morar con él.

Conclusión

Porque tuyo es el reino y el poder y la gloria por los siglos de los siglos.[*] Amén.

¿Qué quiere decir esto?

Que debo estar en la certeza de que el Padre celestial acepta estas peticiones y las atiende; pues él mismo nos ha ordenado orar así y ha prometido atendernos. Amén, amén, quiere decir: Sí, sí, que así sea.

* *Estas palabras no estaban en el Catecismo Menor de Lutero.*

The Fifth Petition

And forgive us our trespasses as we forgive those who trespass against us.
Forgive us our sins as we forgive those who sin against us.

What does this mean?

We pray in this petition that our Father in heaven would not look at our sins, or deny our prayer because of them. We are neither worthy of the things for which we pray, nor have we deserved them, but we ask that He would give them all to us by grace, for we daily sin much and surely deserve nothing but punishment. So we too will sincerely forgive and gladly do good to those who sin against us.

The Sixth Petition

And lead us not into temptation.
Lead us not into temptation.

What does this mean?

God tempts no one. We pray in this petition that God would guard and keep us so that the devil, the world, and our sinful nature may not deceive us or mislead us into false belief, despair, and other great shame and vice. Although we are attacked by these things, we pray that we may finally overcome them and win the victory.

The Seventh Petition

But deliver us from evil.
But deliver us from evil.

What does this mean?

We pray in this petition, in summary, that our Father in heaven would rescue us from every evil of body and soul, possessions and reputation, and finally, when our last hour comes, give us a blessed end, and graciously take us from this valley of sorrow to Himself in heaven.

The Conclusion

For Thine is the kingdom and the power and the glory forever and ever.* Amen.
For the kingdom, the power, and the glory are Yours now and forever. Amen.*

What does this mean?

This means that I should be certain that these petitions are pleasing to our Father in heaven, and are heard by Him; for He Himself has commanded us to pray in this way and has promised to hear us. Amen, amen means "yes, yes, it shall be so."

* *These words were not in Luther's Small Catechism.*

EL SACRAMENTO DEL SANTO BAUTISMO

Cómo el jefe de familia debe enseñarlo en forma muy sencilla a los de su casa.

Primero

¿Qué es el Bautismo?

El Bautismo no es simple agua solamente, sino que es agua comprendida en el mandato divino y ligada con la palabra de Dios.

¿Qué palabra de Dios es ésta?

Es la palabra que nuestro Señor Jesucristo dice en el último capítulo del Evangelio según San Mateo: "Por tanto, vayan y hagan discípulos en todas las naciones, y bautícenlos en el nombre del Padre, y del Hijo, y del Espíritu Santo." (**Mt 28.19**)

Segundo

¿Qué dones o beneficios confiere el Bautismo?

El Bautismo efectúa perdón de los pecados, redime de la muerte y del diablo, y da la salvación eterna a todos los que lo creen, tal como se expresa en las palabras y promesas de Dios.

¿Qué palabras y promesas de Dios son éstas?

Son las que nuestro Señor Jesucristo dice en el último capítulo de Marcos: "El que crea y sea bautizado, será salvo; pero el que no crea, será condenado." (**Mc 16.16**)

Tercero

¿Cómo puede el agua hacer cosas tan grandes?

El agua en verdad no las hace, sino la palabra de Dios que está con el agua y unida a ella, y la fe que confía en dicha palabra de Dios ligada con el agua, porque, sin la palabra de Dios, el agua es simple agua, y no es Bautismo; pero, con la palabra de Dios, sí es Bautismo, es decir, es un agua de vida, llena de gracia, y un lavamiento de la regeneración en el Espíritu Santo, como San Pablo dice a Tito en el tercer capítulo:

"Nos salvó, y no por obras de justicia que nosotros hubiéramos hecho, sino por su misericordia, por el lavamiento de la regeneración y por la renovación en el Espíritu Santo, el cual derramó en nosotros abundantemente por Jesucristo, nuestro Salvador, para que al ser justificados por su gracia viniéramos a ser herederos conforme a la esperanza de la vida eterna. Estas cosas son buenas y útiles para todos" (**Tit 3.5-8**).

Cuarto

¿Qué significa este bautizar con agua?

Significa que el viejo Adán en nosotros debe ser ahogado por pesar y arrepentimiento diarios, y que debe morir con todos sus pecados y malos deseos; asimismo, también cada día debe surgir y resucitar la nueva persona, que ha de vivir eternamente delante de Dios en justicia y pureza.

¿Dónde está escrito esto?

San Pablo dice en Romanos, capítulo seis: "Porque por el bautismo fuimos sepultados con él en su muerte, para que así como Cristo resucitó de los muertos por la gloria del Padre, así también nosotros vivamos una vida nueva" (**Ro 6.4**).

THE SACRAMENT OF HOLY BAPTISM

As the head of the family should teach it in a simple way to his household

First

What is Baptism?

Baptism is not just plain water, but it is the water included in God's command and combined with God's word.

Which is that word of God?

Christ our Lord says in the last chapter of Matthew: "Therefore go and make disciples of all nations, baptizing them in the name of the Father and of the Son and of the Holy Spirit." (**Matt. 28:19**)

Second

What benefits does Baptism give?

It works forgiveness of sins, rescues from death and the devil, and gives eternal salvation to all who believe this, as the words and promises of God declare.

Which are these words and promises of God?

Christ our Lord says in the last chapter of Mark: "Whoever believes and is baptized will be saved, but whoever does not believe will be condemned." (**Mark 16:16**)

Third

How can water do such great things?

Certainly not just water, but the word of God in and with the water does these things, along with the faith which trusts this word of God in the water. For without God's word the water is plain water and no Baptism. But with the word of God it is a Baptism, that is, a life-giving water, rich in grace, and a washing of the new birth in the Holy Spirit, as St. Paul says in Titus, chapter three:

"He saved us through the washing of rebirth and renewal by the Holy Spirit, whom He poured out on us generously through Jesus Christ our Savior, so that, having been justified by His grace, we might become heirs having the hope of eternal life. This is a trustworthy saying." (**Titus 3:5–8**)

Fourth

What does such baptizing with water indicate?

It indicates that the Old Adam in us should by daily contrition and repentance be drowned and die with all sins and evil desires, and that a new man should daily emerge and arise to live before God in righteousness and purity forever.

Where is this written?

St. Paul writes in Romans chapter six: "We were therefore buried with Him through baptism into death in order that, just as Christ was raised from the dead through the glory of the Father, we too may live a new life." (**Rom. 6:4**)

LA CONFESIÓN

Manera como se debe enseñar a la gente sencilla a confesarse

¿Qué es la confesión?
La confesión contiene dos partes. La primera, es la confesión de los pecados, y, la segunda, el recibir la absolución del confesor como de Dios mismo, no dudando de ella en lo más mínimo, sino creyendo firmemente que por ella los pecados son perdonados ante Dios en el cielo.
¿Qué pecados hay que confesar?
Ante Dios uno debe declararse culpable de todos los pecados, aún de aquellos que ignoramos, tal como lo hacemos en el Padrenuestro. Pero, ante el confesor, debemos confesar solamente los pecados que conocemos y sentimos en nuestro corazón.
¿Cuáles son tales pecados?
Considera tu estado basándote en los Diez Mandamientos, seas padre, madre, hijo o hija, señor o señora o servidor, para saber si has sido desobediente, infiel, perezoso, violento, insolente, reñidor; si hiciste un mal a alguno con palabras u obras; si hurtaste, fuiste negligente o derrochador, o causaste algún otro daño.

BREVE FORMA DE CONFESIÓN

[La intención de Lutero con esta forma, fue que sirviera sólo como un ejemplo de confesión privada para los cristianos de su tiempo.]

El penitente dice:
Honorable y estimado señor: le pido que tenga a bien escuchar mi confesión y declarar el perdón de mis pecados por Dios. Yo, pobre pecador, me confieso ante Dios que soy culpable de todos los pecados; especialmente me confieso ante su presencia que siendo sirviente, sirvienta, etc., sirvo lamentablemente en forma infiel a mi amo, pues aquí y allí no he hecho lo que me ha sido encomendado, habiéndolo movido a encolerizarse o a maldecir; he descuidado algunas cosas y he permitido que ocurran daños. He sido también impúdico en palabras y obras; me he irritado con mis semejantes y he murmurado y maldecido contra mi amo, etc. Todo esto lo lamento y solicito su gracia; quiero corregirme.
Un amo o ama debe decir así:
En especial confieso ante su presencia que no eduqué fielmente para gloria de Dios a mi hijo, sirviente, mujer. He maldecido; he dado malos ejemplos con palabras y obras impúdicas; he hecho mal a mi vecino, hablando mal de él, vendiéndole muy caro, dándole mala mercadería y no toda la cantidad que corresponde.
En general, deberá confesarse todo lo que uno ha hecho en contra de los Diez Mandamientos, lo que corresponde según su estado, etc.
Si alguien no se siente cargado de tales o aún mayores pecados, entonces no debe preocuparse o buscar más pecados ni inventarlos, haciendo con ello un martirio de la confesión, sino que debe contar uno o dos, tal como él lo sabe, de esta manera: En especial confieso que he maldecido una vez; del mismo modo, que he sido desconsiderado una vez con palabras, que he descuidado esto, etc. Considera esto como suficiente.

CONFESSION

How Christians should be taught to confess

What is Confession?
Confession has two parts. First, that we confess our sins, and second, that we receive absolution, that is, forgiveness, from the pastor as from God Himself, not doubting, but firmly believing that by it our sins are forgiven before God in heaven.
What sins should we confess?
Before God we should plead guilty of all sins, even those we are not aware of, as we do in the Lord's Prayer; but before the pastor we should confess only those sins which we know and feel in our hearts.
Which are these?
Consider your place in life according to the Ten Commandments: Are you a father, mother, son, daughter, husband, wife, or worker? Have you been disobedient, unfaithful, or lazy? Have you been hot-tempered, rude, or quarrelsome? Have you hurt someone by your words or deeds? Have you stolen, been negligent, wasted anything, or done any harm?

A SHORT FORM OF CONFESSION

[Luther intended the following form to serve only as an example of private confession for Christians of his time. For a contemporary form of individual confession, see Lutheran Service Book, pp. 292–93.]

The penitent says:
Dear confessor, I ask you please to hear my confession and to pronounce forgiveness in order to fulfill God's will.
I, a poor sinner, plead guilty before God of all sins. In particular I confess before you that as a servant, maid, etc., I, sad to say, serve my master unfaithfully, for in this and that I have not done what I was told to do. I have made him angry and caused him to curse. I have been negligent and allowed damage to be done. I have also been offensive in words and deeds. I have quarreled with my peers. I have grumbled about the lady of the house and cursed her. I am sorry for all of this and I ask for grace. I want to do better.
A master or lady of the house may say:
In particular I confess before you that I have not faithfully guided my children, servants, and wife to the glory of God. I have cursed. I have set a bad example by indecent words and deeds. I have hurt my neighbor and spoken evil of him. I have overcharged, sold inferior merchandise, and given less than was paid for.
[Let the penitent confess whatever else he has done against God's commandments and his own position.]
If, however, someone does not find himself burdened with these or greater sins, he should not trouble himself or search for or invent other sins, and thereby make confession a torture. Instead, he should mention one or two that he knows: In particular I confess that I have cursed; I have used improper words; I have neglected this or that, etc. Let that be enough.

Si no sientes ninguno (lo que no debería ser posible), entonces no debes decir nada en particular, sino recibir el perdón de la confesión general, así como lo haces ante Dios en presencia del confesor.

A ello debe responder el confesor:

Dios sea contigo misericordioso y fortalezca tu fe, Amén.

Dime:

¿Crees tú también que mi perdón sea el perdón de Dios?

Sí, venerable señor.

Entonces dirá:

Así como has creído, de la misma forma acontezca en ti. Y yo, por mandato de nuestro Señor Jesucristo, te perdono tus pecados en el nombre del Padre y del Hijo y del Espíritu Santo. Amén. Ve en paz.

Aquellos que tengan gran carga de conciencia o estén afligidos o atribulados los sabrá consolar e impulsar hacia la fe un confesor con más pasajes bíblicos.

Ésta debe ser sólo una manera usual de confesión para la gente sencilla.

¿Qué es el oficio de las llaves?*

El oficio de las llaves es el poder especial que nuestro Señor Jesucristo ha dado a su iglesia en la tierra de perdonar los pecados a los penitentes, y de no perdonar los pecados a los impenitentes mientras no se arrepientan.

¿Dónde está escrito esto?

Así escribe el evangelista San Juan en el capítulo veinte: "Y sopló sobre ellos, y les dijo: —Reciban el Espíritu Santo. A quienes ustedes perdonen los pecados, les quedarán perdonados; y a quienes no se los perdonen, les quedarán sin perdonar." (**Juan 20.22-23**)

¿Qué crees según estas palabras?

Cuando los ministros debidamente llamados de Cristo, por su mandato divino, tratan con nosotros, especialmente cuando excluyen a los pecadores manifiestos e impenitentes de la congregación cristiana, y cuando absuelven a los que se arrepienten de sus pecados y prometen enmendarse, creo que esto es tan válido y cierto, también en el cielo, como si nuestro Señor Jesucristo mismo tratase con nosotros.

---

* *Aunque no es seguro que Lutero lo escribiera, el oficio de las llaves refleja su enseñanza, y fue incluido en El Catecismo Menor cuando él aún estaba vivo.*

But if you know of none at all (which hardly seems possible), then mention none in particular, but receive the forgiveness upon the general confession which you make to God before the confessor.

Then the confessor shall say:

God be merciful to you and strengthen your faith. Amen.

Furthermore:

Do you believe that my forgiveness is God's forgiveness?

Yes, dear confessor.

Then let him say:

Let it be done for you as you believe. And I, by the command of our Lord Jesus Christ, forgive you your sins in the name of the Father and of the Son and of the Holy Spirit. Amen. Go in peace.

A confessor will know additional passages with which to comfort and to strengthen the faith of those who have great burdens of conscience or are sorrowful and distressed.

This is intended only as a general form of confession.

What is the Office of the Keys?*

The Office of the Keys is that special authority which Christ has given to His church on earth to forgive the sins of repentant sinners, but to withhold forgiveness from the unrepentant as long as they do not repent.

Where is this written?*

This is what St. John the Evangelist writes in chapter twenty: The Lord Jesus breathed on His disciples and said, "Receive the Holy Spirit. If you forgive anyone his sins, they are forgiven; if you do not forgive them, they are not forgiven." **(John 20:22–23)**

What do you believe according to these words?*

I believe that when the called ministers of Christ deal with us by His divine command, in particular when they exclude openly unrepentant sinners from the Christian congregation and absolve those who repent of their sins and want to do better, this is just as valid and certain, even in heaven, as if Christ our dear Lord dealt with us Himself.

* *This question may not have been composed by Luther himself but reflects his teaching and was included in editions of the catechism during his lifetime.*

EL SACRAMENTO DEL ALTAR

Cómo el jefe de familia debe enseñarlo en forma muy sencilla a los de su casa.

¿Qué es el Sacramento del Altar?

Es el verdadero cuerpo y la verdadera sangre de nuestro Señor Jesucristo bajo el pan y el vino, instituido por Cristo mismo para que los cristianos lo comamos y bebamos.

¿Dónde está escrito esto?

Así escriben los santos evangelistas Mateo, Marcos y Lucas, y también San Pablo: "Nuestro Señor Jesucristo, la noche en que fue entregado, tomó el pan; y habiendo dado gracias, lo partió y dio a sus discípulos, diciendo: Tomen, coman; esto es mi cuerpo que por ustedes es dado. Hagan esto en memoria de mí. Asimismo tomó también la copa, después de haber cenado, y habiendo dado gracias, la dio a ellos, diciendo: Tomen, y beban de ella todos; esta copa es el nuevo pacto en mi sangre, que es derramada por ustedes para remisión de los pecados. Hagan esto, todas las veces que beban, en memoria de mí."

¿Qué beneficios confiere el comer y beber así?

Los beneficios los indican estas palabras: "por ustedes dado" y "por ustedes derramada para perdón de los pecados." O sea, por estas palabras se nos da en el sacramento perdón de pecados, vida y salvación; porque donde hay perdón de pecados, hay también vida y salvación.

¿Cómo puede el comer y beber corporal hacer una cosa tan grande?

Ciertamente, el comer y beber no es lo que la hace, sino las palabras que están aquí escritas: "Por ustedes dado" y "por ustedes derramada para perdón de los pecados." Estas palabras son, junto con el comer y beber corporal, lo principal en el sacramento. Y el que cree dichas palabras, tiene lo que ellas dicen y expresan; eso es: "el perdón de los pecados."

¿Quién recibe este sacramento dignamente?

El ayunar y prepararse corporalmente es, por cierto, una buena disciplina externo; pero verdaderamente digno y bien preparado es aquél que tiene fe en las palabras: "por ustedes dado" y "por ustedes derramada para perdón de los pecados." Mas el que no cree estas palabras, o duda de ellas, no es digno, ni está preparado; porque las palabras "por ustedes" exigen corazones enteramente creyentes.

THE SACRAMENT OF THE ALTAR

As the head of the family should teach it in a simple way to his household

What is the Sacrament of the Altar?
It is the true body and blood of our Lord Jesus Christ under the bread and wine, instituted by Christ Himself for us Christians to eat and to drink.

Where is this written?
The holy Evangelists Matthew, Mark, Luke, and St. Paul write:
Our Lord Jesus Christ, on the night when He was betrayed, took bread, and when He had given thanks, He broke it and gave it to the disciples and said: "Take, eat; this is My body, which is given for you. This do in remembrance of Me."
In the same way also He took the cup after supper, and when He had given thanks, He gave it to them, saying, "Drink of it, all of you; this cup is the new testament in My blood, which is shed for you for the forgiveness of sins. This do, as often as you drink it, in remembrance of Me."

What is the benefit of this eating and drinking?
These words, "Given and shed for you for the forgiveness of sins," show us that in the Sacrament forgiveness of sins, life, and salvation are given us through these words. For where there is forgiveness of sins, there is also life and salvation.

How can bodily eating and drinking do such great things?
Certainly not just eating and drinking do these things, but the words written here: "Given and shed for you for the forgiveness of sins." These words, along with the bodily eating and drinking, are the main thing in the Sacrament. Whoever believes these words has exactly what they say: "forgiveness of sins."

Who receives this sacrament worthily?
Fasting and bodily preparation are certainly fine outward training. But that person is truly worthy and well prepared who has faith in these words: "Given and shed for you for the forgiveness of sins."
But anyone who does not believe these words or doubts them is unworthy and unprepared, for the words "for you" require all hearts to believe.

ORACIONES DIARIAS

Formas de bendición que el jefe de familia debe enseñar a los de su casa para la mañana y la noche

Oración de la mañana

Por la mañana, apenas hayas abandonado el lecho, te santiguarás y dirás así: En el nombre de Dios Padre, Hijo y Espíritu Santo. Amén.
Entonces, puesto de rodillas o de pie, dirás el Credo y el Padrenuestro. Si quieres, puedes orar brevemente así: Te doy gracias, Padre celestial, por medio de Jesucristo, tu amado Hijo, porque me has protegido durante esta noche de todo mal y peligro, y te ruego que también durante este día me guardes de pecados y de todo mal, para que te agrade todo mi obrar y vivir. En tus manos encomiendo mi cuerpo, mi alma y todo lo que es mío. Tu santo ángel me acompañe, para que el maligno no tenga ningún poder sobre mí. Amén.
Y luego dirígete con gozo a tu labor entonando quizás un himno, por ejemplo acerca de los Diez Mandamientos, o lo que tu corazón te dicte.

Oración de la noche

Por la noche, cuando te retires a descansar, te santiguarás y dirás así: En el nombre de Dios Padre, Hijo y Espíritu Santo. Amén.
Entonces, puesto de rodillas o de pie, dirás el Credo y el Padrenuestro. Si quieres, puedes orar brevemente así: Te doy gracias, Padre celestial, por medio de Jesucristo, tu amado Hijo, porque me has protegido benignamente en este día, y te ruego que me perdones todos los pecados que he cometido, y me guardes benignamente en esta noche. En tus manos encomiendo mi cuerpo, mi alma, y todo lo que es mío. Tu santo ángel me acompañe, para que el maligno no tenga ningún poder sobre mí. Amén.
Luego descansa confiadamente.

CÓMO EL JEFE DE FAMILIA DEBE ENSEÑAR A LOS DE SU CASA A PEDIR UNA BENDICIÓN Y ACCIÓN DE GRACIAS

Pedir una bendición

Tanto los niños como los criados se acercarán a la mesa con las manos juntas y, reverentemente, dirán así: Todos fijan en ti su mirada y tú les das su comida a su tiempo. Cuando abres tus manos, colmas de bendiciones a todos los seres vivos. **(Sal 145.15-16)**
Luego recitarán el Padrenuestro y esta oración: Señor Dios, Padre celestial: Bendícenos y bendice estos tus dones, que de tu gran bondad recibimos. Por Jesucristo, nuestro Señor. Amén.

DAILY PRAYERS

How the head of the family should teach his household to pray morning and evening

Morning Prayer

In the morning when you get up, make the sign of the holy cross and say: In the name of the Father and of the W Son and of the Holy Spirit. Amen.

Then, kneeling or standing, repeat the Creed and the Lord's Prayer. If you choose, you may also say this little prayer: I thank You, my heavenly Father, through Jesus Christ, Your dear Son, that You have kept me this night from all harm and danger; and I pray that You would keep me this day also from sin and every evil, that all my doings and life may please You. For into Your hands I commend myself, my body and soul, and all things. Let Your holy angel be with me, that the evil foe may have no power over me. Amen.

Then go joyfully to your work, singing a hymn, like that of the Ten Commandments, or whatever your devotion may suggest.

Evening Prayer

In the evening when you go to bed, make the sign of the holy cross and say: In the name of the Father and of the W Son and of the Holy Spirit. Amen.

Then kneeling or standing, repeat the Creed and the Lord's Prayer. If you choose, you may also say this little prayer: I thank You, my heavenly Father, through Jesus Christ, Your dear Son, that You have graciously kept me this day; and I pray that You would forgive me all my sins where I have done wrong, and graciously keep me this night. For into Your hands I commend myself, my body and soul, and all things. Let Your holy angel be with me, that the evil foe may have no power over me. Amen.

Then go to sleep at once and in good cheer.

HOW THE HEAD OF THE FAMILY SHOULD TEACH HIS HOUSEHOLD TO ASK A BLESSING AND RETURN THANKS

Asking a Blessing

The children and members of the household shall go to the table reverently, fold their hands, and say: The eyes of all look to You, [O Lord,] and You give them their food at the proper time. You open Your hand and satisfy the desires of every living thing. (**Ps. 145:15–16**)

Then shall be said the Lord's Prayer and the following: Lord God, heavenly Father, bless us and these Your gifts which we receive from Your bountiful goodness, through Jesus Christ, our Lord. Amen.

Acción de gracias

Así también, después de haber comido, dirán igualmente con reverencia y con las manos juntas: ¡Alabemos al Señor, porque él es bueno! ¡Su misericordia permanece para siempre! El Señor alimenta a todos los seres vivos. El Señor no se deleita en los caballos briosos, ni se complace en la agilidad de los jinetes; El Señor se complace en los que le honran, y en los que confían en su misericordia. (**Sal 136.1, 25; 147.10-11**)
Den gracias al Señor, porque él es bueno; porque su amor es eterno. Él da de comer a los animales y a las crías de los cuervos cuando chillan. No es la fuerza del caballo ni los músculos del hombre lo que más agrada al Señor; a él le agradan los que le honran, los que confían en su amor.
Entonces recitarán el Padrenuestro, añadiendo la siguiente oración: Te damos gracias, Señor Dios Padre, por Jesucristo, nuestro Señor, por todos tus beneficios: Tú que vives y reinas por todos los siglos. Amén.

TABLA DE DEBERES

Ciertas porciones de las Sagradas Escrituras, por las cuales el cristiano es amonestado con respecto a su vocación y a sus deberes.

A los obispos, a los pastores y a los predicadores

Es necesario que el obispo sea irreprensible y que tenga una sola esposa; que sea sobrio, prudente, decoroso, hospedador, apto para enseñar; no afecto al vino, ni pendenciero, ni codicioso de ganancias deshonestas, sino amable, apacible, no avaro; que gobierne bien su casa, que tenga a sus hijos en sujeción y con toda honestidad. **1 Timoteo 3.2-4**
[El dirigente] no debe ser un neófito, no sea que se envanezca y caiga en la condenación del diablo. **1 Timoteo 3.6**
[Debe ser] apegado a la palabra fiel, tal y como ha sido enseñada, para que también pueda exhortar con sana enseñanza y convencer a los que contradicen. **Tito 1.9**

Deberes de los cristianos para con sus maestros y pastores

Así también el Señor ordenó a los que anuncian el evangelio, que vivan del evangelio. **1 Corintios 9.14**
El que recibe enseñanza en la palabra, haga partícipe de toda cosa buena al que lo enseña. No se engañen. Dios no puede ser burlado. **Gálatas 6.6-7**
Los ancianos que gobiernan bien deben considerarse dignos de doble honor, mayormente los que se dedican a predicar y enseñar. Pues la Escritura dice: "No pondrás bozal al buey que trilla", y: "Digno es el obrero de su salario." **1 Timoteo 5.17-18**
Hermanos, les rogamos que sean considerados con los que trabajan entre ustedes, y que los instruyen y dirigen en el Señor. Ténganlos en alta estima y ámenlos por causa de su obra. Y ustedes, vivan en paz. **1 Tesalonicenses 5.12-13**
Obedezcan a sus pastores, y respétenlos. Ellos cuidan de ustedes porque saben que tienen que rendir cuentas a Dios. Así ellos cuidarán de ustedes con alegría, y sin quejarse; de lo contrario, no será provechoso para ustedes. **Hebreos 13.17**

Returning Thanks

Also, after eating, they shall, in like manner, reverently and with folded hands say: Give thanks to the Lord, for He is good. His love endures forever. [He] gives food to every creature. He provides food for the cattle and for the young ravens when they call. His pleasure is not in the strength of the horse, nor His delight in the legs of a man; the Lord delights in those who fear Him, who put their hope in His unfailing love. (**Ps. 136:1, 25; 147:9–11**)

Then shall be said the Lord's Prayer and the following: We thank You, Lord God, heavenly Father, for all Your benefits, through Jesus Christ, our Lord, who lives and reigns with You and the Holy Spirit forever and ever. Amen.

TABLE OF DUTIES

Certain passages of Scripture for various holy orders and positions, admonishing them about their duties and responsibilities

To Bishops, Pastors, and Preachers

The overseer must be above reproach, the husband of but one wife, temperate, self-controlled, respectable, hospitable, able to teach, not given to drunkenness, not violent but gentle, not quarrelsome, not a lover of money. He must manage his own family well and see that his children obey him with proper respect. **1 Tim. 3:2–4**

He must not be a recent convert, or he may become conceited and fall under the same judgment as the devil. **1 Tim. 3:6**

He must hold firmly to the trustworthy message as it has been taught, so that he can encourage others by sound doctrine and refute those who oppose it. **Titus 1:9**

What the Hearers Owe Their Pastors

The Lord has commanded that those who preach the gospel should receive their living from the gospel. **1 Cor. 9:14**

Anyone who receives instruction in the word must share all good things with his instructor. Do not be deceived: God cannot be mocked. A man reaps what he sows. **Gal. 6:6–7**

The elders who direct the affairs of the church well are worthy of double honor, especially those whose work is preaching and teaching. For the Scripture says, "Do not muzzle the ox while it is treading out the grain," and "The worker deserves his wages." **1 Tim. 5:17–18**

We ask you, brothers, to respect those who work hard among you, who are over you in the Lord and who admonish you. Hold them in the highest regard in love because of their work. Live in peace with each other. **1 Thess. 5:12–13**

Obey your leaders and submit to their authority. They keep watch over you as men who must give an account. Obey them so that their work will be a joy, not a burden, for that would be of no advantage to you. **Heb. 13:17**

Del gobierno civil

Todos debemos someternos a las autoridades, pues no hay autoridad que no venga de Dios. Las autoridades que hay han sido establecidas por Dios. Por lo tanto, aquel que se opone a la autoridad, en realidad se opone a lo establecido por Dios, y los que se oponen acarrean condenación sobre ellos mismos. Porque los gobernantes no están para infundir temor a los que hacen lo bueno, sino a los que hacen lo malo. ¿Quieres vivir sin miedo a la autoridad? Haz lo bueno, y tendrás su aprobación, pues la autoridad está al servicio de Dios para tu bien. Pero si haces lo malo, entonces sí debes temer, porque no lleva la espada en vano, sino que está al servicio de Dios para darle su merecido al que hace lo malo. **Romanos 13.1-4**

Deberes de los ciudadanos hacia la autoridad

Den al César lo que es del César, y a Dios lo que es de Dios. **Mateo 22.21**
Por lo tanto, es necesario que nos sujetemos a la autoridad, no sólo por causa del castigo, sino también por motivos de conciencia. Por eso mismo ustedes pagan los impuestos, porque los gobernantes están al servicio de Dios y se dedican a gobernar. Paguen a todos lo que deban pagar, ya sea que deban pagar tributo, impuesto, respeto u honra. **Romanos 13.5-7**
Ante todo, exhorto a que se hagan rogativas, oraciones, peticiones y acciones de gracias por todos los hombres; por los reyes y por todos los que ocupan altos puestos, para que vivamos con tranquilidad y reposo, y en toda piedad y honestidad. Porque esto es bueno y agradable delante de Dios nuestro Salvador. **1 Timoteo 2.1-3**
Recuérdales que se sujeten a los gobernantes y a las autoridades; que obedezcan y que estén dispuestos a toda buena obra. **Tito 3.1**
Por causa del Señor, muéstrense respetuosos de toda institución humana, se trate del rey, porque es el que gobierna, o de sus gobernadores, porque el rey los ha enviado para castigar a los malhechores y para elogiar a los que hacen el bien. **1 Pedro 2.13-14**

A los maridos

De la misma manera, ustedes, los esposos, sean comprensivos con ellas en su vida matrimonial. Hónrenlas, pues como mujeres son más delicadas, y además, son coherederas con ustedes del don de la vida. Así las oraciones de ustedes no encontrarán ningún estorbo. **1 Pedro 3.7**
Esposos, amen a sus esposas, y no las traten con dureza. **Colosenses 3.19**

A las esposas

Las casadas, honren a sus propios esposos, como honran al Señor. **Efesios 5.22**
Porque así era la belleza de aquellas santas mujeres que en los tiempos antiguos esperaban en Dios y mostraban respeto por sus esposos. Por ejemplo, Sara obedecía a Abrahán y lo llamaba señor. Y ustedes son sus hijas, si hacen el bien y viven libres de temor. **1 Pedro 3.5–6**

A los padres

Ustedes, los padres, no exasperen a sus hijos, sino edúquenlos en la disciplina y la instrucción del Señor. **Efesios 6.4**

Of Civil Government

Everyone must submit himself to the governing authorities, for there is no authority except that which God has established. The authorities that exist have been established by God. Consequently, he who rebels against the authority is rebelling against what God has instituted, and those who do so will bring judgment on themselves. For rulers hold no terror for those who do right, but for those who do wrong. Do you want to be free from fear of the one in authority? Then do what is right and he will commend you. For he is God's servant to do you good. But if you do wrong, be afraid, for he does not bear the sword for nothing. He is God's servant, an agent of wrath to bring punishment on the wrongdoer. **Rom. 13:1–4**

Of Citizens

Give to Caesar what is Caesar's, and to God what is God's. **Matt. 22:21**

It is necessary to submit to the authorities, not only because of possible punishment but also because of conscience. This is also why you pay taxes, for the authorities are God's servants, who give their full time to governing. Give everyone what you owe him: If you owe taxes, pay taxes; if revenue, then revenue; if respect, then respect; if honor, then honor. **Rom. 13:5–7**

I urge, then, first of all, that requests, prayers, intercession and thanksgiving be made for everyone—for kings and all those in authority, that we may live peaceful and quiet lives in all godliness and holiness. This is good, and pleases God our Savior. **1 Tim. 2:1–3**

Remind the people to be subject to rulers and authorities, to be obedient, to be ready to do whatever is good. **Titus 3:1**

Submit yourselves for the Lord's sake to every authority instituted among men: whether to the king, as the supreme authority, or to governors, who are sent by him to punish those who do wrong and to commend those who do right. **1 Peter 2:13–14**

To Husbands

Husbands, in the same way be considerate as you live with your wives, and treat them with respect as the weaker partner and as heirs with you of the gracious gift of life, so that nothing will hinder your prayers. **1 Peter 3:7**

Husbands, love your wives and do not be harsh with them. **Col. 3:19**

To Wives

Wives, submit to your husbands as to the Lord. **Eph. 5:22**

They were submissive to their own husbands, like Sarah, who obeyed Abraham and called him her master. You are her daughters if you do what is right and do not give way to fear. **1 Peter 3:5–6**

To Parents

Fathers, do not exasperate your children; instead, bring them up in the training and instruction of the Lord. **Eph. 6:4**

A los hijos

Hijos, obedezcan a sus padres en el nombre del Señor, porque esto es justo. Honra a tu padre y a tu madre, que es el primer mandamiento con promesa; para que te vaya bien, y tengas una larga vida sobre la tierra. **Efesios 6.1-3**

A los trabajadores de toda clase

Ustedes, los siervos, obedezcan a sus amos terrenales con temor y temblor, y con sencillez de corazón, como obedecen a Cristo. No actúen así sólo cuando los estén mirando, como los que quieren agradar a la gente, sino como siervos de Cristo que de corazón hacen la voluntad de Dios. Cuando sirvan, háganlo de buena gana, como quien sirve al Señor y no a los hombres, sabiendo que cada uno de nosotros, sea siervo o libre, recibirá del Señor según lo que haya hecho. **Efesios 6.5-8**

A empleadores y supervisores

Ustedes, los amos, hagan lo mismo con sus siervos. Ya no los amenacen. Como saben, el Señor de ellos y de ustedes está en los cielos, y él no hace acepción de personas. **Efesios 6.9**

A los jóvenes

También ustedes, los jóvenes, muestren respeto ante los ancianos, y todos ustedes, practiquen el mutuo respeto. Revístanse de humildad, porque: "Dios resiste a los soberbios, pero se muestra favorable a los humildes." Por lo tanto, muestren humildad bajo la poderosa mano de Dios, para que él los exalte a su debido tiempo. **1 Pedro 5.5-6**

A las viudas

La viuda que en verdad es viuda, y que se ha quedado sola, espera en Dios y noche y día persevera en súplicas y oraciones; pero la que se entrega a los placeres, está muerta en vida. **1 Timoteo 5.5–6**

A todos los cristianos en general

Los mandamientos: "No adulterarás", "no matarás", "no hurtarás", "no dirás falso testimonio", "no codiciarás", y cualquier otro mandamiento, se resume en esta sentencia: "Amarás a tu prójimo como a ti mismo." **Romanos 13.9**

Ante todo, exhorto a que se hagan rogativas, oraciones, peticiones y acciones de gracias por todos los hombres. **1 Timoteo 2.1**

Lo suyo aprenda cada cual
y en casa nada podrá ir mal.

To Children

Children, obey your parents in the Lord, for this is right. "Honor your father and your mother"—which is the first commandment with a promise—"that it may go well with you and that you may enjoy long life on the earth." **Eph. 6:1–3**

To Workers of All Kinds

Slaves, obey your earthly masters with respect and fear, and with sincerity of heart, just as you would obey Christ. Obey them not only to win their favor when their eye is on you, but like slaves of Christ, doing the will of God from your heart. Serve wholeheartedly, as if you were serving the Lord, not men, because you know that the Lord will reward everyone for whatever good he does, whether he is slave or free. **Eph. 6:5–8**

To Employers and Supervisors

Masters, treat your slaves in the same way. Do not threaten them, since you know that He who is both their Master and yours is in heaven, and there is no favoritism with Him. **Eph. 6:9**

To Youth

Young men, in the same way be submissive to those who are older. All of you, clothe yourselves with humility toward one another, because, "God opposes the proud but gives grace to the humble." Humble yourselves, therefore, under God's mighty hand, that He may lift you up in due time. **1 Peter 5:5–6**

To Widows

The widow who is really in need and left all alone puts her hope in God and continues night and day to pray and to ask God for help. But the widow who lives for pleasure is dead even while she lives. **1 Tim. 5:5–6**

To Everyone

The commandments ... are summed up in this one rule: "Love your neighbor as yourself." **Rom. 13:9**

I urge ... that requests, prayers, intercession and thanksgiving be made for everyone. **1 Tim. 2:1**

Let each his lesson learn with care,
and all the household well shall fare.

PREGUNTAS CRISTIANAS CON SUS RESPUESTAS*

Formuladas por el Dr. Martín Lutero para los que intentan comulgar.

Después de la confesión e instrucción en los Diez Mandamientos, el Credo, el Padrenuestro, los sacramentos del Santo Bautismo y la Cena del Señor, el confesor preguntará, o uno a sí mismo:

1. **¿Crees que eres pecador?**
   Sí, lo creo; soy pecador.
2. **¿Cómo lo sabes?**
   Sé que soy pecador por los Diez Mandamientos, los cuales no he guardado.
3. **¿Sientes pesar por tus pecados?**
   Sí, siento mucho haber pecado contra Dios.
4. **¿Qué mereciste de Dios por tus pecados?**
   Merecí la ira y el desagrado de Dios, muerte temporal y eterna condenación. Ver Ro 6.21, 23.
5. **¿Esperas ser salvo?**
   Sí, es mi esperanza entrar en la vida eterna.
6. **¿En quién confías para tu salvación?**
   Confío en mi amado Señor Jesucristo.
7. **¿Quién es Cristo?**
   Cristo es el Hijo de Dios, verdadero Dios y hombre.
8. **¿Cuántos dioses hay?**
   Hay un solo Dios; mas hay tres personas: el Padre, el Hijo, y el Espíritu Santo.
9. **¿Qué ha hecho Cristo por ti para que confíes en él?**
   Cristo murió por mí, derramando su sangre en la cruz para la remisión de mis pecados.
10. **¿El Padre también murió por ti?**
    No; el Padre es Dios solamente, el Espíritu Santo también. Mas el Hijo es verdadero Dios y verdadero hombre: él murió por mí y derramó su sangre por mí.
11. **¿Cómo lo sabes?**
    Lo sé por el santo evangelio y por las palabras del sacramento, y por su cuerpo y sangre que se me dan como prenda en la Santa Cena.
12. **¿Cuáles son estas palabras?**
    El Señor Jesús, la noche en que fue entregado, tomó pan; y habiendo dado gracias, lo partió y dijo: "Tomen, coman, esto es mi cuerpo que por ustedes es partido. Hagan esto en memoria de mí."
    Asimismo tomó también la copa, después de haber cenado, y habiendo dado gracias, les dio, diciendo: "Beban de ella todos, esta copa es el nuevo pacto en mi sangre, que por ustedes es derramada para remisión de los pecados. Hagan esto, todas las veces que beban, en memoria de mí."
13. **¿Crees, pues, que en la Santa Cena está el verdadero cuerpo y sangre de Cristo?**
    Sí, lo creo.

* *Estas preguntas cristianas, con sus respuestas, aparecieron por primera vez en una edición de El Catecismo Menor en 1551.*

CHRISTIAN QUESTIONS WITH THEIR ANSWERS*

Prepared by Dr. Martin Luther for those who intend to go to the Sacrament

After confession and instruction in the Ten Commandments, the Creed, the Lord's Prayer, and the Sacraments of Baptism and the Lord's Supper, the pastor may ask, or Christians may ask themselves these questions:

1. **Do you believe that you are a sinner?**
   Yes, I believe it. I am a sinner.
2. **How do you know this?**
   From the Ten Commandments, which I have not kept.
3. **Are you sorry for your sins?**
   Yes, I am sorry that I have sinned against God.
4. **What have you deserved from God because of your sins?**
   His wrath and displeasure, temporal death, and eternal damnation. See Rom. 6:21, 23.
5. **Do you hope to be saved?**
   Yes, that is my hope.
6. **In whom then do you trust?**
   In my dear Lord Jesus Christ.
7. **Who is Christ?**
   The Son of God, true God and man.
8. **How many Gods are there?**
   Only one, but there are three persons: Father, Son, and Holy Spirit.
9. **What has Christ done for you that you trust in Him?**
   He died for me and shed His blood for me on the cross for the forgiveness of sins.
10. **Did the Father also die for you?**
    He did not. The Father is God only, as is the Holy Spirit; but the Son is both true God and true man. He died for me and shed His blood for me.
11. **How do you know this?**
    From the holy Gospel, from the words instituting the Sacrament, and by His body and blood given me as a pledge in the Sacrament.
12. **What are the words of institution?**
    Our Lord Jesus Christ, on the night when He was betrayed, took bread, and when He had given thanks, He broke it and gave it to the disciples and said: "Take eat; this is My body, which is given for you. This do in remembrance of Me." In the same way also He took the cup after supper, and when He had given thanks, He gave it to them, saying: "Drink of it, all of you; this cup is the new testament in My blood, which is shed for you for the forgiveness of sins. This do, as often as you drink it, in remembrance of Me."
13. **Do you believe, then, that the true body and blood of Christ are in the Sacrament?**
    Yes, I believe it.

* *The "Christian Questions with Their Answers," designating Luther as the author, first appeared in an edition of the Small Catechism in 1551.*

14. **¿Qué te hace creerlo?**
Me lo hace creer la palabra de Cristo: Tomen, coman, esto es mi cuerpo; beban de ella todos, esto es mi sangre.

15. **¿Qué debemos hacer cuando comemos su cuerpo y bebemos su sangre, recibiendo así la prenda de la promesa?**
Debemos recordar y anunciar su muerte y el derramamiento de su sangre, así como él nos enseñó: Hagan esto, todas las veces que beban, en memoria de mí.

16. **¿Por qué debemos recordar la muerte de Cristo y anunciarla?**
Debemos aprender a creer que ninguna criatura ha podido expiar nuestros pecados, sino Cristo, verdadero Dios y verdadero hombre; y debemos aprender también a considerar con temor nuestros pecados y conocerlos en verdad como graves, y regocijarnos y consolarnos sólo en él, y por tal fe ser salvos.

17. **¿Qué indujo a Cristo a morir por tus pecados y expiarlos?**
Cristo murió por mí movido por su gran amor para con su Padre, para conmigo y los demás pecadores, como está escrito en Juan 15.13; Romanos 5.8; Gálatas 2.20; Efesios 5.2.

18. **En fin, ¿por qué deseas comulgar?**
En la Santa Cena quiero aprender a creer que Cristo murió por mis pecados, por el gran amor que tiene para conmigo; y quiero aprender también de él a amar a Dios y a mi prójimo.

19. **¿Qué ha de amonestar y animar al cristiano a que comulgue con frecuencia?**
Respecto a Dios, tanto el mandato como la promesa del Señor Jesucristo deben animar al cristiano a comulgar con frecuencia; y con respecto a sí mismo, la miseria que lo aflige debe impulsarlo, debido a lo cual se dan tal mandato, estímulo y promesa.

20. **Pero, ¿qué debe hacer uno, si no siente esa miseria, ni tampoco esa hambre y sed por la Cena del Señor?**
Al tal no se podrá aconsejar mejor que, en primer lugar, ponga su mano en su pecho y palpe si tiene todavía carne y sangre, y crea lo que las Sagradas Escrituras dicen en Gálatas 5.19 y Romanos 7.18.
En segundo lugar, debe mirar en torno de sí, para ver si está aún en el mundo, y debe pensar que no faltarán pecados y miserias, como dicen las Sagradas Escrituras en Juan 15.18; 16.20 y 1 Juan 2.15-16; 5.19.
En tercer lugar, seguramente tendrá también al diablo muy cerca de sí, quien con mentiras y asechanzas de día y noche no lo dejará en paz interior ni exteriormente, como lo describen las Sagradas Escrituras en Juan 8.44; 1 Pedro 5.8-9; Efesios 6.11-12; 2 Timoteo 2.26.

Nota: Estas preguntas y respuestas no son un juego de niños, sino que fueron formuladas con un propósito muy serio por el venerable y piadoso Dr. Martín Lutero para jóvenes y adultos. Que cada uno preste atención y las considere un asunto serio; porque San Pablo escribe a los gálatas en el capítulo seis: "No se engañen. Dios no puede ser burlado."

14. **What convinces you to believe this?**
    The word of Christ: Take, eat, this is My body; drink of it, all of you, this is My blood.
15. **What should we do when we eat His body and drink His blood, and in this way receive His pledge?**
    We should remember and proclaim His death and the shedding of His blood, as He taught us: This do, as often as you drink it, in remembrance of Me.
16. **Why should we remember and proclaim His death?**
    First, so that we may learn to believe that no creature could make satisfaction for our sins. Only Christ, true God and man, could do that. Second, so we may learn to be horrified by our sins, and to regard them as very serious. Third, so we may find joy and comfort in Christ alone, and through faith in Him be saved.
17. **What motivated Christ to die and make full payment for your sins?**
    His great love for His Father and for me and other sinners, as it is written in John 14; Romans 5; Galatians 2; and Ephesians 5.
18. **Finally, why do you wish to go to the Sacrament?**
    That I may learn to believe that Christ, out of great love, died for my sin, and also learn from Him to love God and my neighbor.
19. **What should admonish and encourage a Christian to receive the Sacrament frequently?**
    First, both the command and the promise of Christ the Lord. Second, his own pressing need, because of which the command, encouragement, and promise are given.
20. **But what should you do if you are not aware of this need and have no hunger and thirst for the Sacrament?**
    To such a person no better advice can be given than this: first, he should touch his body to see if he still has flesh and blood. Then he should believe what the Scriptures say of it in Galatians 5 and Romans 7.
    Second, he should look around to see whether he is still in the world, and remember that there will be no lack of sin and trouble, as the Scriptures say in John 15–16 and in 1 John 2 and 5.
    Third, he will certainly have the devil also around him, who with his lying and murdering day and night will let him have no peace, within or without, as the Scriptures picture him in John 8 and 16; 1 Peter 5; Ephesians 6; and 2 Timothy 2.

Note: These questions and answers are no child's play, but are drawn up with great earnestness of purpose by the venerable and devout Dr. Luther for both young and old. Let each one pay attention and consider it a serious matter; for St. Paul writes to the Galatians in chapter six: "Do not be deceived: God cannot be mocked."

UNA EXPLICACIÓN DEL CATECISMO MENOR

Diseñada para ayudar a los estudiantes a entender y aplicar el Catecismo Menor del Lutero, la siguiente explicación, como aquellas encontradas en ediciones anteriores, no fue escrita por el Dr. Lutero. Una sección de explicaciones, sin embargo, ha acompañado ediciones del Catecismo Menor de Lutero desde los primeros días del luteranismo. Esta explicación se ha basado en la obra de Johann Konrad Dietrich (1575-1639); Carl Ferdinand Wilhelm Walter (1811-1887), Heinrich Christian Schwan (1890-1905), y el comité que preparó el catecismo sinodal de 1943.

INTRODUCCIÓN

1. *¿Qué es el cristianismo?*

El cristianismo es la vida y la salvación que Dios ha dado en y por medio de Jesucristo.

1 **Jn 14.6** Yo soy el camino, y la verdad, y la vida; nadie viene al Padre, sino por mí.

2 **Jn 17.3** Y ésta es la vida eterna: que te conozcan a ti, el único Dios verdadero, y a Jesucristo, a quien has enviado.

3 **Hch 4.12** En ningún otro hay salvación, porque no se ha dado a la humanidad ningún otro nombre bajo el cielo mediante el cual podamos alcanzar la salvación.

4 **Hch 11.26** Fue allí en Antioquía en donde a los discípulos de Jesús se les llamó cristianos por primera vez.

5 **1 Jn 5.11-12** Y éste es el testimonio: que Dios nos ha dado vida eterna, y esta vida está en su Hijo. El que tiene al Hijo, tiene la vida, el que no tiene al Hijo de Dios no tiene la vida.

Nota: Al cristianismo se le llamó primeramente el "Nuevo Camino" (**Hch 9.2; 24.14, 22**).

2. *¿Dónde se da a conocer la verdad de Dios acerca de nuestro Salvador Jesucristo?*

Esta verdad se da a conocer en la Biblia: el Antiguo Testamento, que promete la llegada del Salvador, y el Nuevo Testamento, que habla del Salvador que ha venido.

6 **Heb 1.1-2** Dios, que muchas veces y de distintas maneras habló en otros tiempos a nuestros padres por medio de los profetas, en estos días finales nos ha hablado por medio del Hijo, a quien constituyó heredero de todo, y mediante el cual hizo el universo.

7 **Lc 24.27** Y partiendo de Moisés, y siguiendo por todos los profetas, comenzó a explicarles todos los pasajes de las Escrituras que hablaban de él.

8 **Jn 20.31** Pero éstas se han escrito para que ustedes crean que Jesús es el Cristo, el Hijo de Dios, y para que al creer, tengan vida en su nombre.

9 **Ef 2.20** [Ustedes] están edificados sobre el fundamento de los apóstoles y profetas, cuya principal piedra angular es Jesucristo mismo.

10 **1 Jn 1.1** Lo que era desde el principio, lo que hemos oído, lo que hemos visto con nuestros ojos, lo que hemos contemplado, y palparon nuestras manos referente al Verbo de vida.

AN EXPLANATION OF THE SMALL CATECHISM

Designed to help students understand and apply Luther's Small Catechism, the following explanation section, like those found in earlier editions, was not written by Dr. Luther. An explanation section, however, has regularly accompanied editions of Luther's Small Catechism since the early days of Lutheranism. This explanation has been based upon and largely includes the work of Johann Konrad Dietrich (1575–1639), Carl Ferdinand Wilhelm Walther (1811–1887), Heinrich Christian Schwan (1819–1905), and the committee that prepared the synodical catechism of 1943.

INTRODUCTION

1. ***What is Christianity?***

Christianity is the life and salvation God has given in and through Jesus Christ.

1 **John 14:6** I am the way, and the truth, and the life. No one comes to the Father except through Me.

2 **John 17:3** This is eternal life, that they know You, the only true God, and Jesus Christ whom You have sent.

3 **Acts 4:12** And there is salvation in no one else, for there is no other name under heaven given among men by which we must be saved.

4 **Acts 11:26** And in Antioch the disciples were first called Christians.

5 **1 John 5:11–12** God gave us eternal life, and this life is in His Son. Whoever has the Son has life; whoever does not have the Son of God does not have life.

Note: Christianity was at first called "the Way" (**Acts 9:2; 24:14, 22**).

2. ***Where is God's truth about our Savior Jesus Christ made known?***

This truth is made known in the Bible: the Old Testament, which promises the coming Savior, and the New Testament, which tells of the Savior who has come.

6 **Heb. 1:1–2** Long ago, at many times and in many ways, God spoke to our fathers by the prophets, but in these last days He has spoken to us by His Son.

7 **Luke 24:27** Beginning with Moses and all the Prophets, He interpreted to them in all the Scriptures the things concerning Himself.

8 **John 20:31** These are written so that you may believe that Jesus is the Christ, the Son of God, and that by believing you may have life in His name.

9 **Eph. 2:20** [You are] built on the foundation of the apostles and prophets, Christ Jesus Himself being the cornerstone.

10 **1 John 1:1–2a** That which was from the beginning, which we have heard, which we have seen with our eyes, which we looked upon and have touched with our hands, concerning the word of life—the life was made manifest.

3. *¿Por qué llamamos "Sagrada Escritura" a la Biblia?*
La Biblia es la "Sagrada Escritura" porque Dios el Espíritu Santo dio, a los escritores que él había escogido, los pensamientos que debían expresar y las palabras que debían escribir (inspiración verbal). Por lo tanto, la Biblia es la palabra verdadera de Dios, sin error (inerrancia).

11 **Jn 10.35** La Escritura no puede ser quebrantada.

12 **Mc 8.38** Si en esta generación adúltera y pecadora alguien se avergüenza de mí y de mis palabras, también el Hijo del Hombre se avergonzará de él, cuando venga en la gloria de su Padre con los santos ángeles.

13 **Jn 14.26** El Espíritu Santo, a quien el Padre enviará en mi nombre, los consolará y les enseñará todas las cosas, y les recordará todo lo que yo les he dicho.

14 **Hch 24.14** Sin embargo, una cosa debo confesar, y es que sirvo al Dios de mis padres de acuerdo con el Camino que ellos llaman herejía. Yo creo en todo lo que está escrito en la ley y en los profetas.

15 **2 Ti 3.16-17** Toda la Escritura es inspirada por Dios, y útil para enseñar, para redargüir, para corregir, para instruir en justicia, a fin de que el hombre de Dios sea perfecto, enteramente preparado para toda buena obra.

16 **2 P 1.21** Porque la profecía nunca estuvo bajo el control de la voluntad humana, sino que los santos hombres de Dios hablaron bajo el control del Espíritu Santo.

Nota: Dios hizo escribir el Antiguo Testamento en hebreo y arameo y el Nuevo Testamento en griego. Los errores de los copistas y traductores no son parte del texto inspirado de las Escrituras.

4. *¿Cuál es la clave para el correcto entendimiento de la Biblia?*
Jesucristo, el Salvador del mundo, es el corazón y centro de la Escritura, y por lo tanto la clave de su verdadero significado.

17 **Jn 5.39** Ustedes escudriñan las Escrituras... ¡y son ellas las que dan testimonio de mí!

18 **Hch 10.43** Acerca de él [Jesús] dicen los profetas que todos los que crean en su nombre recibirán el perdón de sus pecados.

19 **Jn 1.18** A Dios nadie lo vio jamás; quien lo ha dado a conocer es el Hijo unigénito, que está en el seno del Padre.

20 **2 Ti 3.15** Desde la niñez has conocido las Sagradas Escrituras, las cuales te pueden hacer sabio para la salvación por la fe que es en Cristo Jesús.

H.B. **Lc 24.13-27** Jesús se revela a sí mismo como el centro de las Escrituras.

5. *¿Cómo debemos usar la razón humana para entender las Sagradas Escrituras?*

A. Las Sagradas Escrituras están escritas en lenguaje humano. Para determinar lo que dicen, necesitamos aplicar las reglas del lenguaje, como la gramática, y de la lógica. Es correcto usar la razón como una herramienta para entender el texto, pero la guía del Espíritu Santo es esencial para entenderla correctamente.

21 **Sal 119.73** Dame la capacidad de comprender tus mandamientos.

22 **Mt 13.19** Cuando alguien oye la palabra del reino, y no la entiende, viene el maligno y le arrebata lo que fue sembrado en su corazón.

3. *Why do we call the Bible the "Holy Scripture"?*

The Bible is the "Holy Scripture" because God the Holy Spirit gave to His chosen writers the thoughts that they expressed and the words that they wrote (verbal inspiration). Therefore, the Bible is God's own Word and truth, without error (inerrancy).

11 **John 10:35** And Scripture cannot be broken.

12 **Mark 8:38** For whoever is ashamed of Me and of My words in this adulterous and sinful generation, of him will the Son of Man also be ashamed when He comes in the glory of His Father with the holy angels.

13 **John 14:26** The Helper, the Holy Spirit, whom the Father will send in My name, He will teach you all things and bring to your remembrance all that I have said to you.

14 **Acts 24:14** But this I confess to you, that according to the Way, which they call a sect, I worship the God of our fathers, believing everything laid down by the Law and written in the Prophets.

15 **2 Tim. 3:16–17** All Scripture is breathed out by God and profitable for teaching, for reproof, for correction, and for training in righteousness, that the man of God may be competent, equipped for every good work.

16 **2 Peter 1:21** No prophecy was ever produced by the will of man, but men spoke from God as they were carried along by the Holy Spirit.

Note: God gave the Old Testament in Hebrew and Aramaic and the New Testament in Greek. Errors in copying or translations are not part of the God-breathed (inspired) Scripture.

4. *What is the key to the correct understanding of the Bible?*

Jesus Christ, the Savior of the world, is the heart and center of the Scripture and therefore the key to its true meaning.

17 **John 5:39** You search the Scriptures because you think that in them you have eternal life; and it is they that bear witness about Me.

18 **Acts 10:43** To Him all the prophets bear witness that everyone who believes in Him receives forgiveness of sins through His name.

19 **John 1:18** No one has ever seen God, the only God, who is at the Father's side, He has made Him known.

20 **2 Tim. 3:15** From childhood you have been acquainted with the sacred writings, which are able to make you wise for salvation through faith in Christ Jesus.

Bible narrative: Jesus revealed Himself as the center of Scripture (**Luke 24:13–27**).

5. *How is human reason to be used in understanding Holy Scripture?*

A. Holy Scripture is given in human language. To determine what it says we need to apply the rules of language, such as grammar and logic. It is right to use reason as a servant of the text, but the guidance of the Holy Spirit is essential for its proper understanding.

21 **Ps. 119:73** Give me understanding that I may learn Your commandments.

22 **Matt. 13:19** When anyone hears the word of the kingdom and does not understand it, the evil one comes and snatches away what has been sown in his heart.

23 **Mt 22.37** Amarás al Señor tu Dios con todo tu corazón, y con toda tu alma, y con toda tu mente.
24 **Hch 17.11** Recibieron la palabra con mucha atención, y todos los días examinaban las Escrituras para ver si era cierto lo que se les anunciaba.
B. Como ningún otro libro, las Sagradas Escrituras son la palabra y la verdad de Dios. No se debe cuestionar o negar la veracidad del texto sagrado.
25 **Ro 3.4** Dios actúa siempre conforme a la verdad, aunque todo hombre sea mentiroso; pues la Escritura dice: "Serás tenido por justo en lo que dices, y saldrás vencedor cuando te juzguen."
26 **2 Co 10.5** Llevar cautivo todo pensamiento a la obediencia a Cristo.
27 **Col 2.8** Cuídense de que nadie los engañe mediante filosofías y huecas sutilezas, que siguen tradiciones humanas y principios de este mundo, pero que no van de acuerdo con Cristo.
28 **2 P 3.15-16** Tengan en cuenta que la paciencia de nuestro Señor es para salvación, tal y como nuestro amado hermano Pablo, según la sabiduría que le ha sido dada, les ha escrito en casi todas sus cartas, donde habla de estas cosas, aun cuando entre ellas hay algunas que son difíciles de entender y que los ignorantes e inconstantes tuercen, como hacen también con las otras Escrituras, para su propia perdición.

Nota: Ver **1 Co 1 y 2**

6. *¿Qué distinción básica hay que mantener para poder entender la Biblia?*

En la Biblia debemos distinguir perfectamente entre la ley y el evangelio.

29 **Jn 1.17** La ley fue dada por medio de Moisés, pero la gracia y la verdad vinieron por medio de Jesucristo.
30 **2 Co 3.6** La letra mata, pero el Espíritu vivifica.

7. *¿Qué enseña y obra Dios en la ley?*

En la ley Dios ordena que hagamos buenas obras en pensamientos, palabras y obras, y condena el pecado.

31 **Mc 12.30-31** Amarás al Señor tu Dios con todo tu corazón, y con toda tu alma, y con toda tu mente y con todas tus fuerzas... Amarás a tu prójimo como a ti mismo.
32 **Jn 5.45** Hay alguien que sí los acusa, y es Moisés, en quien ustedes tienen puesta su esperanza.
33 **Ro 3.20** La ley sirve para reconocer el pecado.

8. *¿Qué enseña y obra Dios en el evangelio?*

En el evangelio, las buenas noticias de nuestra salvación en Jesucristo, Dios nos da perdón, fe, vida, y el poder de agradarle con buenas obras.

34 **Jn 3.16** Porque de tal manera amó Dios al mundo, que ha dado a su Hijo unigénito, para que todo aquel que en él cree no se pierda, sino que tenga vida eterna.
35 **Jn 6.63** Las palabras que yo les he hablado son espíritu y son vida.
36 **Ro 1.16** No me avergüenzo del evangelio, porque es poder de Dios para la salvación de todo aquel que cree.

23 **Matt. 22:37** Love the Lord your God with all your heart and with all your soul and with all your mind.
24 **Acts 17:11** They received the word with all eagerness, examining the Scriptures daily to see if these things were so.

B. Unlike all other books, Holy Scripture is God's Word and truth. It is wrong to question or deny the truthfulness of the sacred text (as happens, for example, with historical criticism).

25 **Rom. 3:4** Let God be true though every one were a liar, as it is written, "That you may be justified in your words, and prevail when you are judged."
26 **2 Cor. 10:5** We destroy arguments and every lofty opinion raised against the knowledge of God.
27 **Col. 2:8** See to it that no one takes you captive by philosophy and empty deceit.
28 **2 Peter 3:15–16** Our beloved brother Paul also wrote to you according to the wisdom given him, as he does in all his letters when he speaks in them of these matters. There are some things in them that are hard to understand, which the ignorant and unstable twist to their own destruction, as they do the other Scriptures.

Note: See **1 Corinthians 1** and **2**.

6. *What basic distinction must we keep in mind in order to understand the Bible?*

We must sharply distinguish between the Law and the Gospel in the Bible.

29 **John 1:17** The law was given through Moses; grace and truth came through Jesus Christ.
30 **2 Cor. 3:6** The letter kills, but the Spirit gives life.

7. *What does God teach and do in the Law?*

In the Law God commands good works of thought, word, and deed and condemns and punishes sin.

31 **Mark 12:30–31** You shall love the Lord your God with all your heart and with all your soul and with all your mind and with all your strength. . . . You shall love your neighbor as yourself.
32 **John 5:45** There is one who accuses you: Moses, on whom you have set your hope.
33 **Rom. 3:20** Through the law comes knowledge of sin.

8. *What does God teach and do in the Gospel?*

In the Gospel, the good news of our salvation in Jesus Christ, God gives forgiveness, faith, life, and the power to please Him with good works.

34 **John 3:16** God so loved the world, that He gave His only Son, that whoever believes in Him should not perish but have eternal life.
35 **John 6:63** The words that I have spoken to you are spirit and life.
36 **Rom. 1:16** I am not ashamed of the gospel, for it is the power of God for salvation to everyone who believes.

37 **Col 1.5-6** Ustedes ya han sabido de esto por el evangelio, que es la palabra de verdad, y que ha llegado hasta ustedes, así como a todo el mundo, y que desde el día que ustedes la escucharon y la comprendieron claramente, y conocieron la gracia de Dios, crece en ustedes y produce fruto.

9. *¿Cómo resume el Catecismo Menor la doctrina cristiana?*

El Catecismo Menor resume la doctrina cristiana en seis partes principales: los Diez Mandamientos, el Credo, el Padrenuestro, el sacramento del Santo Bautismo, Confesión y Absolución, y el sacramento de la Cena del Señor.

10. *¿Qué es un catecismo?*

Un catecismo es un libro de instrucción, generalmente en forma de preguntas y respuestas.

Nota: Catecúmeno quiere decir: uno que aprende.

11. *¿Quién escribió este Catecismo Menor?*

Martín Lutero, el reformador de la iglesia, en 1529.

12. *¿Por qué las seis partes principales del Catecismo Menor están tomadas sólo de la Biblia?*

Porque, como la palabra escrita de Dios, la Biblia es la única autoridad final para la fe y la vida cristiana.

38 **Mt 15.9** No tiene sentido que me honren, si sus enseñanzas son mandamientos humanos.

39 **Gl 1.8** Pero si aun nosotros, o un ángel del cielo, les anuncia otro evangelio diferente del que les hemos anunciado, quede bajo maldición.

37 **Col. 1:6** In the whole world it is bearing fruit and growing—as it also does among you, since the day you heard it and understood the grace of God in truth.

9. *How does the Small Catechism sum up Christian doctrine?*

The Small Catechism sums up Christian doctrine by dividing it into six chief parts: the Ten Commandments, the Creed, the Lord's Prayer, the Sacrament of Holy Baptism, Confession, and the Sacrament of the Altar.

10. *What is a catechism?*

A catechism is a book of instruction, usually in the form of questions and answers. *Note:* A related word is catechumen (learner).

11. *Who wrote our Small Catechism?*

Martin Luther, the Reformer of the church, wrote the Small Catechism in 1529.

12. *Why are all six chief parts of the Small Catechism taken from the Bible alone?*

All the chief parts of the Small Catechism are taken from the Bible, because as God's written Word the Bible is the only final authority for Christian faith and life.

"‹We receive and embrace with our whole heart›... the prophetic and apostolic Scriptures of the Old and New Testaments as the pure, clear fountain of Israel. They are the only true standard or norm by which all teachers and doctrines are to be judged... .

"We ... have a unanimously accepted, definite, common form of doctrine ... derived from God's Word, all ... writings should be judged and adjusted to it to determine the extent to which they are to be approved and accepted." (Formula of Concord SD Rule and Norm 3, 10).

38 **Matt. 15:9** In vain do they worship Me, teaching as doctrines the commandments of men.

39 **Gal. 1:8** Even if we or an angel from heaven should preach to you a gospel contrary to the one we preached to you, let him be accursed.

13. ***¿Qué son los Diez Mandamientos?***
Los Diez Mandamientos son la ley de Dios.
Nota: Dios dio los mandamientos en este orden, pero no los enumeró (**Dt 5.6-21; Ex 2.1-17**).

14. ***¿Cuándo y cómo dio Dios esta ley?***
Al crear al hombre, Dios le grabó la ley en el corazón, y más tarde la formuló en los Diez Mandamientos, escritos en dos tablas, dándola a conocer por medio de Moisés.

40 **Ro 2.14-15** Porque cuando los paganos, que no tienen ley, hacen por naturaleza lo que la ley demanda, son ley para sí mismos, aunque no tengan la ley; y de esa manera demuestran que llevan la ley escrita en su corazón, pues su propia conciencia da testimonio, y sus propios razonamientos los acusarán o defenderán.

H.B. **Ex 19-20; 31.18** Dios escribió los mandamientos directamente para los israelitas. Hay tres clases de leyes en el Antiguo Testamento: La ley moral la cual indica a todos los pueblos sus deberes hacia Dios y su prójimo; la ley eclesiástica la cual regulaba las prácticas religiosas en el Antiguo Testamento; y la ley civil, que era la ley del estado de los israelitas. Sólo la ley moral fue escrita en el corazón humano.

15. ***¿Cuál es el resumen de los Mandamientos 1-3 (primera tabla)?***
Jesús le respondió: "Amarás al Señor tu Dios con todo tu corazón, y con toda tu alma, y con toda tu mente." (**Mt 22.37**; ver **Dt 6.5**).

16. ***¿Cuál es el resumen de los Mandamientos 1-4 (segunda tabla)?***
Y el segundo es semejante al primero: "Amarás a tu prójimo como a ti mismo." (**Mt 22.39**; ver **Lv 19.18**).

17. ***¿Cuál es el resumen de todos los Mandamientos en una palabra?***
Amor.

41 **Ro 13.10** El amor no hace daño a nadie. De modo que el amor es el cumplimiento de la ley.

18. ***¿A quién se dirige Dios en cada uno de los Diez Mandamientos?***
Dios se dirige a mí y a todas las demás personas.

42 **Mt 5.19** De manera que, cualquiera que quebrante uno de estos mandamientos muy pequeños, y así enseñe a los demás, será considerado muy pequeño en el reino de los cielos; pero cualquiera que los practique y los enseñe, será considerado grande en el reino de los cielos.

43 **Ro 3.19** Pero sabemos que todo lo que dice la ley, se lo dice a los que están bajo la ley, para que todos callen y caigan bajo el juicio de Dios.

H.B. **Mateo 5** Jesús explicó el significado de estos mandamientos a toda la gente.

13. *What are the Ten Commandments?*
The Ten Commandments are the Law of God.
Note: God gave them in this order but did not number them (**Deut. 5:6–21; Ex. 20:1–17**).

14. *How did God give His Law?*
When God created people, He wrote the Law on their hearts. Later He arranged the Law in Ten Commandments, wrote it on two tables of stone, and made it known through Moses.

40 **Rom. 2:14–15** For when Gentiles, who do not have the law, by nature do what the law requires, they are a law to themselves, even though they do not have the law. They show that the work of the law is written on their hearts, while their conscience also bears witness, and their conflicting thoughts accuse or even excuse them.

Bible narrative: God wrote His commandments directly for the Israelites (**Ex. 19–20; 31:18**). There are three kinds of laws in the Old Testament: the moral law, which tells all people their duty toward God and other people; the ceremonial law, which regulated the religious practices in the Old Testament; and the political law, which was the state law of the Israelites. Only the moral law was written into the human heart.

15. *What is the summary of commandments 1–3 (First Table)?*
Jesus replied: "Love the Lord your God with all your heart and with all your soul and with all your mind" (**Matt. 22:37**; see **Deut. 6:5**).

16. *What is the summary of commandments 4–10 (Second Table)?*
"And a second is like it: You shall love your neighbor as yourself" (**Matt. 22:39**; see **Lev. 19:18**).

17. *What is the summary of all the commandments?*
Love is the summary of all the commandments.

41 **Rom. 13:10** Love does no wrong to a neighbor; therefore love is the fulfilling of the law.

18. *Whom does God mean when in the Ten Commandments He says, "You shall"?*
He means me and all other human beings.

42 **Matt. 5:19** Whoever relaxes [looses] one of the least of these commandments and teaches others to do the same will be called least in the kingdom of heaven, but whoever does them and teaches them will be called great in the kingdom of heaven.

43 **Rom. 3:19** Now we know that whatever the law says it speaks to those who are under the law, so that every mouth may be stopped, and the whole world may be held accountable to God.

Bible narrative: Jesus explained the meaning of these commandments for all people (**Matthew 5**).

[*Dios*]

No tengas otros dioses aparte de mí.

¿Qué quiere decir esto?

Más que a todas las cosas debemos temer y amar a Dios y confiar en él.

19. *¿Quién es el Dios verdadero?*

El único y verdadero Dios es el Dios trino: Padre, Hijo y Espíritu Santo, tres personas en una esencia divina (la Santísima Trinidad).

44 **Nm 6.24-26** ¡Que el Señor te bendiga, y te cuide! ¡Que el Señor haga resplandecer su rostro sobre ti, y tenga de ti misericordia! ¡Que el Señor alce su rostro sobre ti, y ponga en ti paz!

45 **Dt 6.4** Oye, Israel: el Señor nuestro Dios, el Señor es uno.

46 **Mt 28.19** Por tanto, vayan y hagan discípulos en todas las naciones, y bautícenlos en el nombre del Padre, y del Hijo, y del Espíritu Santo.

47 **1 Co 8.4** Solamente hay un Dios.

48 **2 Co 13.14** Que la gracia del Señor Jesucristo, el amor de Dios, y la comunión del Espíritu Santo sean con todos ustedes. Amén.

H.B.**Mt 3.16-17** En su bautismo Jesús estuvo en el río Jordán, el Padre habló desde el cielo, y el Espíritu de Dios descendió sobre Jesús en forma de paloma.

20. *¿Qué nos prohíbe Dios en el Primer Mandamiento?*

Dios nos prohíbe tener otros dioses (idolatría).

49 **Is 42.8** Yo soy el Señor. Éste es mi nombre, y no daré a otro mi gloria, ni mi alabanza a esculturas.

50 **Mt 4.10** Al Señor tu Dios adorarás, y a él sólo servirás.

51 **1 Co 8.4** Sabemos que un ídolo no tiene valor alguno en este mundo, y que solamente hay un Dios.

52 **1 Jn 5.21** Hijitos, manténganse apartados de los ídolos.

21. *¿Cuándo tiene la gente otros dioses?*

Tiene otros dioses

A. cuando confía y adora a una criatura o cosa como si fuera Dios.

53 **Sal 115.4** Los dioses de ellos son de oro y plata; son producto de la mano del hombre

54 **Fil 3:19** Ellos sólo piensan en lo terrenal. Su dios es el vientre, su orgullo es su vergüenza, y su fin será la perdición.

55 **Ap 9.20** Los que no murieron por estas plagas, ni aun así se arrepintieron de su maldad, ni dejaron de adorar a los demonios ni a las imágenes de oro, plata, bronce, piedra y madera, las cuales no pueden ver ni oír ni caminar.

H.B. **Ex 32** Israel adoró el becerro de oro. **1 R 18.18-29** La gente adoró a Baal. **Jue 16.23-24** Los filisteos nombraron a Dagón como su dios.

B. cuando cree en un dios que no es el Dios trino (ver el Credo Apostólico).

56 **Mt 28.19** Por tanto, vayan y hagan discípulos en todas las naciones, y bautícenlos en el nombre del Padre, y del Hijo, y del Espíritu Santo.

The First Commandment

[God]

You shall have no other gods.
What does this mean?
We should fear, love, and trust in God above all things.

19. *Who is the only true God?*
The only true God is the triune God: Father, Son, and Holy Spirit, three distinct persons in one divine being (the Holy Trinity).

44 **Num. 6:24–26** The Lord bless you and keep you; the Lord make His face to shine upon you and be gracious to you; the Lord lift up His countenance upon you and give you peace.
45 **Deut. 6:4** Hear, O Israel: The Lord our God, the Lord is one.
46 **Matt. 28:19** Go therefore and make disciples of all nations, baptizing them in the name of the Father and of the Son and of the Holy Spirit.
47 **1 Cor. 8:4** There is no God but one.
48 **2 Cor. 13:14** The grace of the Lord Jesus Christ and the love of God and the fellowship of the Holy Spirit be with you all.

Bible narrative: At His Baptism Jesus stood in the Jordan, the Father spoke from heaven, and the Spirit of God descended upon Jesus in the form of a dove (**Matt. 3:16–17**).

20. *What does God forbid in the First Commandment?*
God forbids us to have other gods (idolatry).

49 **Is. 42:8** I am the Lord; that is My name; My glory I give to no other, nor My praise to carved idols.
50 **Matt. 4:10** You shall worship the Lord your God and Him only shall you serve.
51 **1 Cor. 8:4** We know that "an idol has no real existence," and that "there is no God but one."
52 **1 John 5:21** Little children, keep yourselves from idols.

21. *When do people have other gods?*
They have other gods

A. when they regard and worship any creature or thing as God;

53 **Ps. 115:4** Their idols are silver and gold.
54 **Phil. 3:19** Their end is destruction, their god is their belly, and they glory in their shame, with minds set on earthly things.
55 **Rev. 9:20** [They] did not repent of the works of their hands nor give up worshiping demons and idols of gold and silver and bronze and stone and wood, which cannot see or hear or walk.

Bible narrative: Israel worshiped the golden calf (**Exodus 32**). The people worshiped Baal (**1 Kings 18:18–29**). The Philistines made Dagon their god (**Judges 16:23–24**).

B. when they believe in a god who is not the triune God (see the Apostles' Creed);

56 **Matt. 28:19** Go therefore and make disciples of all nations, baptizing them in the name of the Father and of the Son and of the Holy Spirit.

57 **Jn 5.23** El que no honra al Hijo, no honra al Padre que lo envió.
H.B. **Mt 3.13-17** El bautismo de Jesús.

C. cuando ama y confía más en una persona o cosa como sólo debería temer, amar, y confiar en Dios.

58 **Sal 14.1** Dentro de sí dicen los necios: "Dios no existe." Corrompidos están. Sus hechos son repugnantes. No hay nadie que haga el bien.

59 **Pr 11.28** El que confía en sus riquezas, fracasa.

60 **Pr 3.5** Confía en el Señor de todo corazón, y no te apoyes en tu propia prudencia.

61 **Mt 10.28** No teman a los que matan el cuerpo, pero no pueden matar el alma. Más bien, teman a aquel que puede destruir alma y cuerpo en el infierno.

62 **Mt 10.37** El que ama a su padre o a su madre más que a mí, no es digno de mí. El que ama a su hijo o hija más que a mí, no es digno de mí.

63 **Ef 5.5** Ustedes bien saben que ninguno que sea libertino, inmundo, o avaro (es decir, ningún idólatra), tendrá parte en el reino de Cristo y de Dios.

H.B. **Lc 16.19** El hombre rico pensó más en el lujo del vestido y en la extravagancia de la comida que en Dios. **Gn 11.1-9** La gente que estaba construyendo la Torre de Babel consideró su logro más importante que Dios. **1S 17** Goliat confió más en su talla y fuerza física. **1S 2.12-34** Elí honró a sus hijos más que a Dios. **Mt 26.69-75** Pedro tuvo más miedo al castigo que amor Dios.

D. cuando participan en la adoración de alguien que no es el Dios trino.

64 **2 Co 6.14-15** No se unan con los incrédulos en un yugo desigual. Pues ¿qué tiene en común la justicia con la injusticia? ¿O qué relación puede haber entre la luz y las tinieblas? ¿Y qué concordia tiene Cristo con Belial? ¿O qué tiene en común el creyente con el incrédulo?

22. *¿Qué nos ordena Dios en el Primer Mandamiento?*

Más que a todas las cosas debemos temer y amar a Dios y confiar en él.

A. Tememos a Dios cuando lo adoramos y exaltamos su nombre por encima de todas las cosas, lo honramos con nuestras vidas y evitamos de todo aquello que le disgusta.

65 **Gn 17.1** Yo soy el Dios Todopoderoso. Anda siempre delante de mí y sé perfecto.

66 **Sal 33.8** ¡Que toda la tierra tema al Señor! ¡Que le teman todos los habitantes del mundo!

67 **Sal 96.4** El Señor es grande, y digno de alabanza; ¡es temible, más que todos los dioses!

68 **Pr 8.13** El temor del Señor es aborrecer el mal.

69 **Mt 10.28** No teman a los que matan el cuerpo, pero no pueden matar el alma. Más bien, teman a aquel que puede destruir alma y cuerpo en el infierno.

H.B. **Dn 3** Los tres hombres en el fuego temieron a Dios más que al rey.

B. Amamos a Dios por sobre todas las cosas cuando nos adherimos solamente a él como a nuestro Dios y con alegría dedicamos nuestras vidas a su servicio.

57 **John 5:23** Whoever does not honor the Son does not honor the Father who sent Him.

Bible narrative: The Baptism of Jesus (**Matt. 3:13–17**).

C. when they fear, love, or trust in any person or thing as they should fear, love, and trust in God alone;

58 **Ps. 14:1** The fool says in his heart, "There is no God." They are corrupt, they do abominable deeds, there is none who does good.

59 **Prov. 11:28** Whoever trusts in his riches will fall.

60 **Prov. 3:5** Trust in the Lord with all your heart, and do not lean on your own understanding.

61 **Matt. 10:28** Do not fear those who kill the body but cannot kill the soul. Rather fear him who can destroy both soul and body in hell.

62 **Matt. 10:37** Whoever loves father or mother more than Me is not worthy of Me, and whoever loves son or daughter more than Me is not worthy of Me.

63 **Eph. 5:5** Everyone who is sexually immoral or impure, or who is covetous (that is, an idolater), has no inheritance in the kingdom of Christ and God.

Bible narratives: The rich man thought more of costly clothes and good eating than of God (**Luke 16:19–31**). The people building the Tower of Babel considered their achievement more important than God (**Gen. 11:1–9**). Goliath trusted in his size and physical strength (**1 Sam. 17**). Eli honored his sons more than God (**1 Sam. 2:12–34**). Peter feared punishment more than he loved God (**Matt. 26:69–75**).

D. when they join in the worship of one who is not the triune God.

64 **2 Cor. 6:14–15** Do not be unequally yoked with unbelievers. For what partnership has righteousness with lawlessness? Or what fellowship has light with darkness? What accord has Christ with Belial? Or what portion does a believer share with an unbeliever?

22. *What does God require of us in the First Commandment?*

God requires that we fear, love, and trust in Him above all things.

A. We fear God above all things when we revere Him alone as the highest being, honor Him with our lives, and avoid what displeases Him.

65 **Gen. 17:1** I am God almighty; walk before Me, and be blameless.

66 **Ps. 33:8** Let all the earth fear the Lord; let all the inhabitants of the world stand in awe of Him.

67 **Ps. 96:4** Great is the Lord, and greatly to be praised; He is to be feared above all gods.

68 **Prov. 8:13** The fear of the Lord is hatred of evil.

69 **Matt. 10:28** Do not fear those who kill the body but cannot kill the soul. Rather fear him who can destroy both soul and body in hell.

Bible narrative: The three men in the fiery furnace feared God more than the king (**Daniel 3**).

B. We love God above all things when we cling to Him alone as our God and gladly devote our lives to His service.

70 **Sal 73.25-26** ¿A quién tengo en los cielos? ¡Sólo a ti! ¡Sin ti, no quiero nada aquí en la tierra! Aunque mi cuerpo y mi corazón desfallecen, tú, Dios mío, eres la roca de mi corazón, ¡eres la herencia que para siempre me ha tocado!

71 **Mt 22.37** Jesús le respondió: "Amarás al Señor tu Dios con todo tu corazón, y con toda tu alma, y con toda tu mente."

H.B. **Gn 22** Abrahán amó más a Dios que a su hijo. **Gn 39** José resistió la tentación de la esposa del Potifar.

C. Confiamos en el Señor por sobre todas las cosas cuando encomendamos nuestras vidas totalmente a su cuidado y dependemos de él para ayuda en toda necesidad.

72 **Sal 118.8** Es mejor confiar en el Señor que confiar en simples mortales.

73 **Pr 3.5** Confía en el Señor de todo corazón, y no te apoyes en tu propia prudencia.

H.B. **1 S 17.37, 46-47** David confió en el Señor cuando peleó contra Goliat. **Gn 12.1-9** Abrahán dejó su país y su familia para irse donde el Señor le había indicado, confiando que Dios cuidaría de él. **Dn 6** Daniel se encomendó al cuidado de Dios.

23. *¿Quién puede cumplir éste y todos los otros mandamientos?*

Ninguna persona puede cumplir los mandamientos perfectamente. Sólo Jesús pudo hacerlo. Todos los que, por el poder del Espíritu Santo, tienen fe en él, se esfuerzan en cumplir estos mandamientos.

74 **Ec 7.20** No hay en la tierra nadie tan justo que siempre haga el bien y nunca peque.

75 **1 Jn 1.8** Si decimos que no tenemos pecado, nos engañamos a nosotros mismos, y la verdad no está en nosotros.

76 **Jn 14.15** Si me aman, obedezcan mis mandamientos.

77 **Fil 2.13** Dios es el que produce en ustedes lo mismo el querer como el hacer, por su buena voluntad.

El Segundo Mandamiento

[El nombre de Dios]

No hagas mal uso del nombre del Señor tu Dios.

¿Qué quiere decir esto?

Debemos temer y amar a Dios de modo que no usemos su nombre para maldecir, jurar, hechizar, mentir o engañar, sino que lo invoquemos en todas las necesidades, lo adoremos, alabemos y le demos gracias.

24. *¿Por qué decimos en éste y en los mandamientos que siguen que debemos temer y amar a Dios?*

Porque del temor y amor a Dios debe emanar el cumplimiento de todos los demás mandamientos.

78 **Sal 111.10** El principio de la sabiduría es el temor al Señor. Quienes practican esto adquieren entendimiento y alaban al Señor toda su vida.

79 **Jn 14.23** El que me ama, obedecerá mi palabra.

H.B. **Jn 21.15-17** Jesús le preguntó a Pedro si lo amaba, luego le dio el mandato de apacentar sus ovejas.

70 **Ps. 73:25–26** Whom have I in heaven but You? And there is nothing on earth that I desire besides You. My flesh and my heart may fail, but God is the strength of my heart and my portion forever.

71 **Matt. 22:37** You shall love the Lord your God with all your heart and with all your soul and with all your mind.

Bible narrative: Abraham loved God more than his son (**Genesis 22**). Joseph resisted the temptation of Potiphar's wife (**Genesis 39**).

C. We trust in God above all things when we commit our lives completely to His keeping and rely on Him for help in every need.

72 **Ps. 118:8** It is better to take refuge in the Lord than to trust in man.

73 **Prov. 3:5** Trust in the Lord with all your heart, and do not lean on your own understanding.

Bible narrative: David trusted in the Lord when he fought against Goliath (**1 Sam. 17:37, 46–47**). Abram left his country and relatives to go where the Lord sent him, trusting that the Lord would take care of him (**Gen. 12:1–9**). Daniel committed himself to the Lord's keeping (**Daniel 6**).

23. *Who is able to keep this and the other commandments?*

No person can keep any or all commandments perfectly, except Jesus Christ. All those who have faith in Him by the power of His Spirit willingly strive to keep these commandments.

74 **Eccl. 7:20** Surely there is not a righteous man on earth who does good and never sins.

75 **1 John 1:8** If we say we have no sin, we deceive ourselves, and the truth is not in us.

76 **John 14:15** If you love Me, you will keep My commandments.

77 **Phil. 2:13** It is God who works in you, both to will and to work for His good pleasure.

The Second Commandment

[God's Name]

You shall not misuse the name of the Lord your God.

What does this mean?

We should fear and love God so that we do not curse, swear, use satanic arts, lie, or deceive by His name, but call upon it in every trouble, pray, praise, and give thanks.

24. *Why do we say in this and in the following commandments, "We should fear and love God"?*

The fulfillment of all commandments must flow from the fear and love of God.

78 **Ps. 111:10** The fear of the Lord is the beginning of wisdom; all those who practice it have good understanding. His praise endures forever!

79 **John 14:23** If anyone loves Me, he will keep My word.

Bible narrative: Jesus asked Peter whether he loved Him, then He told Peter to feed His sheep (**John 21: 15–17**).

25. ***¿Qué es el nombre de Dios?***

El nombre de Dios es Dios mismo, su esencia y sus atributos, así como él se nos ha manifestado.

80 **Ex 3.14** Dios le respondió a Moisés: "YO SOY EL QUE SOY." Y añadió: "A los hijos de Israel tú les dirás: "YO SOY me ha enviado a ustedes."

81 **Is 9.6** Porque un niño nos ha nacido, ¡un hijo nos ha sido concedido! Sobre sus hombros llevará el principado, y su nombre será "Consejero admirable", "Dios fuerte", "Padre Eterno" y "Príncipe de paz".

82 **Jer 23.6** Y ese rey será conocido por este nombre: "El Señor es nuestra justicia."

83 **Mt 1.21** María tendrá un hijo, a quien pondrás por nombre JESÚS, porque él salvará a su pueblo de sus pecados.

84 **Mt 18.20** Donde dos o tres se reúnen en mi nombre, allí estoy yo, en medio de ellos.

85 **Mt 28.19** Por tanto, vayan y hagan discípulos en todas las naciones, y bautícenlos en el nombre del Padre, y del Hijo, y del Espíritu Santo.

86 **Jn 1.1** En el principio ya existía la Palabra. La Palabra estaba con Dios, y Dios mismo era la Palabra.

H.B. **Ex 3.12-15** Dios reveló su nombre a Moisés.

26. ***¿Qué nos prohíbe Dios en el Segundo Mandamiento?***

En el segundo mandamiento Dios nos prohíbe usar su nombre incorrectamente.

87 **Ex 20.7** Yo, el Señor, no consideraré inocente al que tome en vano mi nombre.

27. ***¿Cómo es usado en forma incorrecta el nombre de Dios?***

El nombre de Dios es usado en forma incorrecta cuando:

A. Lo usamos de manera innecesaria y descuidada (ver **Ex 20.7**).

B. Maldecimos, juramos, hechizamos, mentimos o engañamos en su nombre.

28. ***¿Qué es maldecir en el nombre de Dios?***

Maldecir en el nombre de Dios es

A. blasfemar a Dios, hablando mal de él o burlándose de él.

88 **Lv 24.15** El que maldiga a su Dios tendrá que cargar con su pecado.

H.B. **Mt 27.39-43** La gente se burló de Jesús cuando estaba colgado en la cruz. **2 R 18.28-35; 19.21-22** El jefe del ejército asirio blasfemó contra el Dios de Israel. **Jn 8.48-59** Algunos judíos acusaron a Jesús de estar poseído por un demonio.

B. Invocar sobre uno mismo o sobre otra persona o cosa la ira y el castigo de Dios.

89 **Stg 3.9-10** Con la lengua bendecimos al Dios y Padre, y con ella maldecimos a los seres humanos, que han sido creados a imagen de Dios. De la misma boca salen bendiciones y maldiciones. Hermanos míos, ¡esto no puede seguir así!

H.B. H.B. **Mt 27.25** La gente se maldijo a sí misma y a sus hijos durante el juicio de Jesús. **Mt 26.74** Pedro maldijo. **Lc 9.51-55** Santiago y Juan le preguntaron a Jesús si ellos podían pedirle a Dios la destrucción de una población samaritana.

29. ***¿Qué es jurar en el nombre de Dios?***

Jurar en el nombre de Dios es invocar a Dios como testigo de verdades y vengador de falsedades.

25. ***What is God's name?***

God, as He has revealed Himself to us, His essence and His attributes.

80 **Ex. 3:14** God said to Moses, "I am who I am." And He said, "Say this to the people of Israel, 'I am has sent me to you.' "

81 **Is. 9:6** To us a child is born, to us a son is given; and the government shall be upon His shoulder, and His name shall be called Wonderful Counselor, Mighty God, Everlasting Father, Prince of Peace.

82 **Jer. 23:6** This is the name by which He will be called: "The Lord is Our Righteousness."

83 **Matt. 1:21** You shall call His name Jesus, for He will save His people from their sins.

84 **Matt. 18:20** Where two or three are gathered in My name, there am I among them.

85 **Matt. 28:19** Go therefore and make disciples of all nations, baptizing them in the name of the Father and of the Son and of the Holy Spirit.

86 **John 1:1** In the beginning was the Word, and the Word was with God, and the Word was God.

Bible narrative: God revealed His name to Moses (**Ex. 3:12–15**).

26. ***What does God forbid in the Second Commandment?***

In the Second Commandment God forbids us to misuse His name.

87 **Ex. 20:7** The Lord will not hold him guiltless who takes His name in vain.

27. ***How is God's name misused?***

God's name is misused when people

A. speak God's name uselessly or carelessly (see **Ex. 20:7**);

B. curse, swear, use satanic arts, lie, or deceive by His name.

28. ***What is cursing by God's name?***

Cursing by God's name is

A. blaspheming God by speaking evil of Him or mocking Him;

88 **Lev. 24:15** Whoever curses his God shall bear his sin.

Bible narrative: They mocked Jesus when He was hanging on the cross (**Matt. 27:39–43**). The Assyrian field commander blasphemed the God of Israel (**2 Kings 18:28–35; 19:21–22**). Some Jews accused Jesus of being possessed by a demon (**John 8:48–59**).

B. calling down the anger and punishment of God upon oneself or any other person or thing.

89 **James 3:9–10** With it [the tongue] we bless our Lord and Father, and with it we curse people who are made in the likeness of God. From the same mouth come blessing and cursing. My brothers, these things ought not to be so.

Bible narrative: The people at Jesus' trial cursed themselves and their children (**Matt. 27:25**). Peter cursed (**Matt. 26:74**). James and John asked Jesus if they should ask God to destroy a Samaritan village (**Luke 9:51–55**).

29. ***What is swearing by God's name?***

Swearing by God's name is taking an oath in which we call on God to witness the truth of what we say or promise and to punish us if we lie or break our promise.

30. ***¿Qué manera de juramento permite y hasta ordena Dios?***
Dios permite todo juramento, y hasta lo exige, si fuera necesario, para la gloria de Dios o el bienestar de nuestro prójimo.
Por ejemplo: dar testimonio en la corte, un juramento de oficio, votos de matrimonio.

90 **Ro 13.1** Todos debemos someternos a las autoridades.

91 **Nm 30.2** Cuando alguien haga un voto al Señor, o haga un juramento que lo comprometa, no deberá faltar a su palabra, sino que hará todo lo que se haya comprometido a hacer.

92 **Dt 6.13** Al Señor tu Dios temerás, y sólo a él servirás, y por su nombre jurarás.

93 **Heb 6.16** Cuando alguien jura, lo hace por alguien superior a sí mismo. De esa manera confirma lo que ha dicho y pone fin a toda discusión.

H.B. **Mt 26.63-64** Jesús jura ser el Cristo, el Hijo de Dios. **Gn 24.3** Abrahán puso a su criado bajo juramento.

31. ***¿Qué clase de juramento prohíbe Dios?***
Dios prohíbe todo juramento falso, blasfemo y frívolo, como también el jurar en cosas inciertas o sin importancia.

94 **Lv 19.12** No juren falsamente en mi nombre, ni profanen así mi nombre. Yo soy el Señor, su Dios.

95 **Mt 5.33-37** Ustedes han oído también que se dijo a los antiguos: "No perjurarás, sino que cumplirás tus juramentos al Señor." Pero yo les digo: No juren en ninguna manera; ni por el cielo, porque es el trono de Dios, ni por la tierra, porque es el estrado de sus pies, ni por Jerusalén, porque es la ciudad del gran Rey. No jurarás ni por tu cabeza, porque no puedes hacer blanco o negro un solo cabello tuyo. Cuando ustedes digan algo, que sea "sí, sí", o "no, no"; porque lo que es más de esto, proviene del mal.

H.B. **Mt 26.72** Pedro jura falsa y blasfemamente.**Hch 23.12** Algunos judíos se juramentaron a matar.**Mt 14.6-9** Herodes juró frívolamente y en una cosa incierta. **Jue 11.30-40** Jefté juró vanamente.

32. ***¿Qué es hechizar en el nombre de Dios?***

A. Hechizar en el nombre de Dios es usar el nombre de Dios para ejecutar o pretender ejecutar, con la ayuda del diablo, cosas sobrenaturales, tales como los encantamientos, la magia, el sortilegio, las consultas a los muertos y similares artes satánicas.

96 **Dt 18.10-12** Que no haya en ti nadie que haga pasar a su hijo o a su hija por el fuego, ni nadie que practique la adivinación, ni sea agorero, ni sortílego, ni hechicero, ni encantador, ni adivino, ni mago, ni nadie que consulte a los muertos. Al Señor le repugnan todos los que hacen estas cosas, y precisamente por estos actos repugnantes el Señor tu Dios va a expulsar de tu presencia a estas naciones.Que nadie de ustedes ofrezca en sacrificio a su hijo haciéndolo pasar por el fuego, ni practique la adivinación, ni pretenda predecir el futuro, ni se dedique a la hechicería, ni a los encantamientos, ni consulte a los adivinos y a los que invocan a los espíritus, ni consulte a los muertos. Porque al Señor le repugnan los que hacen estas cosas. Y si el Señor su Dios arroja de la presencia de ustedes a estas naciones, es precisamente porque tienen esas horribles costumbres.

30. *When are we permitted, and even required, to swear by God's name?*

We are permitted, and even required, to take an oath by God's name when an oath is necessary for the glory of God or the welfare of our neighbor. Examples include the following: testimony in court, oath of office, wedding vows.

90 **Rom. 13:1** Let every person be subject to the governing authorities.

91 **Num. 30:2** If a man vows a vow to the Lord, or swears an oath to bind himself by a pledge, he shall not break his word. He shall do according to all that proceeds out of his mouth.

92 **Deut. 6:13** It is the Lord your God you shall fear. Him you shall serve and by His name you shall swear.

93 **Heb. 6:16** People swear by something greater than themselves, and in all their disputes an oath is final for confirmation.

Bible narrative: Jesus permitted Himself to be put under oath **(Matt. 26:63–64).** Abraham put his servant under oath **(Gen. 24:3).**

31. *When is swearing forbidden?*

Swearing is forbidden when it is done falsely, thoughtlessly, or in sinful, uncertain, or unimportant matters.

94 **Lev. 19:12** You shall not swear by My name falsely, and so profane the name of your God: I am the Lord.

95 **Matt. 5:33–37** Again you have heard that it was said to those of old, "You shall not swear falsely, but shall perform to the Lord what you have sworn." But I say to you, Do not take an oath at all, either by heaven, for it is the throne of God, or by the earth, for it is His footstool, or by Jerusalem, for it is the city of the great King. And do not take an oath by your head, for you cannot make one hair white or black. Let what you say be simply "Yes" or "No"; anything more than this comes from evil.

Bible narrative: Peter swore falsely and thus committed perjury (**Matt. 26:72**). Certain Jews swore to commit murder (**Acts 23:12**). Herod swore in an unknown and unimportant matter (**Matt. 14:6–9**). Jephthah's thoughtless oath (**Judges 11:30–40**).

32. *What is using satanic arts by God's name?*

Using satanic arts by God's name is

A. using God's name in order to perform or claim to perform supernatural things with the help of the devil, such as casting spells, calling up a spirit, fortune-telling, consulting the dead, or other occult practices;

96 **Deut. 18:10–12** There shall not be found among you anyone who burns his son or his daughter as an offering, anyone who practices divination or tells fortunes or interprets omens, or a sorcerer or a charmer, or a medium or a necromancer or one who inquires of the dead, for whoever does these things is an abomination to the Lord. And because of these abominations the Lord your God is driving them out before you.

H.B. **Ex 7 y 8** Los magos egipcios hicieron cosas sobrenaturales con sus encantamientos. **Hch 19.13-29** Los hijos de Esceva usaron el nombre de Jesús para expulsar demonios, pero no tuvieron fe.

B. Buscar la ayuda de personas o pertenecer a algún grupo u organización que practique la hechicería o la adoración a Satanás.

97 **Lv 19.31** No recurran a los encantadores ni a los adivinos. No los consulten ni se contaminen con ellos. Yo soy el Señor su Dios.

H.B.**1 S 28** El rey Saúl buscó la ayuda de la adivina de Endor.

C. Depender de horóscopos o cosas similares para conocer el futuro.

98 **Ec 7.14** Cuando te llegue un buen día, disfruta de él; y cuando te llegue un mal día, piensa que Dios es el autor de uno y de otro, y que los mortales nunca sabremos lo que vendrá después.

33. ***¿Qué es mentir o engañar en el nombre de Dios?***

Mentir o engañar en el nombre de Dios es

A. enseñar falsa doctrina y decir que es palabra o revelación de Dios.

99 **Dt 12.32** Ten cuidado de hacer todo lo que yo te mando que hagas. No le añadas nada, ni le quites.

100 **Jer 23.31** Yo estoy en contra de los profetas que hablan con dulzura, y luego afirman que yo he hablado.

101 **Mt 15.9** No tiene sentido que me honren, si sus enseñanzas son mandamientos humanos.

H.B. **1 R 13.11-30** La mentira de un falso profeta causó el engaño y la muerte de un profeta de Dios.

B. también es encubrir un corazón incrédulo y una vida impía y pretender que uno es cristiano.

102 **Mt 7.21** No todo el que me dice: "Señor, Señor", entrará en el reino de los cielos, sino el que hace la voluntad de mi Padre que está en los cielos.

103 **Mt 15.8** Este pueblo me honra con los labios, Pero su corazón está lejos de mí.

H.B. **Mt 23.13-33** Muchos fariseos y escribas eran hipócritas. **Hch 5.1-11** Ananías y Safira escondieron su falta de fe bajo supuestas obras de caridad.

34. ***¿Qué nos ordena Dios en el Segundo Mandamiento?***

Dios ordena invocar su nombre en todas las necesidades, orar, alabar y darle gracias.

104 **Sal 50.15** Invócame en el día de la angustia; yo te libraré, y tú me honrarás.

105 **Sal 103.1** ¡Bendice, alma mía, al Señor! ¡Bendiga todo mi ser su santo nombre!

106 **Sal 118.1** ¡Alabemos al Señor, porque él es bueno; porque su misericordia permanece para siempre!

107 **Jn 16.23** Todo lo que pidan al Padre, en mi nombre, él se lo concederá.

108 **Ef 5.20** Den siempre gracias por todo al Dios y Padre, en el nombre de nuestro Señor Jesucristo.

H.B. **Lc 17.11-13** Los 10 leprosos llamaron a Jesús en su angustia. **Lc 17.15-16** Un extraño le dio gracias a Jesús y glorificó a Dios por haber sido sanado. **1 S 1 y 2** Ana invocó a Dios y le dio gracias por haberle dado un hijo. (Magnificat, **Lc 1.46-55** La canción de María. Benedictus, **Lc 1.68-79** La canción de Zacarías).

Bible narrative: The Egyptian sorcerers performed supernatural things with the help of the devil (**Exodus 7–8**). The sons of Sceva used Jesus' name to cast out spirits, but they did not have faith (**Acts 19:13–29**).

B. joining with or seeking the aid of people who practice these and similar satanic arts or worship Satan;

97 **Lev. 19:31** Do not turn to mediums or necromancers; do not seek them out, and so make yourselves unclean by them: I am the Lord your God.

Bible narrative: King Saul sought the help of the witch of Endor (**1 Samuel 28**).

C. depending on horoscopes or similar ways to foretell the future.

98 **Eccl. 7:14** In the day of prosperity be joyful, and in the day of adversity consider: God has made the one as well as the other, so that man may not find out anything that will be after him.

33. *What is lying and deceiving by God's name?*

Lying and deceiving by God's name is

A. teaching false doctrine and saying that it is God's Word or revelation;

99 **Deut. 12:32** Everything that I command you, you shall be careful to do. You shall not add to it or take from it.

100 **Jer. 23:31** Behold, I am against the prophets, declares the Lord, who use their tongues and declare, "declares the Lord."

101 **Matt. 15:9** In vain do they worship me, teaching as doctrines the commandments of men.

Bible narrative: The lie of a false prophet caused a prophet of God to be deceived and killed (**1 Kings 13:11–30**).

B. covering up an unbelieving heart or a sinful life by pretending to be a Christian.

102 **Matt. 7:21** Not everyone who says to Me, "Lord, Lord," will enter the kingdom of heaven, but the one who does the will of My Father who is in heaven.

103 **Matt. 15:8** This people honors Me with their lips, but their heart is far from Me.

Bible narrative: Many scribes and Pharisees were hypocrites (**Matt. 23:13–33**). Ananias and Sapphira were hypocrites (**Acts 5:1–11**).

34. *What does God require of us in the Second Commandment?*

We should call upon His name in every trouble, pray, praise, and give thanks.

104 **Ps. 50:15** Call upon Me in the day of trouble; I will deliver you, and you shall glorify Me.

105 **Ps. 103:1** Bless the Lord, O my soul, and all that is within me, bless His holy name!

106 **Ps. 118:1** Give thanks to the Lord, for He is good; for His steadfast love endures forever!

107 **John 16:23** Whatever you ask of the Father in my name, He will give it to you.

108 **Eph. 5:20** Giving thanks always and for everything to God the Father in the name of our Lord Jesus Christ.

Bible narrative: The 10 lepers called upon Jesus in their trouble (**Luke 17:11–13**). The grateful stranger thanked Jesus and glorified God for the healing (**Luke 17:15–16**). Hannah petitioned and thanked God for the gift of a son (**1 Samuel 1–2**). Mary's Song (Magnificat, **Luke 1:46–55**). Zechariah's Song (Benedictus, **Luke 1:68–79**).

El Tercer Mandamiento

[*La palabra de Dios*]

Acuérdate del día de reposo, para consagrarlo al Señor.

¿Qué quiere decir esto?

Debemos temer y amar a Dios de modo que no despreciemos la predicación y su palabra, sino que la consideremos santa, la oigamos y aprendamos con gusto.

35. *¿Qué es el día sábado?*

En el Antiguo Testamento, Dios apartó el séptimo día (sábado) como un día obligatorio para descanso y adoración. (*Sabbath* significa "descanso").

109 **Ex 35.2** Seis días se trabajará, pero el día séptimo será para ustedes un día santo de reposo en honor del Señor.

110 **Lv 23.3** Seis días trabajarán, pero el séptimo día será de reposo y de convocación santa.

36. *¿Exige este mandamiento que guardemos el sábado y las fiestas, como los guardaba el pueblo de Dios en el Antiguo Testamento?*

El sábado era una señal que apuntaba a Jesús, quien es nuestro descanso. Como Jesús ha venido como nuestro Salvador y Señor, Dios no requiere más que observemos el día sábado y otros días festivos del Antiguo Testamento.

111 **Mt 11.28** Vengan a mí todos ustedes, los agotados de tanto trabajar, que yo los haré descansar.

112 **Mt 12.8** el Hijo del Hombre es Señor del día de reposo.

113 **Col 2.16-17** No permitan, pues, que nadie los juzgue por lo que comen o beben, o en relación con los días de fiesta, la luna nueva o los días de reposo. Todo esto no es más que una sombra de lo que está por venir; pero lo real y verdadero es Cristo.

114 **Heb 4.9-10** De modo que aún queda un reposo para el pueblo de Dios. 10 Porque el que entra en su reposo, reposa también de sus obras, como Dios reposó de las suyas.

37. *¿Requiere Dios que la iglesia se reúna en días específicos?*

A. Dios requiere que los cristianos se reúnan juntos para adorar.

115 **Hch 2.42, 46** Se mantenían fieles a las enseñanzas de los apóstoles y en el mutuo compañerismo, en el partimiento del pan y en las oraciones. Todos los días se reunían en el templo, y partían el pan en las casas, y comían juntos con alegría y sencillez de corazón.

116 **Heb 10.25** No dejemos de congregarnos, como es la costumbre de algunos, sino animémonos unos a otros; y con más razón ahora que vemos que aquel día se acerca.

B. Él no ha especificado ningún día en particular.

117 **Ro 14.5-6** Algunos creen que ciertos días son más importantes que otros. Otros consideran que todos los días son iguales. Cada uno está plenamente convencido de su propio pensamiento. El que da importancia a ciertos días, lo hace para el Señor; y el que no les da importancia, también lo hace para el Señor.

The Third Commandment

[*God's Word*]

Remember the Sabbath day by keeping it holy.

What does this mean?

We should fear and love God so that we do not despise preaching and His Word, but hold it sacred and gladly hear and learn it.

35. *What is the Sabbath day?*

In the Old Testament God set aside the seventh day (Saturday) as a required day of rest (Sabbath means "rest") and worship.

109 **Ex. 35:2** Six days work shall be done, but on the seventh day you shall have a Sabbath of solemn rest, holy to the Lord.

110 **Lev. 23:3** Six days shall work be done, but on the seventh day is a Sabbath of solemn rest, a holy convocation.

36. *Does God require us to observe the Sabbath and other holy days of the Old Testament?*

The Sabbath was a sign pointing to Jesus, who is our rest. Since Jesus has come as our Savior and Lord, God no longer requires us to observe the Sabbath day and other holy days of the Old Testament.

111 **Matt. 11:28** "Come to Me, all who labor and are heavy laden, and I will give you rest."

112 **Matt. 12:8** "The Son of Man is lord of the Sabbath."

113 **Col. 2:16–17** Therefore let no one pass judgment on you in questions of food and drink, or with regard to a festival or a new moon or a Sabbath. These are a shadow of the things to come, but the substance belongs to Christ.

114 **Heb. 4:9–10** So then, there remains a Sabbath rest for the people of God, for whoever has entered God's rest has also rested from his works as God did from His.

37. *Does God require the church to worship together on any specific days?*

A. God requires Christians to worship together.

115 **Acts 2:42, 46** They devoted themselves to the apostles' teaching and the fellowship, to the breaking of bread and the prayers… . And day by day, attending the temple together and breaking bread in their homes, they received their food with glad and generous hearts.

116 **Heb. 10:25** Not neglecting to meet together, as is the habit of some, but encouraging one another, and all the more as you see the Day drawing near.

B. He has not specified any particular day.

117 **Rom. 14:5–6** One person esteems one day as better than another, while another esteems all days alike. Each one should be fully convinced in his own mind. The one who observes the day, observes it in honor of the Lord.

118 **Gl 4.10-11** Ustedes guardan los días, los meses, los tiempos y los años. ¡Me temo que, con ustedes, yo he trabajado en vano!

C. La iglesia se reúne especialmente en el día domingo porque el Señor resucitó de los muertos en ese día.

119 **Lc 24.1-2** El primer día de la semana, muy temprano, las mujeres regresaron al sepulcro. Llevaban las especias aromáticas que habían preparado. 2 Como se encontraron con que la piedra del sepulcro había sido quitada.

120 **Hch 20.7** El primer día de la semana los discípulos se reunieron para partir el pan, y Pablo estuvo enseñándoles. Pero como tenía que salir al día siguiente, alargó su discurso hasta la medianoche.

H.B. **Jn 20.19-31** Jesús se apareció a sus discípulos.

38. ***¿Cuándo pecamos contra del Tercer Mandamiento?***

Pecamos contra el Tercer Mandamiento cuando despreciamos la predicación y la palabra de Dios.

39. ***¿Cómo se hace esto?***

Despreciamos la predicación y la palabra de Dios cuando

A. No asistimos al culto público.

B. Dejamos de usar la palabra de Dios y los sacramentos.

C. O cuando lo hacemos irregular o descuidadamente.

121 **Jn 8.47** El que es de Dios, escucha las palabras de Dios; pero ustedes no las escuchan, porque no son de Dios.

122 **Lc 10.16** El que los escucha a ustedes, me escucha a mí. El que los rechaza a ustedes, me rechaza a mí; y el que me rechaza a mí, rechaza al que me envió.

H.B. **Lc 7.30** Los escribas y fariseos no se dejaron bautizar. **1 S 15.10-23** Saúl rechazó la palabra de Dios.

40. ***¿Qué nos ordena Dios en el Tercer Mandamiento?***

A. Dios ordena considerar santa la predicación y su palabra.

123 **Is 66.2** Yo pongo la mirada en los pobres y humildes de espíritu, y en los que tiemblan al escuchar mi palabra.

124 **1 Ts 2.13** Por eso también nosotros siempre damos gracias a Dios de que, cuando ustedes recibieron la palabra de Dios que nosotros les predicamos, no la recibieron como mera palabra humana sino como lo que es, como la palabra de Dios, la cual actúa en ustedes los creyentes.

B. Debemos oírla, aprenderla y meditar en ella de buena voluntad.

125 **Jos 1.8** Procura que nunca se aparte de tus labios este libro de la ley. Medita en él de día y de noche, para que actúes de acuerdo con todo lo que está escrito en él.

126 **Sal 26.8** Señor, yo amo la casa en que resides, la mansión donde se posa tu gloria.

127 **Lc 11.28** Más bien, dichosos los que escuchan la palabra de Dios, y la obedecen.

128 **Hch 2.42** Se mantenían fieles a las enseñanzas de los apóstoles y en el mutuo compañerismo, en el partimiento del pan y en las oraciones.

118 **Gal. 4:10–11** You observe days and months and seasons and years! I am afraid I may have labored over you in vain.

C. The church worships together especially on Sunday because Christ rose from the dead on Sunday.

119 **Luke 24:1–2** On the first day of the week, at early dawn, they [the women] went to the tomb, taking the spices they had prepared. And they found the stone rolled away from the tomb.

120 **Acts 20:7** On the first day of the week, when we gathered together to break bread, Paul talked with them, intending to depart on the next day, and he prolonged his speech until midnight.

Bible narrative: Jesus appeared to His disciples (**John 20:19–31**).

38. *When do we sin against the Third Commandment?*

We sin against the Third Commandment when we despise preaching and the Word of God.

39. *How is this done?*

We despise preaching and the Word of God

A. when we do not attend public worship;

B. when we do not use the Word of God and the Sacraments;

C. when we use the Word of God and the Sacraments negligently or carelessly.

121 **John 8:47** Whoever is of God hears the words of God. The reason why you do not hear them is that you are not of God.

122 **Luke 10:16** The one who hears you hears Me, and the one who rejects you rejects Me, and the one who rejects Me rejects Him who sent Me.

Bible narrative: The scribes and the Pharisees despised Baptism (**Luke 7:30**). Saul rejected the Word of God (**1 Sam. 15:10–23**).

40. *What does God require of us in the Third Commandment?*

A. We should hold preaching and the Word of God sacred.

123 **Is. 66:2** This is the one to whom I will look: he who is humble and contrite in spirit and trembles at My word.

124 **1 Thess. 2:13** When you received the word of God, which you heard from us, you accepted it not as the word of men but as what it really is, the word of God, which is at work in you believers.

B. We should gladly hear it, learn it, and meditate on it.

125 **Joshua 1:8** This Book of the Law shall not depart from your mouth, but you shall meditate on it day and night, so that you may be careful to do according to all that is written in it.

126 **Ps. 26:8** O Lord, I love the habitation of Your house and the place where Your glory dwells.

127 **Luke 11:28** Blessed rather are those who hear the word of God and keep it!

128 **Acts 2:42** They devoted themselves to the apostles' teaching and the fellowship, to the breaking of bread and the prayers.

129 **Col 3.16** La palabra de Cristo habite ricamente en ustedes. Instrúyanse y exhórtense unos a otros con toda sabiduría; canten al Señor salmos, himnos y cánticos espirituales, con gratitud de corazón.

H.B. **Lc 2.41-52** Jesús con alegría escuchó y aprendió la palabra de Dios. **Lc 10.39** María se sentó a los pies de Jesús y aprendió su Palabra. **Lc 2.19** María meditó y guardó la palabra de Dios en su corazón. **Hch 17.11** Los judíos de Berea escudriñaron la Palabra diariamente.

C. Debemos honrar y apoyar la predicación y la enseñanza de la palabra de Dios.

130 **Gl 6.6-7** El que recibe enseñanza en la palabra, haga partícipe de toda cosa buena al que lo enseña. No se engañen. Dios no puede ser burlado. Todo lo que el hombre siembre, eso también cosechará.

H.B. **Mc 12.41-44** La viuda pobre dio dinero para el mantenimiento del templo y para apoyar a los sacerdotes.

Nota: Ver también "A los obispos, pastores y predicadores" en la Tabla de Deberes.

D. Debemos propagar diligentemente la palabra de Dios.

131 **Mc 16.15** Y les dijo: "Vayan por todo el mundo y prediquen el evangelio a toda criatura."

41. ***¿Qué nos muestran acerca de nosotros los primeros tres mandamientos (la primera tabla)?***

Que hemos pecado y merecemos la condenación de Dios.

132 **Ro 3.23** Todos pecaron y están destituidos de la gloria de Dios.

42. ***¿Quién es el único que ha guardado la ley de Dios perfectamente?***

Solamente Jesucristo, el Dios-hombre.

133 **Jn 8.46** ¿Quién de ustedes puede acusarme de haber pecado?

134 **Heb 4.15** Porque no tenemos un sumo sacerdote que no pueda compadecerse de nuestras debilidades, sino uno que fue tentado en todo de la misma manera que nosotros, aunque sin pecado.

43. ***Cristo ha guardado perfectamente la ley, ¿cómo nos ayuda esto?***

Cristo fue nuestro substituto ante Dios; el guardar perfectamente la ley ha sido parte de su trabajo de redención para nosotros y solamente por él somos considerados justos delante de Dios.

135 **Gl 4.4-5** Pero cuando se cumplió el tiempo señalado, Dios envió a su Hijo, que nació de una mujer y sujeto a la ley, para que redimiera a los que estaban sujetos a la ley, a fin de que recibiéramos la adopción de hijos.

44. ***¿Aparte de mostrarnos que somos pecadores, qué más hace la ley por nosotros?***

En los diez mandamientos Dios nos muestra cuál es su voluntad. Los cristianos por el poder del Espíritu Santo tienen un ávido deseo de hacer la voluntad de Dios.

136 **1 Ts 4.3** La voluntad de Dios es que ustedes sean santificados.

45. ***¿Cuál es el resumen de los mandamientos 4-10 (Segunda Tabla)?***

Amarás a tu prójimo como a ti mismo (**Mt 22.39**)

46. ***¿Quién es nuestro prójimo?***

Toda la gente es nuestro prójimo.

137 **Gl 6.10** Así que, según tengamos oportunidad, hagamos bien a todos, y mayormente a los de la familia de la fe.

129 **Col. 3:16** Let the word of Christ dwell in you richly, teaching and admonishing one another in all wisdom, singing psalms and hymns and spiritual songs, with thankfulness in your hearts to God.

Bible narrative: Jesus gladly heard and learned the Word of God (**Luke 2:41–52**). Mary sat at the feet of Jesus and learned His Word (**Luke 10:39**). Mary kept and pondered the Word of God in her heart (**Luke 2:19**). The Bereans searched the Scriptures daily (**Acts 17:11**).

C. We should honor and support the preaching and teaching of the Word of God.

130 **Gal. 6:6–7** One who is taught the word must share all good things with the one who teaches. Do not be deceived: God is not mocked, for whatever one sows, that will he also reap.

Bible narrative: The poor widow gave money for the upkeep of the temple and for the support of the priests (**Mark 12:41–44**).

Note: See also "What the Hearers Owe Their Pastors" under the Table of Duties.

D. We should diligently spread the Word of God.

131 **Mark 16:15** He said to them, "Go into all the world and proclaim the gospel to the whole creation."

41. ***What do the first three commandments (the First Table) show us about ourselves?***

That we have sinned and deserve God's condemnation.

132 **Rom. 3:22–23** There is no distinction: for all have sinned and fall short of the glory of God.

42. ***Who alone has kept the Law of God perfectly?***

Only Jesus Christ, the God-man.

133 **John 8:46** Which one of you convicts Me of sin?

134 **Heb. 4:15** We do not have a high priest who is unable to sympathize with our weaknesses, but one who in every respect has been tempted as we are, yet without sin.

43. ***How does Christ's perfect keeping of the Law benefit us?***

Since Christ was our substitute before God, our Savior's perfect keeping of the Law is part of His saving work for us, and because of Him we are considered righteous before God.

135 **Gal. 4:4–5** When the fullness of time had come, God sent forth His Son, born of woman, born under the law, to redeem those who were under the law, so that we might receive adoption as sons.

44. ***Besides showing us our sin, what else does God's Law do for us?***

In the Ten Commandments God shows us what His will is. Christians, by the power of the Holy Spirit, are eager to do God's will.

136 **1 Thess. 4:3** For this is the will of God, your sanctification.

45. ***What is the summary of commandments 4–10 (Second Table)?***

"Love your neighbor as yourself" (**Matt. 22:39**).

46. ***Who is our neighbor?***

All people are our neighbors.

137 **Gal. 6:10** As we have opportunity, let us do good to everyone, and especially to those who are of the household of faith.

138 **Mt 5.44** Amen a sus enemigos... oren por quienes los persiguen.
H.B. **Lc 10.25-37** El buen samaritano mostró misericordia a su prójimo.

47. ¿Cómo debemos amar a nuestro prójimo?

Debemos amar a nuestro prójimo como a nosotros mismos y mostrar este amor guardando los mandamientos de la Segunda Tabla.

139 **Mt 7.12** Así que, todo lo que quieran que la gente haga con ustedes, eso mismo hagan ustedes con ellos, porque en esto se resumen la ley y los profetas.

El Cuarto Mandamiento

[Los representantes de Dios]

Honra a tu padre y a tu madre.

¿Qué quiere decir esto?

Debemos temer y amar a Dios de modo que no despreciemos ni irritemos a nuestros padres y superiores, sino que los honremos, les sirvamos, obedezcamos, los amemos y tengamos en alta estima.

48. ¿Quiénes son nuestros padres y superiores?

Padres, son nuestro padre, madre, y guardianes; superiores son todos aquellos que por ordenanza divina tienen autoridad sobre nosotros en el hogar, gobierno, escuela, trabajo e iglesia.

Nota: Con respecto a la autoridad espiritual, ver en la Tabla de Deberes, "A los obispos, a los pastores y a los predicadores" y también "El oficio de las llaves" bajo La Confesión.

49. ¿Qué nos prohíbe Dios en el Cuarto Mandamiento?

Dios nos prohíbe despreciar o irritar a nuestros padres y superiores. Los despreciamos cuando no respetamos su dignidad y voluntad, y los irritamos cuando los hacemos enojar por desobediencia o cualquiera otra maldad.

140 **Pr 23.22** Escucha al padre que te dio la vida, y no menosprecies a tu anciana madre.

141 **Ro 13.2** Por lo tanto, aquel que se opone a la autoridad, en realidad se opone a lo establecido por Dios, y los que se oponen acarrean condenación sobre ellos mismos.

Nota: Ver "A los trabajadores de toda clase" en la Tabla de Deberes.

H.B. **1 S 2.12, 23, 25** Los hijos de Elí afligieron a su padre por su conducta. **2 S 15** Absalón se rebeló contra su padre y rey.

50. ¿Qué nos ordena Dios en el Cuarto Mandamiento?

Dios nos ordena:

A. que honremos a nuestros padres y superiores al considerarlos como representantes de Dios;

142 **Ef 6.2-3** "Honra a tu padre y a tu madre, que es el primer mandamiento con promesa; para que te vaya bien, y tengas una larga vida sobre la tierra."

Nota: Ver "A los padres" y "A los hijos" en la Tabla de Deberes.

H.B. **Gn 46.29** José honró a su padre. **1 R 2.19** El rey Salomón honró a su madre. **2 R 2.12** Eliseo honró a su maestro.

B. que les sirvamos espontáneamente haciendo por ellos lo que podemos;

138 **Matt. 5:44** Love your enemies and pray for those who persecute you.
Bible narrative: The Good Samaritan showed mercy to his neighbor (**Luke 10:25–37**).

47. How should we love our neighbor?

We should love our neighbor as ourselves and show this love by keeping the commandments of the Second Table.

139 **Matt. 7:12** Whatever you wish that others would do to you, do also to them, for this is the Law and the Prophets.

The Fourth Commandment

[God's Representatives]

Honor your father and your mother.

What does this mean?

We should fear and love God so that we do not despise or anger our parents and other authorities, but honor them, serve and obey them, love and cherish them.

48. Who are parents and other authorities?

Parents are fathers, mothers, and guardians; other authorities are all those whom God has placed over us at home, in government, at school, at the place where we work, and in the church.

Note: Regarding spiritual authority, see the Table of Duties, "What the Hearers Owe Their Pastors" and also "The Office of the Keys" under Confession.

49. What does God forbid in the Fourth Commandment?

God forbids us to despise our parents and other authorities by not respecting them or angering them by our disobedience or by any other kind of sin.

140 **Prov. 23:22** Listen to your father who gave you life, and do not despise your mother when she is old.

141 **Rom. 13:2** Therefore whoever resists the authorities resists what God has appointed, and those who resist will incur judgment.

Note: See "To Workers of All Kinds" under the Table of Duties.

Bible narrative: The sons of Eli grieved their father by their wickedness (**1 Sam. 2:12, 23, 25**). Absalom rebelled against his father and king (**2 Samuel 15**).

50. What does God require of us in the Fourth Commandment?

God requires us

A. to honor our parents and other authorities by regarding them as God's representatives;

142 **Eph. 6:2–3** "Honor your father and mother" (this is the first commandment with a promise), "that it may go well with you and that you may live long in the land."

Note: See "To Parents" and "To Children" under the Table of Duties.

Bible narrative: Joseph honored his father (**Gen. 46:29**). King Solomon honored his mother (**1 Kings 2:19**). Elisha honored his teacher (**2 Kings 2:12**).

B. to serve our parents and other authorities by gladly providing what they need or require;

143 **1 Ti 5.4** Pero si alguna viuda tiene hijos, o nietos, éstos deben aprender primero a ser piadosos para con su propia familia, y a recompensar a sus padres; porque ante Dios esto es bueno y agradable.

144 **Ro 13.7** Paguen a todos lo que deban pagar, ya sea que deban pagar tributo, impuesto, respeto u honra.

H.B. **Gn 47.11-12** José ayudó a su padre. **Jn 19.26** Jesús proveyó para su madre.

C. que les obedezcamos cumpliendo con su voluntad en todo lo que Dios les ha dado autoridad sobre nosotros;

145 **Col 3.20** Ustedes los hijos, obedezcan a sus padres en todo, porque esto agrada al Señor.

146 **Tit 3.1** Recuérdales que se sujeten a los gobernantes y a las autoridades; que obedezcan y que estén dispuestos a toda buena obra.

147 **Hch 5.29** Es necesario obedecer a Dios antes que a los hombres.

Nota: Ver "A los trabajadores de toda clase", "A los empleados y supervisores" y "A todos los cristianos en general" en la Tabla de Deberes.

H.B. **Lc 2.51** Jesús fue sujeto a María y José. **1 S 20.31-33** Jonatán desobedeció a su padre para poder salvar la vida de David y así obedeció al Señor antes que a los hombres.

D. que los estimemos en gran manera considerándolos como un don precioso de Dios.

148 **Pr 23.22** Escucha al padre que te dio la vida, y no menosprecies a tu anciana madre.

H.B. **Rut** Rut amó y apreció a su suegra Noemí.

E. que debemos mostrar respeto a los ancianos.

149 **Lv 19.32** Levántate delante de las canas. Muestra respeto ante los ancianos.

51. ***¿Cuál es la promesa que va con este mandamiento?***

...para que te vaya bien, y tengas una larga vida sobre la tierra. **Ef 6.3**

El Quinto Mandamiento

[La vida es un don de Dios]

No mates.

¿Qué quiere decir esto?

Debemos temer y amar a Dios de modo que no hagamos daño o mal material alguno a nuestro prójimo en su cuerpo, sino que le ayudemos y hagamos prosperar en todas las necesidades de su vida.

52. ***¿Qué nos prohíbe Dios en el Quinto Mandamiento?***

A. Dios nos prohíbe quitar la vida de otra persona (asesinato, aborto, eutanasia) o quitar nuestra propia vida (suicidio).

150 **Gn 9.6** La sangre del que derrame sangre humana será derramada por otro hombre, porque el hombre ha sido hecho a imagen de Dios.

143 **1 Tim. 5:4** If a widow has children or grandchildren, let them first learn to show godliness to their own household and to make some return to their parents, for this is pleasing in the sight of God.

144 **Rom. 13:7** Pay to all what is owed to them: taxes to whom taxes are owed, revenue to whom revenue is owed, respect to whom respect is owed, honor to whom honor is owed.

Bible narrative: Joseph provided for his father (**Gen. 47:11–12**). Jesus provided for His mother (**John 19:26**).

C. to obey our parents and other authorities in everything in which God has placed them over us;

145 **Col. 3:20** Children, obey your parents in everything, for this pleases the Lord.

146 **Titus 3:1** Remind them to be submissive to rulers and authorities, to be obedient, to be ready for every good work.

147 **Acts 5:29** We must obey God rather than men.

Note: See "To Workers of All Kinds," "To Employers and Supervisors," and "Of Citizens" in the Table of Duties.

Bible narrative: Jesus was subject to Mary and Joseph (**Luke 2:51**). Jonathan disobeyed his father in order to spare David's life and thus obeyed God rather than men (**1 Sam. 20:31–33**).

D. to love and cherish our parents and other authorities as precious gifts of God;

148 **Prov. 23:22** Listen to your father who gave you life, and do not despise your mother when she is old.

Bible narrative: Ruth loved and cherished her mother-in-law, Naomi (**Ruth**).

E. to show respect to the aged.

149 **Lev. 19:32** You shall stand up before the gray head and honor the face of an old man, and you shall fear your God.

51. *What promise does God attach to this commandment?*

... that it may go well with you and that you may live long in the land. **Eph. 6:3**

The Fifth Commandment

[God's Gift of Life]

You shall not murder.

What does this mean?

We should fear and love God so that we do not hurt or harm our neighbor in his body, but help and support him in every physical need.

52. *What does God forbid in the Fifth Commandment?*

A. God forbids us to take the life of another person (murder, abortion, euthanasia) or our own life (suicide).

150 **Gen. 9:6** Whoever sheds the blood of man, by man shall his blood be shed, for God made man in His own image.

151 **Mt 26.52** Quien esgrime la espada, muere por la espada.
H.B. **Gn 4.8** Caín mató a su hermano Abel. **2 S 11.15** David mandó matar a Urías. **Ex 21.29 y Dt 22.8** Se puede matar a alguien por accidente (sin intención). **Mt 27.5** Judas cometió suicidio.

EL ABORTO

Los seres vivientes que aún no han nacido son personas ante Dios desde el momento de la concepción. Ya que el aborto mata una vida humana, no es una opción moral, excepto para prevenir la muerte de otra persona, la madre.

152 **Jer 1.5** Antes de que yo te formara en el vientre, te conocí. Antes de que nacieras, te santifiqué y te presenté ante las naciones como mi profeta.

153 **Sal 139.16** Con tus propios ojos viste mi embrión; todos los días de mi vida ya estaban en tu libro; antes de que me formaras, los anotaste, y no faltó uno solo de ellos.

H.B. **Lc 1.41-44** Juan el Bautista saltó de alegría cuando aún se encontraba en el vientre de su madre. Al hacer esto, Juan el Bautista y su madre Elizabeth, llenos del Espíritu Santo reconocieron a Jesús (que aún no había nacido) como Señor.

LA EUTANASIA

Los ancianos, las personas retardadas o con otras incapacidades, son seres humanos de mucho valor ante Dios. Dios les dio la vida y solo él puede terminarla.

154 **Pr 6.16-17** Hay seis, y hasta siete cosas que el Señor detesta con toda el alma: Los ojos altivos, la lengua mentirosa, las manos que derraman sangre inocente.

155 **Pr 31.8** Habla en lugar de los que no pueden hablar; ¡defiende a todos los desvalidos!

156 **Hch 17.25** él es quien da vida y aliento a todos y a todo.

EL SUICIDIO

Mi propia vida es un don de Dios, y solo él debe terminarla.

157 **Jer 31.3** Hace ya mucho tiempo, el Señor se hizo presente y me dijo: "Yo te amo con amor eterno. Por eso te he prolongado mi misericordia."

158 **Lc 12.22** Después, Jesús dijo a sus discípulos: "Por eso les digo que no se preocupen por su vida ni por lo que han de comer, ni por su cuerpo ni por lo que han de vestir."

B. Dios nos prohíbe hacer daño o mal alguno a nuestro prójimo en su cuerpo, esto es, hacer o decir cosa alguna por la cual se destruya, acorte o amargue su vida;

159 **Dt 32.39** Reconozcan ahora que yo soy Dios, y que no hay otros dioses conmigo. Yo doy la vida, y yo la quito; yo hiero de muerte, y yo devuelvo la vida, y no hay nadie que pueda evitarlo.

151 **Matt. 26:52** All who take the sword will perish by the sword.
Bible narrative: Cain murdered his brother Abel (**Gen. 4:8**). David murdered Uriah through others (**2 Sam. 11:15**). Killing through carelessness (**Ex. 21:29** and **Deut. 22:8**). Judas killed himself (**Matt. 27:5**).

ABORTION

The living but unborn are persons in the sight of God from the time of conception. Since abortion takes a human life, it is not a moral option except to prevent the death of another person, the mother.

152 **Jer. 1:5** Before I formed you in the womb I knew you, and before you were born I consecrated you.

153 **Ps. 139:16** Your eyes saw my unformed substance; in Your book were written, every one of them, the days that were formed for me, when as yet there was none of them.

Bible narrative: John the Baptist leaped for joy while still in his mother's womb. In doing so, John the Baptist and Elizabeth, by the Holy Spirit, acknowledged the unborn Jesus as Lord (**Luke 1:41–44**).

EUTHANASIA

The severely handicapped, infirm, helpless, and aged are persons in the sight of God with life given by Him and to be ended only by Him.

154 **Prov. 6:16–17** There are six things that the Lord hates, seven that are an abomination to Him: haughty eyes, a lying tongue, and hands that shed innocent blood.

155 **Prov. 31:8** Open your mouth for the mute, for the rights of all who are destitute.

156 **Acts 17:25** He Himself gives to all mankind life and breath and everything.

SUICIDE

My own life is a gift of God to be ended only by Him.

157 **Jer. 31:3** The Lord appeared to him from far away. I have loved you with an everlasting love; therefore I have continued My faithfulness to you.

158 **Luke 12:22** He said to His disciples, "Therefore I tell you, do not be anxious about your life, what you will eat, nor about your body, what you will put on."

B. God forbids us to hurt or harm our neighbor physically, that is, to do or say anything that may destroy, shorten, or make his or her life bitter.

159 **Deut. 32:39** See now that I, even I, am He, and there is no God beside Me; I kill and I make alive; I wound and I heal; and there is none that can deliver out of My hand.

160 **Ro 12.19** No busquemos vengarnos, amados míos. Mejor dejemos que actúe la ira de Dios, porque está escrito: "Mía es la venganza, yo pagaré, dice el Señor."

H.B. **Gn 37.23-35** Los hermanos de José lo dañaron y le amargaron la vida a su padre por medio de su maldad. **Ex 1.** Los egipcios amargaron la vida de los israelitas con crueles trabajos.

C. Dios nos prohíbe guardar ira u odio contra el prójimo en nuestro corazón.

161 **Mt 5.22** Pero yo les digo que cualquiera que se enoje contra su hermano, será culpable de juicio.

162 **1 Jn 3.15** Todo aquel que odia a su hermano es homicida, y ustedes saben que ningún homicida tiene vida eterna permanente en él.

163 **Mt 15.19** Porque del corazón salen los malos deseos, los homicidios, los adulterios, las fornicaciones, los robos, los falsos testimonios, las blasfemias.

164 **Ef 4.** Enójense, pero no pequen; reconcíliense antes de que el sol se ponga.

H.B. **Hch 7.54** Los judíos crujían los dientes contra Esteban. **Gn 4.5-7** Dios advirtió a Caín contra el enojo.

53. *¿Quién tiene autoridad para tomar la vida de otra persona?*

Las autoridades del gobierno, como sirvientes de Dios, pueden ejecutar criminales y pelear guerras por la justicia.

165 **Ro 13.4** La autoridad está al servicio de Dios para tu bien. Pero si haces lo malo, entonces sí debes temer, porque no lleva la espada en vano, sino que está al servicio de Dios para darle su merecido al que hace lo malo.

54. *¿Qué nos ordena Dios en el Quinto Mandamiento?*

A. Dios nos ordena ayudar a nuestro prójimo y sustentarlo en toda necesidad física.

166 **Ro 12.20** Por lo tanto, si nuestro enemigo tiene hambre, démosle de comer; si tiene sed, démosle de beber. Si así lo hacemos, haremos que éste se avergüence de su conducta.

H.B. **Gn 14.12-16** Abrahán rescató a Lot de sus enemigos. **1 S 26.1-12** David protegió la vida de Saúl. **Lc 10.33-35** El buen samaritano ayudó al hombre que cayó víctima de unos ladrones.

B. Debemos ser misericordiosos, bondadosos, y perdonadores con él.

167 **Mt 5.5, 7, 9** Bienaventurados los mansos, porque ellos heredarán la tierra. Bienaventurados los misericordiosos, porque ellos serán tratados con misericordia. Bienaventurados los pacificadores, porque ellos serán llamados hijos de Dios.

168 **Mt 6.15** Pero si ustedes no perdonan a los otros sus ofensas, tampoco el Padre de ustedes les perdonará sus ofensas.

169 **Ef 4.32** Sean bondadosos y misericordiosos, y perdónense unos a otros, así como también Dios los perdonó a ustedes en Cristo.

H.B. **Lc 17.11-19** Jesús mostró misericordia a los diez leprosos. **Mt 8.5-13** El centurión fue gentil con su sirviente enfermo. **Gn 45.1-16** José perdonó a sus hermanos.

C. Debemos evitar, y ayudar a nuestro prójimo a que evite el uso abusivo de las drogas y de toda sustancia que haga daño a su cuerpo o a su mente.

170 **2 Co 7.1** Limpiémonos de toda contaminación de carne y de espíritu.

160 **Rom. 12:19** Beloved, never avenge yourselves, but leave it to the wrath of God, for it is written, "Vengeance is mine, I will repay, says the Lord."

Bible narrative: Joseph's brothers harmed Joseph and made the life of their father bitter by their wickedness (**Gen. 37:23–35**). The Egyptians made the lives of the children of Israel bitter by hard labor (**Exodus 1**).

C. God forbids us to keep anger and hatred in our hearts against our neighbor.

161 **Matt. 5:22** I say to you that everyone who is angry with his brother will be liable to judgment.

162 **1 John 3:15** Everyone who hates his brother is a murderer, and you know that no murderer has eternal life abiding in him.

163 **Matt. 15:19** Out of the heart come evil thoughts, murder, adultery, sexual immorality, theft, false witness, slander.

164 **Eph. 4:26** Be angry and do not sin; do not let the sun go down on your anger.

Bible narrative: The Jews showed their anger against Stephen (**Acts 7:54**). God warned Cain against anger (**Gen. 4:5–7**).

53. *Does anyone have authority to take another person's life?*

Yes, lawful government, as God's servant, may execute criminals and fight just wars.

165 **Rom. 13:4** He is God's servant for your good. But if you do wrong, be afraid, for he does not bear the sword in vain. For he is the servant of God, an avenger who carries out God's wrath on the wrongdoer.

54. *What does God require of us in the Fifth Commandment?*

A. We should help and support our neighbor in every bodily need.

166 **Rom. 12:20** If your enemy is hungry, feed him; if he is thirsty, give him something to drink; for by so doing you will heap burning coals on his head.

Bible narrative: Abraham rescued Lot from his enemies (**Gen. 14:12–16**). David protected the life of Saul (**1 Sam. 26:1–12**). The Good Samaritan helped the man who had fallen among thieves (**Luke 10:33–35**).

B. We should be merciful, kind, and forgiving toward our neighbor.

167 **Matt. 5:5, 7, 9** Blessed are the meek, for they shall inherit the earth... . Blessed are the merciful, for they shall receive mercy... . Blessed are the peacemakers, for they shall be called sons of God.

168 **Matt. 6:15** If you do not forgive others their trespasses, neither will your Father forgive your trespasses.

169 **Eph. 4:32** Be kind to one another, tenderhearted, forgiving one another, as God in Christ forgave you.

Bible narrative: Jesus showed mercy to the 10 lepers (**Luke 17:11–19**). The centurion was kind to his sick servant (**Matt. 8:5–13**). Joseph was forgiving toward his brothers (**Gen. 45:1–16**).

C. We should avoid and assist our neighbor in avoiding the abuse of drugs and the use of any substance that harms the body and the mind.

170 **2 Cor. 7:1** Let us cleanse ourselves from every defilement of body and spirit.

El Sexto Mandamiento

[El matrimonio es un don de Dios]

No cometas adulterio.

¿Qué quiere decir esto?

Debemos temer y amar a Dios de modo que llevemos una vida casta y decente en palabras y en obras, y que cada uno ame y honre a su cónyuge.

55. *¿Cómo llevamos una vida sexual pura y decente?*

Llevamos una vida sexualmente pura y decente cuando:

A. consideramos la sexualidad como un don precioso de Dios;

171 **Gn 1.27, 31** Dios creó al hombre a su imagen. Lo creó a imagen de Dios. Hombre y mujer los creó... Y vio Dios todo lo que había hecho, y todo ello era bueno en gran manera.

B. honramos al matrimonio como una institución de Dios, como la unión de un hombre y una mujer para toda la vida.

172 **Gn 2.24-25** Por eso el hombre dejará a su padre y a su madre, y se unirá a su mujer, y serán un solo ser. Y aunque Adán y su mujer andaban desnudos, no se avergonzaban de andar así.

173 **Mc 10.6-9** Al principio de la creación, Dios los hizo hombre y mujer. Por esto el hombre dejará a su padre y a su madre, y se unirá a su mujer, y los dos serán un solo ser, así que ya no son dos, sino uno solo. Por tanto, lo que Dios ha unido, que no lo separe nadie.

C. Cuando el acto sexual es reservado para ser practicado únicamente entre los esposos.

174 **Heb 13.4** Todos ustedes deben honrar su matrimonio, y ser fieles a sus cónyuges; pero a los libertinos y a los adúlteros los juzgará Dios.

D. Debemos controlar nuestras pasiones sexuales de acuerdo a su voluntad.

175 **Tit 2.11-12** Porque la gracia de Dios se ha manifestado para la salvación de todos los hombres, y nos enseña que debemos renunciar a la impiedad y a los deseos mundanos, y vivir en esta época de manera sobria, justa y piadosa,

Nota: Ver también **1 Ts 4.1-7**

56. *¿Qué prohíbe Dios en el Sexto Mandamiento?*

A. Dios prohíbe el divorcio, excepto por infidelidad conyugal (adulterio o abandono).

176 **Mt 19.6** Así que ya no son dos, sino un solo ser. Por tanto, lo que Dios ha unido, que no lo separe nadie.

177 **Mt 19.9** Y yo les digo que, salvo por causa de fornicación, cualquiera que se divorcia de su mujer y se casa con otra, comete adulterio. Y el que se casa con la divorciada, también comete adulterio.

178 **1 Co 7.15** Pero si el no creyente quiere separarse, que lo haga; en ese caso, el hermano o la hermana no están obligados a mantener esa relación, pues Dios nos llamó a vivir en paz.

H.B. **2 S 11** David cometió adulterio con la esposa de Urías. **Mc 6.18** Herodes vivía con la esposa de su hermano.

B. Dios prohíbe las relaciones sexuales fuera del matrimonio,

The Sixth Commandment

[God's Gift of Marriage]

You shall not commit adultery.

What does this mean?

We should fear and love God so that we lead a sexually pure and decent life in what we say and do, and husband and wife love and honor each other.

55. *How do we lead a sexually pure and decent life?*

We lead a sexually pure and decent life when we

A. consider sexuality to be a good gift of God;

171 **Gen. 1:27, 31** God created man in His own image, in the image of God He created him; male and female He created them. . . . God saw everything that He had made, and behold, it was very good.

B. honor marriage as God's institution, the lifelong union of one man and one woman;

172 **Gen. 2:24–25** Therefore a man shall leave his father and his mother and hold fast to his wife, and they shall become one flesh. And the man and his wife were both naked and were not ashamed.

173 **Mark 10:6–9** From the beginning of creation, "God made them male and female." "Therefore a man shall leave his father and mother and hold fast to his wife, and the two shall become one flesh." So they are no longer two but one flesh. What therefore God has joined together, let not man separate.

C. reserve sexual intercourse for the marriage partner alone;

174 **Heb. 13:4** Let marriage be held in honor among all, and let the marriage bed be undefiled, for God will judge the sexually immoral and adulterous.

D. control sexual urges in a God-pleasing way.

175 **Titus 2:11–12** The grace of God has appeared, bringing salvation for all people, training us to renounce ungodliness and worldly passions, and to live self-controlled, upright, and godly lives in this present age.

Note: See also **1 Thess. 4:1–7.**

56. *What does God forbid in the Sixth Commandment?*

A. God forbids divorce except for marital unfaithfulness (adultery or desertion).

176 **Matt. 19:6** They are no longer two but one flesh. What therefore God has joined together, let not man separate.

177 **Matt. 19:9** Whoever divorces his wife, except for sexual immorality, and marries another, commits adultery.

178 **1 Cor. 7:15** But if the unbelieving partner separates, let it be so. In such cases the brother or sister is not enslaved.

Bible narrative: David committed adultery with the wife of Uriah (**2 Samuel 11**). Herod took his brother's wife (**Mark 6:18**).

B. God forbids sexual intercourse between unmarried persons.

179 **1 Co 6.18** Huyan de la inmoralidad sexual.

180 **1 Co 6.9-10** Ni los fornicarios, ni los idólatras, ni los adúlteros, ni los afeminados, ni los que se acuestan con hombres, ni los ladrones, ni los avaros, ni los borrachos, ni los malhablados, ni los estafadores, heredarán el reino de Dios.

C. Dios prohíbe pecados como la violencia sexual, la homosexualidad, el incesto, el abuso sexual a los niños, las obscenidades, y la pornografía.

181 **Ro 1.24, 26-27** Por eso Dios los entregó a los malos deseos de su corazón y a la impureza, de modo que degradaron entre sí sus propios cuerpos... Por esto Dios los entregó a pasiones vergonzosas. Hasta sus mujeres cambiaron las relaciones naturales por las que van en contra de la naturaleza. De la misma manera, los hombres dejaron las relaciones naturales con las mujeres y se encendieron en su lascivia unos con otros. Cometieron hechos vergonzosos hombres con hombres, y recibieron en sí mismos la retribución que merecía su perversión.

182 **1 Co 6.9-10** ¿Acaso no saben que los injustos no heredarán el reino de Dios? No se equivoquen: ni los fornicarios, ni los idólatras, ni los adúlteros, ni los afeminados, ni los que se acuestan con hombres, ni los ladrones, ni los avaros, ni los borrachos, ni los malhablados, ni los estafadores, heredarán el reino de Dios.

D. Dios prohíbe todo deseo y pensamiento que sea sexualmente impuro.

183 **Mt 5.28** Pero yo les digo que cualquiera que mira con deseos a una mujer, ya adulteró con ella en su corazón.

184 **Mt 15.19** Porque del corazón salen los malos deseos, los homicidios, los adulterios, las fornicaciones, los robos, los falsos testimonios, las blasfemias.

57. *¿Qué nos ordena Dios en el Sexto Mandamiento?*

A. Dios nos ordena evitar todas las tentaciones a los pecados sexuales.

185 **Gn 39.9** ¿Cómo podría yo cometer algo tan malo y pecar contra Dios?

186 **1 Co 6.18** Huyan de la inmoralidad sexual. Cualquier otro pecado que el hombre cometa, ocurre fuera del cuerpo; pero el que comete inmoralidad sexual peca contra su propio cuerpo.

B. Dios nos ordena ser limpios en pensamientos y palabras.

187 **Ef 5.3-4** Entre ustedes ni siquiera deben hablar de inmoralidad sexual, ni de avaricia, ni de ninguna otra clase de depravación, pues ustedes son santos. Tampoco digan obscenidades, ni tonterías ni palabras groseras. Eso no es conveniente. En vez de eso, den gracias a Dios.

188 **Fil 4.8** Por lo demás, hermanos, piensen en todo lo que es verdadero, en todo lo honesto, en todo lo justo, en todo lo puro, en todo lo amable, en todo lo que es digno de alabanza; si hay en ello alguna virtud, si hay algo que admirar, piensen en ello.

C. Dios nos ordena usar nuestra sexualidad de una manera responsable y agradable a Dios.

179 **1 Cor. 6:18** Flee from sexual immorality.

180 **1 Cor. 6:9–10** Neither the sexually immoral, nor idolaters, nor adulterers, nor men who practice homosexuality ... will inherit the kingdom of God.

C. God forbids sexual sins such as rape, homosexual activity, incest, sexual child abuse, obscenity, and the use of pornographic materials.

181 **Rom. 1:24, 26–27** Therefore God gave them up in the lusts of their hearts to impurity, to the dishonoring of their bodies among themselves... . For their women exchanged natural relations for those that are contrary to nature; and the men likewise gave up natural relations with women and were consumed with passion for one another, men committing shameless acts with men and receiving in themselves the due penalty for their error.

182 **1 Cor. 6:9–10** Do you not know that the unrighteous will not inherit the kingdom of God? Do not be deceived: neither the sexually immoral, nor idolaters, nor adulterers, nor men who practice homosexuality, nor thieves, nor the greedy, nor drunkards nor revilers, nor swindlers will inherit the kingdom of God.

D. God forbids sexually impure thoughts and desires.

183 **Matt. 5:28** I say to you that everyone who looks at a woman with lustful intent has already committed adultery with her in his heart.

184 **Matt. 15:19** Out of the heart come evil thoughts, murder, adultery, sexual immorality, theft, false witness, slander.

57. ***What does God require of us in the Sixth Commandment?***

A. God requires us to avoid all temptations to sexual sin.

185 **Gen. 39:9** How then can I do this great wickedness and sin against God?

186 **1 Cor. 6:18** Flee from sexual immorality. Every other sin a person commits is outside the body, but the sexually immoral person sins against his own body.

B. God requires us to be clean in what we think and say.

187 **Eph. 5:3–4** But sexual immorality and all impurity or covetousness must not even be named among you, as is proper among saints. Let there be no filthiness nor foolish talk nor crude joking, which are out of place, but instead let there be thanksgiving.

188 **Phil. 4:8** Finally, brothers, whatever is true, whatever is honorable, whatever is just, whatever is pure, whatever is lovely, whatever is commendable, if there is any excellence, if there is anything worthy of praise, think about these things.

C. God requires us to use our sexuality in ways pleasing to Him.

189 **1 Co 6.19-20** ¿Acaso ignoran que el cuerpo de ustedes es templo del Espíritu Santo, que está en ustedes, y que recibieron de parte de Dios, y que ustedes no son dueños de sí mismos? Porque ustedes han sido comprados; el precio de ustedes ya ha sido pagado. Por lo tanto, den gloria a Dios en su cuerpo y en su espíritu, los cuales son de Dios.

58. *¿Qué es lo que Dios requiere especialmente del esposo y la esposa?*

Dios requiere de las parejas casadas que se amen, honren y se respeten mutuamente. La mujer es la ayudante y compañera dada por Dios al hombre, y el hombre es la cabeza dada por Dios a la mujer.

190 **Gn 2.18** Después Dios el Señor dijo: "No está bien que el hombre esté solo; le haré una ayuda a su medida."

191 **1 Co 7.4** La esposa ya no tiene poder sobre su propio cuerpo, sino su esposo; y tampoco el esposo tiene poder sobre su propio cuerpo, sino su esposa.

192 **Ef 4.32** En cuanto a su pasada manera de vivir, despójense de su vieja naturaleza, la cual está corrompida por los deseos engañosos.

193 **Ef 5.21-23, 25** Cultiven entre ustedes la mutua sumisión, en el temor de Dios. Ustedes, las casadas, honren a sus propios esposos, como honran al Señor; porque el esposo es cabeza de la mujer, así como Cristo es cabeza de la iglesia, la cual es su cuerpo, y él es su Salvador. Esposos, amen a sus esposas, así como Cristo amó a la iglesia, y se entregó a sí mismo por ella.

Nota: Ver la Tabla de Deberes en el Catecismo Menor.

El Séptimo Mandamiento

[Los bienes son un don de Dios]

No robes.

¿Qué quiere decir esto?

Debemos temer y amar a Dios de modo que no quitemos el dinero o los bienes de nuestro prójimo, ni nos apoderemos de ellos con mercaderías o negocios falsos, sino que le ayudemos a mejorar y conservar sus bienes y medios de vida.

59. *¿Qué prohíbe Dios en el Séptimo Mandamiento?*

Dios prohíbe todo tipo de robo, hurto, usura, fraude y toda forma de deshonestidad para conseguir cosas.

194 **Lv 19.35-36** No sean injustos en el juicio, ni hagan trampa al medir terrenos, o al pesar o medir algo. Usen balanzas, pesas y medidas justas.

195 **Sal 37.21** El malvado pide prestado y no paga; El justo es bondadoso y comparte lo que tiene.

196 **Ef 4.28** El que antes robaba, que no vuelva a robar; al contrario, que trabaje y use sus manos para el bien, a fin de que pueda compartir algo con quien tenga alguna necesidad.

197 **2 Ts 3.10** Si alguno no quiere trabajar, que tampoco coma.

H.B. **Jos 7.20-22** Acán robó cuando tomó secretamente un manto, plata y oro. **Jn 12.6** Judas fue un ladrón. **2 R 5.20-24.** Giezi fue deshonesto y se valió de mentiras para obtener un regalo.

189 **1 Cor. 6:19–20** Do you not know that your body is a temple of the Holy Spirit within you, whom you have from God? You are not your own, for you were bought with a price. So glorify God in your body.

58. *What does God require especially of married people?*

God requires married people to love, honor, and respect each other. The wife is the husband's God-given helper, and the husband is the wife's God-given head.

190 **Gen. 2:18** The Lord God said, "It is not good that the man should be alone; I will make him a helper fit for him."

191 **1 Cor. 7:4** For the wife does not have authority over her own body, but the husband does. Likewise the husband does not have authority over his own body, but the wife does.

192 **Eph. 4:32** Be kind to one another, tenderhearted, forgiving one other, as God in Christ forgave you.

193 **Eph. 5:21–23, 25** Submitting to one another out of reverence for Christ. Wives, submit to your own husbands, as to the Lord. For the husband is the head of the wife even as Christ is the head of the church, His body, and is Himself its Savior. . . . Husbands, love your wives, as Christ loved the church and gave Himself up for her.

Note: See "To Husbands" and "To Wives" under the Table of Duties.

The Seventh Commandment

[God's Gift of Possessions]

You shall not steal.

What does this mean?

We should fear and love God so that we do not take our neighbor's money or possessions, or get them in any dishonest way, but help him to improve and protect his possessions and income.

59. *What does God forbid in the Seventh Commandment?*

God forbids every kind of robbery, theft, and dishonest way of getting things.

194 **Lev. 19:35** You shall do no wrong in judgment, in measures of length or weight or quantity.

195 **Ps. 37:21** The wicked borrows but does not pay back, but the righteous is generous and gives.

196 **Eph. 4:28** Let the thief no longer steal, but rather let him labor, doing honest work with his own hands, so that he may have something to share with anyone in need.

197 **2 Thess. 3:10** If anyone is not willing to work, let him not eat.

Bible narrative: Achan stole when he secretly took a garment and silver and gold (**Joshua 7:20–22**). Judas was a thief (**John 12:6**). Gehazi obtained a present by lying and trickery (**2 Kings 5:20–24**).

60. ***¿Qué nos ordena Dios en el Séptimo Mandamiento?***

A. Dios nos ordena ayudar a nuestro prójimo a conservar y mejorar sus bienes y medios de vida.

198 **Mt 7.12** Así que, todo lo que quieran que la gente haga con ustedes, eso mismo hagan ustedes con ellos.

199 **Fil 2.4** No busque cada uno su propio interés, sino cada cual también el de los demás.

H.B. **Gn 13.9** Abrahán permitió que Lot escogiera la mejor tierra. **Gn 14.12-16** Abrahán rescató a Lot de sus enemigos y recuperó su propiedad.

B. Debemos ayudar a nuestro prójimo en toda necesidad.

200 **Mt 5.42** Al que te pida, dale, y al que quiera tomar de ti prestado, no se lo rehúses.

201 **Heb 13.16** No se olviden de hacer bien ni de la ayuda mutua, porque éstos son los sacrificios que agradan a Dios.

202 **1 Jn 3.17** Pero ¿cómo puede habitar el amor de Dios en aquel que tiene bienes de este mundo y ve a su hermano pasar necesidad, y le cierra su corazón?

H.B. **Lc 19.8** Zaqueo prometió devolver cuatro veces lo que había defraudado y dar la mitad de sus bienes a los pobres. **Lc 10.29-37** El buen samaritano ayudó a su prójimo pero el sacerdote y levita no lo hicieron.

El Octavo Mandamiento

[El buen nombre es un don de Dios]

No digas mentiras en perjuicio de tu prójimo.

¿Qué quiere decir esto?

Debemos temer y amar a Dios de modo que no mintamos contra nuestro prójimo, ni le traicionemos, ni le calumniemos, ni le difamemos, sino que le disculpemos, hablemos bien de él e interpretemos todo en el mejor sentido.

61. ***¿Qué nos prohíbe Dios en el Octavo Mandamiento?***

A. Dios nos prohíbe mentir acerca de nuestro prójimo ante un tribunal o en otros lugares, sea dando falso testimonio o encubriendo la verdad.

203 **Pr 19.5** El testigo falso no quedará sin castigo; no escapará el que propala mentiras.

204 **Ef 4.25** Por eso cada uno de ustedes debe desechar la mentira y hablar la verdad con su prójimo; porque somos miembros los unos de los otros.

H.B. **Mt 26.59-61** Testigos falsos testificaron en contra de Jesús. **1 R 21.13** Los testigos contaron falsedades contra Nabot. **2 R 5.22-25** Giezi mintió.

B. Dios también nos prohíbe traicionar a nuestro prójimo, esto es, revelar sus secretos.

205 **Pr 11.13** Quien es chismoso da a conocer el secreto; quien es ecuánime es también reservado.

H.B. **1 S 22.6-19** Doeg traicionó a Ahimelec. **Mt 26.14-16** Judas traicionó a Jesús.

C. Dios nos prohíbe calumniar y manchar el buen nombre de nuestro prójimo.

60. ***What does God require of us in the Seventh Commandment?***

A. We should help our neighbor to improve and protect that person's possessions and income.

198 **Matt. 7:12** So whatever you wish that others would do to you, do also to them.

199 **Phil. 2:4** Let each of you look not only to his own interests, but also to the interests of others.

Bible narrative: Abraham gave Lot the choice of the land (**Gen. 13:9**). Abraham rescued Lot from the enemy and recovered Lot's property (**Gen. 14:12–16**).

B. We should help our neighbor in every need.

200 **Matt. 5:42** Give to the one who begs from you, and do not refuse the one who would borrow from you.

201 **Heb. 13:16** Do not neglect to do good and to share what you have, for such sacrifices are pleasing to God.

202 **1 John 3:17** If anyone has the world's goods and sees his brother in need, yet closes his heart against him, how does God's love abide in him?

Bible narrative: Zacchaeus promised to give back four times what he had taken dishonestly and to give half of his goods to the poor (**Luke 19:8**). The Good Samaritan helped his neighbor but the priest and Levite did not (**Luke 10:29–37**).

The Eighth Commandment

[God's Gift of a Good Reputation]

You shall not give false testimony against your neighbor.

What does this mean?

We should fear and love God so that we do not tell lies about our neighbor, betray him, slander him, or hurt his reputation, but defend him, speak well of him, and explain everything in the kindest way.

61. ***What does God forbid in the Eighth Commandment?***

A. God forbids us to tell lies about our neighbor in a court of law or elsewhere, that is, to lie about, lie to, or withhold the truth from our neighbor.

203 **Prov. 19:5** A false witness will not go unpunished, and he who breathes out lies will not escape.

204 **Eph. 4:25** Therefore, having put away falsehood, let each one of you speak the truth with his neighbor, for we are members one of another.

Bible narrative: False witnesses testified against Jesus (**Matt. 26:59–61**). False witnesses testified against Naboth (**1 Kings 21:13**). Gehazi lied about Elisha and then lied to him (**2 Kings 5:22–25**).

B. God forbids us to betray our neighbor, that is, to reveal our neighbor's secrets.

205 **Prov. 11:13** Whoever goes about slandering reveals secrets, but he who is trustworthy in spirit keeps a thing covered.

Bible narrative: Doeg betrayed Ahimelech (**1 Sam. 22:6–19**). Judas betrayed Jesus (**Matt. 26:14–16**).

C. God forbids us to slander our neighbor or hurt our neighbor's reputation.

206 **Mt 18.15** si tu hermano peca contra ti, ve y repréndelo cuando él y tú estén solos.
207 **Lc 6.37** No juzguen, y no serán juzgados. No condenen, y no serán condenados.
208 **Stg 4.11** Hermanos, no hablen mal los unos de los otros.
H.B. **2 S 15.1-6** Absalón habló mal de su padre.

62. *¿Qué nos ordena Dios en el Octavo Mandamiento?*

A. Dios nos ordena interceder, proteger, y defender a nuestro prójimo de toda falsa acusación.

209 **Pr 31.8-9** Habla en lugar de los que no pueden hablar; ¡defiende a todos los desvalidos! Habla en su lugar, y hazles justicia; ¡defiende a los pobres y menesterosos!

B. Debemos hablar bien de él y felicitarlo por sus buenas acciones y cualidades.

H.B. **1 S 19.4** Jonatán habló bien de David. **Lc 7.4-5** La gente de Cafarnaún habló bien del oficial romano.**Mc 14.3-9** Jesús habló bien de la mujer que lo ungió.

C. Dios nos ordena disculpar a nuestro prójimo e interpretar todo en el mejor sentido.

210 **1 Co 13.7** [El amor] todo lo sufre, todo lo cree, todo lo espera, todo lo soporta.
211 **1 P 4.8** El amor cubre infinidad de pecados.

El Noveno Mandamiento

[Estar satisfecho es un don de Dios]

No codicies la casa de tu prójimo.

¿Qué quiere decir esto?

Debemos temer y amar a Dios de modo que no tratemos de obtener con astucia la herencia o casa de nuestro prójimo, ni nos apoderemos de ellas con apariencia de derecho, sino que le ayudemos y cooperemos con él en la conservación de lo que le pertenece.

63. *¿Qué es la codicia?*

La codicia es el deseo pecaminoso de tener algo o alguien que le pertenece a nuestro prójimo.

212 **Ro 7.8** El pecado despertó en mí toda clase de codicia.
213 **Mt 15.19** Porque del corazón salen los malos deseos, los homicidios, los adulterios, las fornicaciones, los robos, los falsos testimonios, las blasfemias.

64. *¿Qué forma de codicia nos prohíbe Dios en el Noveno Mandamiento?*

Dios nos prohíbe todo deseo pecaminoso de obtener abierta o engañosamente los bienes de nuestro prójimo.

214 **Miq 2.1-2** ¡Ay de los que aun acostados hacen planes inicuos y maquinan el mal, y en cuanto amanece los ejecutan, porque tienen el poder en la mano! Codician las propiedades de otros, y se las quitan; codician casas, y las toman; oprimen al hombre y a su familia, al hombre y a su heredad.

206 **Matt. 18:15** If your brother sins against you, go and tell him his fault, between you and him alone.

207 **Luke 6:37** Judge not, and you will not be judged; condemn not, and you will not be condemned.

208 **James 4:11** Do not speak evil against one another, brothers.

Bible narrative: Absalom slandered his father (**2 Sam. 15:1–6**).

62. *What does God require of us in the Eighth Commandment?*

A. We should defend our neighbor, that is, we should speak up for and protect our neighbor from false accusations.

209 **Prov. 31:8–9** Open your mouth for the mute, for the rights of all who are destitute. Open your mouth, judge righteously, defend the rights of the poor and needy.

B. We should speak well of our neighbor, that is, we should praise our neighbor's good actions and qualities.

Bible narrative: Jonathan spoke well of David (**1 Sam. 19:4**). The people of Capernaum spoke well of the centurion (**Luke 7:4–5**). Jesus spoke well of the woman who anointed Him (**Mark 14:3–9**).

C. We should put the best meaning on everything, that is, we should explain our neighbor's actions in the best possible way.

210 **1 Cor. 13:7** Love bears all things, believes all things, hopes all things, endures all things.

211 **1 Peter 4:8** Love covers a multitude of sins.

The Ninth Commandment

[God's Gift of Contentment]

You shall not covet your neighbor's house.

What does this mean?

We should fear and love God so that we do not scheme to get our neighbor's inheritance or house, or get it in a way which only appears right, but help and be of service to him in keeping it.

63. *What is coveting?*

Coveting is having a sinful desire for anyone or anything that belongs to our neighbor.

212 **Rom. 7:8** Sin ... produced in me all kinds of covetousness.

213 **Matt. 15:19** Out of the heart come evil thoughts, murder, adultery, sexual immorality, theft, false witness, slander.

64. *What coveting does God forbid in the Ninth Commandment?*

God forbids every sinful desire to get our neighbor's possessions openly or by trickery.

214 **Micah 2:1–2** Woe to those who devise wickedness... . They covet fields and seize them, and houses, and take them away; they oppress a man and his house, a man and his inheritance.

215 **1 Ti 6.8-10** Así que, si tenemos sustento y abrigo, contentémonos con eso. Los que quieren enriquecerse caen en la trampa de la tentación, y en muchas codicias necias y nocivas, que hunden a los hombres en la destrucción y la perdición; porque la raíz de todos los males es el amor al dinero, el cual algunos, por codiciarlo, se extraviaron de la fe y acabaron por experimentar muchos dolores.

H.B. **1 R 21.1-16** Acab codició la viña a Nabot y la consiguió con apariencia de derecho.

65. *¿Qué nos ordena Dios en el Noveno Mandamiento?*

Dios nos ordena estar contentos con lo que nos ha dado y ayudar a nuestro prójimo a conservar lo que Dios le ha dado.

216 **Fil 4.11** No lo digo porque tenga escasez, pues he aprendido a estar contento en cualquier situación.

217 **1 Ti 6.6** La piedad es una gran ganancia, cuando va acompañada de contentamiento

218 **Heb 13.5** Vivan sin ambicionar el dinero. Más bien, confórmense con lo que ahora tienen, porque Dios ha dicho: "No te desampararé, ni te abandonaré."

H.B. **Hch 20.32-35** Pablo superó la codicia.

El Décimo Mandamiento

[Estar satisfecho es un don de Dios]

No codicies la mujer de tu prójimo, ni su esclavo o su esclava, ni su buey, ni su asno, ni nada que le pertenezca.

¿Qué quiere decir esto?

Debemos temer y amar a Dios de modo que no le quitemos al prójimo su mujer, sus criados o sus animales, ni los alejemos, ni hagamos que lo abandonen, sino que los instemos a que permanezcan con él y cumplan con sus obligaciones.

66. *¿Qué forma de codicia nos prohíbe Dios en el Décimo Mandamiento?*

Dios nos prohíbe todo deseo pecaminoso de quitarle al prójimo su cónyuge o sus empleados.

219 **Lc 12.15** También les dijo: Manténganse atentos y cuídense de toda avaricia, porque la vida del hombre no depende de los muchos bienes que posea.

220 **Col 3.5** Por lo tanto, hagan morir en ustedes todo lo que sea terrenal: inmoralidad sexual, impureza, pasiones desordenadas, malos deseos y avaricia. Eso es idolatría. 6 Por cosas como éstas les sobreviene la ira de Dios a los desobedientes.

H.B. **2 S 11.2-4** David codició a la mujer de Urías. **2 S 15.1-6** Absalón codició la popularidad de su padre.

67. *¿Qué nos ordena Dios en el Décimo Mandamiento?*

Dios nos ordena estar satisfechos con las personas que puso a nuestro lado, y ayudar a ser fieles a aquéllas que están con nuestro prójimo.

221 **Fil 2.4** No busque cada uno su propio interés, sino cada cual también el de los demás.

H.B. **Flm** Pablo devolvió a Onésimo a su amo Filemón.

68. *¿Qué nos recuerda el Señor en particular en los últimos dos mandamientos?*

A. A la vista de Dios la codicia en sí es un verdadero pecado y merece condenación.

215 **1 Tim. 6:8–10** If we have food and clothing, with these we will be content. But those who desire to be rich fall into temptation, into a snare, into many senseless and harmful desires that plunge people into ruin and destruction. For the love of money is a root of all kinds of evil. It is through this craving that some have wandered away from the faith and pierced themselves with many pangs.

Bible narrative: Ahab coveted Naboth's vineyard and got it in a way that only seemed right (**1 Kings 21: 1–16**).

65. *What does God require of us in the Ninth Commandment?*

We should be content with what God has given us and assist our neighbor in keeping what God has given that person.

216 **Phil. 4:11** Not that I am speaking of being in need, for I have learned in whatever situation I am to be content.

217 **1 Tim. 6:6** There is great gain in godliness with contentment.

218 **Heb. 13:5** Keep your life free from love of money, and be content with what you have, for He has said, "I will never leave you nor forsake you."

Bible narrative: Paul overcame coveting (**Acts 20: 32–35**).

The Tenth Commandment

[God's Gift of Contentment]

You shall not covet your neighbor's wife, or his manservant or maidservant, his ox or donkey, or anything that belongs to your neighbor.

What does this mean?

We should fear and love God so that we do not entice or force away our neighbor's wife, workers, or animals, or turn them against him, but urge them to stay and do their duty.

66. *What coveting does God forbid in the Tenth Commandment?*

God forbids every sinful desire to take from our neighbor that person's spouse or workers.

219 **Luke 12:15** He said to them, "Take care, and be on your guard against all covetousness; for one's life does not consist in the abundance of his possessions."

220 **Col. 3:5** Put to death therefore what is earthly in you: sexual immorality, impurity, passion, evil desire, and covetousness, which is idolatry.

Bible narrative: David coveted Uriah's wife and took her (**2 Sam. 11:2–4**). Absalom estranged the hearts of the people from David (**2 Sam. 15:1–6**).

67. *What does God require of us in the Tenth Commandment?*

We should be content with the helpers God has given us and encourage our neighbor's helpers to be faithful to our neighbor.

221 **Phil. 2:4** Let each of you look not only to his own interests, but also to the interests of others.

Bible narrative: Paul returned a runaway slave to his master Philemon (**Philemon**).

68. *What does God particularly impress upon us in the last two commandments?*

A. In God's sight evil desire, coveting, is indeed sin and deserves condemnation.

222 **Gn 3.6** La mujer vio que el árbol era bueno para comer, apetecible a los ojos, y codiciable para alcanzar la sabiduría. Tomó entonces uno de sus frutos, y lo comió.

223 **Stg 1.14-15** Cada uno es tentado cuando se deja llevar y seducir por sus propios malos deseos. El fruto de estos malos deseos, una vez concebidos, es el pecado; y el fruto del pecado, una vez cometido, es la muerte.

B. Dios quiere que lo amemos a él y que tengamos deseos santos.

224 **Sal 37.4** Disfruta de la presencia del Señor, y él te dará lo que de corazón le pidas.

225 **Sal 119.35-36** Encamíname hacia tus mandamientos, porque en ellos me deleito. Inclina mi corazón hacia tus testimonios, y no hacia la avaricia.

226 **Fil 4.8** Por lo demás, hermanos, piensen en todo lo que es verdadero, en todo lo honesto, en todo lo justo, en todo lo puro, en todo lo amable, en todo lo que es digno de alabanza; si hay en ello alguna virtud, si hay algo que admirar, piensen en ello.

La conclusión de Los Mandamientos

¿Qué dice Dios acerca de todos estos mandamientos?

Dice así: "Yo soy el Señor tu Dios, Dios celoso que castiga la maldad de los padres que me odian, en sus hijos, nietos y bisnietos; pero que trato con amor por mil generaciones a los que me aman y cumplen mis mandamientos." (**Ex 20.5-6**)

¿Qué quiere decir esto?

Dios amenaza castigar a todos los que traspasan estos mandamientos. Por lo tanto, debemos temer su ira y no actuar en contra de dichos mandamientos. En cambio, él promete gracia y todo género de bienes a todos los que los cumplen. Así que debemos amarlo y confiar en él, y actuar gustosos conforme a sus mandamientos.

69. ***¿Por qué se llama Dios a sí mismo Dios celoso?***

Porque Dios es santo

A. Odia el pecado e insiste en una obediencia perfecta y estricta;

B. No compartirá con ídolos el honor y respecto que le debemos sólo a él;

C. Castigará a los que lo odian.

227 **Sal 5.4-5** No eres un Dios que se complazca en la maldad; los malvados no pueden habitar contigo. Los perversos no pueden presentarse ante ti, pues aborreces a todos los malhechores.

228 **Is 42.8** Yo soy el Señor. Éste es mi nombre, y no daré a otro mi gloria, ni mi alabanza a esculturas.

229 **Ez 6.9** Se acordarán de cómo sufrí por culpa de su corazón infiel, que se apartó de mí, y por haber puesto sus ojos infieles en los ídolos.

230 **Stg 4.12** La ley la ha dado Uno solo, el cual tiene poder para salvar y destruir.

70. ***¿Con qué amenaza Dios a todos los que lo odian y no cumplen sus mandamientos?***

Dios los amenaza con castigo terrenal, la muerte temporal y la condenación eterna.

231 **Lv 26.18** Si a pesar de todo esto, ustedes no me hacen caso, yo los castigaré por sus pecados siete veces más.

232 **Ro 6.23** La paga del pecado es muerte.

233 **Gl 3.10** Maldito sea todo aquel que no se mantenga firme en todas las cosas escritas en el libro de la ley, y las haga.

222 **Gen. 3:6** When the woman saw that the tree was good for food, and that it was a delight to the eyes, and that the tree was to be desired to make one wise, she took of its fruit and ate.

223 **James 1:14–15** Each person is tempted when he is lured and enticed by his own desire. Then desire when it has conceived gives birth to sin, and sin when it is fully grown brings forth death.

B. God wants us to love Him and to have holy desires.

224 **Ps. 37:4** Delight yourself in the Lord, and He will give you the desires of your heart.

225 **Ps. 119:35–36** Lead me in the path of Your commandments, for I delight in it. Incline my heart to Your testimonies, and not to selfish gain!

226 **Phil. 4:8** Finally, brothers, whatever is true, whatever is honorable, whatever is just, whatever is pure, whatever is lovely, whatever is commendable, if there is any excellence, if there is anything worthy of praise, think about these things.

The Close of the Commandments

What does God say about all these commandments?

He says: "I, the Lord your God, am a jealous God, punishing the children for the sin of the fathers to the third and fourth generation of those who hate Me, but showing love to a thousand generations of those who love Me and keep My commandments." [**Ex. 20:5–6**]

What does this mean?

God threatens to punish all who break these commandments. Therefore, we should fear His wrath and not do anything against them. But He promises grace and every blessing to all who keep these commandments. Therefore, we should also love and trust in Him and gladly do what He commands.

69. ***Why does God call Himself a jealous God?***

Because God is holy

A. He hates sin and insists on strict and perfect obedience;

B. He will not share with idols the love and honor we owe Him;

C. He will punish those who hate Him.

227 **Ps. 5:4–5** You are not a God who delights in wickedness; evil may not dwell with You. The boastful shall not stand before Your eyes; You hate all evildoers.

228 **Is. 42:8** I am the Lord; that is My name; My glory I give to no other, nor My praise to carved idols.

229 **Ezek. 6:9** I have been broken over their whoring heart that has departed from Me and over their eyes that go whoring after their idols.

230 **James 4:12** There is only one lawgiver and judge, He who is able to save and to destroy.

70. ***What does God threaten to do to all who hate Him and break His commandments?***

God threatens earthly punishment, physical death, and eternal damnation.

231 **Lev. 26:18** If in spite of this you will not listen to Me, then I will discipline you again sevenfold for your sins.

232 **Rom. 6:23** The wages of sin is death.

233 **Gal. 3:10** Cursed be everyone who does not abide by all things written in the Book of the Law.

71. ***¿Qué quiere decir Dios cuando amenaza que él visitará la maldad de los padres sobre los hijos hasta la tercera y cuarta generación de los que me aborrecen?***
Si los hijos, nietos y bisnietos también odian a Dios y siguen en los pasos pecaminosos de sus padres, entonces Dios los castigará durante esta vida por los pecados de sus antepasados.

234 **Ez 18.20** Sólo el que peque merece la muerte. Ningún hijo pagará por el pecado de su padre, ni tampoco ningún padre pagará por el pecado de su hijo. El hombre justo será juzgado por su justicia, y el malvado será juzgado por su maldad.

H.B. **2 R 9.7-8; 10.11** La familia del malvado Acab y Jezabel fueron destruidos.
2 Cr 36.17-21 Israel fue llevada al cautiverio por su desobediencia y maldad.

72. ***¿A qué debe inducirnos esta amenaza?***
Esta amenaza debe inducirnos a temer la ira de Dios y no hacer nada contra sus mandamientos.

235 **Ec 12.13-14** Todo este discurso termina en lo siguiente: Teme a Dios, y cumple sus mandamientos. Eso es el todo del hombre. Por lo demás, Dios habrá de juzgar toda obra, buena o mala, junto con toda acción encubierta.

236 **Mt 10.28** No tengan miedo de los que pueden darles muerte pero no pueden disponer de su destino eterno; teman más bien al que puede darles muerte y también puede destruirlos para siempre en el infierno.

73. ***¿Qué promete Dios a todos los que aman y guardan sus mandamientos?***
A aquéllos que creen en él, y a sus descendientes que le temen, Dios les promete su amor y toda clase de bienes.

237 **1 Ti 4.8** La piedad es provechosa para todo, pues cuenta con promesa para esta vida presente, y para la venidera.

H.B. **Job 42.10-17** Dios bendijo a Job por su fidelidad.

El cumplimiento de la ley

74. ***¿Cómo quiere Dios que guardemos sus mandamientos?***
Dios quiere que guardemos sus mandamientos de una manera perfecta en pensamientos, deseos, palabras y obras.

238 **Lv 19.2** Ustedes deben ser santos porque yo, el Señor su Dios, soy santo.

239 **Stg 2.10** Porque cualquiera que cumpla toda la ley, pero que falle en un solo mandato, ya es culpable de haber fallado en todos.

75. ***¿Qué nos impide guardar la ley de Dios de una manera perfecta?***
Nuestra naturaleza pecadora lo hace imposible.

240 **Sal 14.3** Pero todos se han desviado; todos a una se han corrompido. No hay nadie que haga el bien; ¡ni siquiera hay uno solo!

241 **Ec 7.20** No hay en la tierra nadie tan justo que siempre haga el bien y nunca peque.

242 **Is 64.6** Todos nosotros estamos llenos de impureza; todos nuestros actos de justicia son como un trapo lleno de inmundicia.

243 **1 Jn 1.8** Si decimos que no tenemos pecado, nos engañamos a nosotros mismos, y la verdad no está en nosotros.

H.B. **Ro 7.15-20** El apóstol Pablo sintió dolor por su incapacidad de poder guardar la ley.

71. *What does God mean when He threatens to punish the children for the sin of the fathers to the third and fourth generation of those who hate Him?*

If the children, grandchildren, and great-grandchildren also hate God and follow in the evil ways of their parents, then God will during their earthly lives punish them for the sins of their ancestors.

234 Ezek. 18:20 The soul who sins shall die. The son shall not suffer for the iniquity of the father, nor the father suffer for the iniquity of the son. The righteousness of the righteous shall be upon himself, and the wickedness of the wicked shall be upon himself.

Bible narrative: The family of wicked Ahab and Jezebel were destroyed (**2 Kings 9:7–8; 10:11**). Israel was led into captivity for its disobedience and wickedness (**2 Chron. 36:17–21**).

72. *Why does God threaten such punishment?*

God threatens such punishment to make us fear His anger, so that we do not act against His commandments.

235 Eccl. 12:13–14 Fear God and keep His commandments, for this is the whole duty of man. For God will bring every deed into judgment, with every secret thing, whether good or evil.

236 Matt. 10:28 Do not fear those who kill the body but cannot kill the soul. Rather fear him who can destroy both soul and body in hell.

73. *How does God bless those who love Him and keep His commandments?*

He showers those who believe in Him and their God-fearing descendants with His constant love and good gifts.

237 1 Tim. 4:8 Godliness is of value in every way, as it holds promise for the present life and also for the life to come.

Bible narrative: God blessed Job for his faithfulness (**Job 42:10–17**).

The Fulfillment of the Law

74. *How carefully does God want us to keep His commandments?*

God wants us to keep His commandments perfectly in thoughts, desires, words, and deeds.

238 Lev. 19:2 Be holy, for I the Lord your God am holy.

239 James 2:10 Whoever keeps the whole law but fails in one point has become accountable for all of it.

75. *What prevents us from keeping God's commandments perfectly?*

Our sinful nature makes it impossible.

240 Ps. 14:3 They have all turned aside; together they have become corrupt; there is none who does good, not even one.

241 Eccl. 7:20 There is not a righteous man on earth who does good and never sins.

242 Is. 64:6 We have all become like one who is unclean, and all our righteous deeds are like a polluted garment.

243 1 John 1:8 If we say we have no sin, we deceive ourselves, and the truth is not in us.

Bible narrative: The apostle Paul grieved over his failure to keep the Law (**Rom. 7:15–20**).

76. ***¿Quién puede ser salvado por la Ley?***
Nadie; la ley nos condena a todos.

244 **Gl 3.10-11** Todos los que dependen de las obras de la ley están bajo maldición, pues está escrito: "Maldito sea todo aquel que no se mantenga firme en todas las cosas escritas en el libro de la ley, y las haga." Y es evidente que por la ley ninguno se justifica para con Dios.

El propósito de la ley

77. ***¿Para qué, pues, sirve la ley?***

A. Primero: La ley ayuda a controlar los brotes violentos del pecado y mantiene el orden en el mundo (Freno).

245 **1 Ti 1.9** también sabemos que la ley no fue dada para el justo, sino para los transgresores y desobedientes, para los impíos y pecadores, para los irreverentes y profanos, para los parricidas y matricidas.

246 **Ro 2.14-15** Porque cuando los paganos, que no tienen ley, hacen por naturaleza lo que la ley demanda, son ley para sí mismos, aunque no tengan la ley; y de esa manera demuestran que llevan la ley escrita en su corazón, pues su propia conciencia da testimonio, y sus propios razonamientos los acusarán o defenderán.

B. Segundo, y principalmente, la ley nos acusa y nos enseña nuestro pecado (Espejo).

247 **Ro 3.20** La ley sirve para reconocer el pecado.

248 **Ro 7.7** Si la ley no dijera: "No codiciarás", tampoco yo habría sabido lo que es codiciar.

C. Tercero: La ley enseña al cristiano cuáles son las obras verdaderamente buenas (Regla).

249 **Sal 119.9** ¿Cómo puede el joven limpiar su camino? ¡Obedeciendo tu palabra!

250 **Sal 119.105** Tu palabra es una lámpara a mis pies; ¡es la luz que ilumina mi camino!

251 **1 Jn 4.9, 11** En esto se mostró el amor de Dios para con nosotros: en que Dios envió al mundo a su Hijo unigénito, para que vivamos por él. Amados, si Dios nos ha amado así, nosotros también debemos amarnos unos a otro.

Nota: Ver **Lucas 10.27**.

El pecado

78. ***¿Qué es el pecado?***
Pecado es todo pensamiento, deseo, palabra o acción contrarios a la ley de Dios.

252 **1 Jn 3.4** Todo aquel que comete pecado, quebranta también la ley, pues el pecado es quebrantamiento de la ley.

Nota: Otros nombres que se le dan al pecado son *desobediencia* **Ro 5.19**; *deuda* **Mt 6.12**; *iniquidad, rebelión* **Ex 34.7**; *faltas* **Mt 18.15**; *transgresiones* **Ro 5.17**; *iniquidad* **Ro 6.13**; e *injusticia* **Col 3.25**.

76. *Can anyone, then, be saved by the Law?*
No; the Law condemns everyone.

244 **Gal. 3:10–11** All who rely on works of the law are under a curse; for it is written, "Cursed be everyone who does not abide by all things written in the Book of the Law, and do them." Now it is evident that no one is justified before God by the law.

The Purposes of the Law

77. *What purposes does the Law then serve?*

A. First, the Law helps to control violent outbursts of sin and keeps order in the world (a curb).

245 **1 Tim. 1:9** Understanding this, that the law is not laid down for the just [good people] but for the lawless and disobedient, for the ungodly and sinners, for the unholy and profane, for those who strike their fathers and mothers.

246 **Rom. 2:14–15** For when Gentiles, who do not have the law, by nature do what the law requires, they are a law to themselves, even though they do not have the law. They show that the work of the law is written on their hearts, while their conscience also bears witness, and their conflicting thoughts accuse or even excuse them.

B. Second, the Law accuses us and shows us our sin (a mirror).

247 **Rom. 3:20** Through the law comes knowledge of sin.

248 **Rom. 7:7** Yet if it had not been for the law, I would not have known sin. For I would not have known what it is to covet if the law had not said, "You shall not covet."

C. Third, the Law teaches us Christians what we should and should not do to lead a God-pleasing life (a guide). The power to live according to the Law comes from the Gospel.

249 **Ps. 119:9** How can a young man keep his way pure? By guarding it according to Your word.

250 **Ps. 119:105** Your word is a lamp to my feet and a light to my path.

251 **1 John 4:9, 11** In this the love of God was made manifest among us, that God sent His only Son into the world, so that we might live through Him Beloved, if God so loved us, we also ought to love one another.

Note: See **Luke 10:27**.

Sin

78. *What is sin?*
Sin is every thought, desire, word, and deed that is contrary to God's Law.

252 **1 John 3:4** Everyone who makes a practice of sinning also practices lawlessness; sin is lawlessness.

Note: Other names for sin are disobedience (**Rom. 5:19**); debts (**Matt. 6:12**); iniquity, transgression (**Ex. 34:7**); fault (**Matt. 18:15**); trespass (**Rom. 5:17**); unrighteousness (**Rom. 6:13**); and wrong (**Col. 3:25**).

79. ***¿Por quién vino el pecado al mundo?***
El pecado vino al mundo por el diablo, quien tentó a Adán y Eva, quienes por su propia voluntad se dejaron seducir al pecado.
253 **1 Jn 3.8** El que practica el pecado es del diablo, porque el diablo peca desde el principio.
254 **Ro 5.12** El pecado entró en el mundo por un solo hombre.
H.B. **Gn 3.1-7** La caída de la humanidad.
80. ***¿Cuántas clases de pecados hay?***
Hay dos clases de pecado: el pecado original y el pecado actual.
81. ***¿Qué es el pecado original?***
El pecado original es la corrupción total de toda la naturaleza humana, que hemos heredado de Adán por medio de nuestros padres.
255 **Sal 51.5** ¡Mírame! ¡Yo fui formado en la maldad! ¡Mi madre me concibió en pecado!
256 **Jn 3.6** Lo que nace de la carne, carne es; y lo que nace del Espíritu, espíritu es.
257 **Ro 5.12** Por tanto, como el pecado entró en el mundo por un solo hombre, y por medio del pecado entró la muerte, así la muerte pasó a todos los hombres, por cuanto todos pecaron.
258 **Ef 4.22** En cuanto a su pasada manera de vivir, despójense de su vieja naturaleza, la cual está corrompida por los deseos engañosos.
82. ***¿Qué ha hecho el pecado original a la naturaleza humana?***
El pecado original:
A. ha traído culpa y condenación a todos los seres humanos;
259 **Ro 5.19** Por la desobediencia de un solo hombre muchos fueron constituidos pecadores.
260 **Ef 2.3** Éramos por naturaleza objetos de ira, como los demás.
B. nos ha dejado a todos sin verdadero temor y amor a Dios, esto es, espiritualmente ciegos, muertos y enemigos de Dios;
261 **Gn 8.21** Desde su juventud las intenciones del corazón del hombre son malas.
262 **1 Co 2.14** El hombre natural no percibe las cosas que son del Espíritu de Dios, porque para él son una locura; y tampoco las puede entender, porque tienen que discernirse espiritualmente.
263 **Ef 2.1** [Ustedes] estaban muertos en sus delitos y pecados.
264 **Ro 8.7** Las intenciones de la carne llevan a la enemistad contra Dios; porque no se sujetan a la ley de Dios, ni tampoco pueden.
C. nos hace cometer toda clase de pecados actuales.
265 **Mt 7.17** Todo buen árbol da buenos frutos, pero el árbol malo da frutos malos.
266 **Gl 5.19-21** Las obras de la carne se manifiestan en adulterio, fornicación, inmundicia, lascivia, idolatría, hechicerías, enemistades, pleitos, celos, iras, contiendas, disensiones, herejías, envidias, homicidios, borracheras, orgías, y cosas semejantes a éstas. Acerca de ellas les advierto, como ya antes les he dicho, que los que practican tales cosas no heredarán el reino de Dios.

79. *Who brought sin into the world?*

The devil brought sin into the world by tempting Adam and Eve, who of their own free will yielded to the temptation.

253 **1 John 3:8** Whoever makes a practice of sinning is of the devil, for the devil has been sinning from the beginning.

254 **Rom. 5:12** Sin came into the world through one man.

Bible narrative: The fall of humanity **(Gen. 3:1–7).**

80. *How many kinds of sin are there?*

There are two kinds of sin: original sin and actual sin.

81. *What is original sin?*

Original sin is that total corruption of our whole human nature that we have inherited from Adam through our parents.

255 **Ps. 51:5** Behold, I was brought forth in iniquity, and in sin did my mother conceive me.

256 **John 3:6** That which is born of the flesh is flesh, and that which is born of the Spirit is spirit.

257 **Rom. 5:12** Sin came into the world through one man, and death through sin, and so death spread to all men because all sinned.

258 **Eph. 4:22** Put off your old self, which belongs to your former manner of life and is corrupt through deceitful desires.

82. *What has original sin done to human nature?*

Original sin

A. has brought guilt and condemnation to all people;

259 **Rom. 5:19** By the one man's disobedience the many were made sinners.

260 **Eph. 2:3** [We] were by nature children of wrath, like the rest of mankind.

B. has left everyone without true fear and love of God, that is, spiritually blind, dead, and enemies of God;

261 **Gen. 8:21** The intention of man's heart is evil from his youth.

262 **1 Cor. 2:14** The natural person does not accept the things of the Spirit of God, for they are folly to him, and he is not able to understand them because they are spiritually discerned.

263 **Eph. 2:1** You were dead in the trespasses and sins.

264 **Rom. 8:7** The mind that is set on the flesh is hostile to God, for it does not submit to God's law; indeed, it cannot.

C. causes everyone to commit all kinds of actual sins.

265 **Matt. 7:17** Every healthy tree bears good fruit, but the diseased tree bears bad fruit.

266 **Gal. 5:19–21** The works of the flesh are evident: sexual immorality, impurity, sensuality, idolatry, sorcery, enmity, strife, jealousy, fits of anger, rivalries, dissensions, divisions, envy, drunkenness, orgies, and things like these.

83. ***¿Qué es el pecado actual?***
El pecado actual es toda acción en contra de la ley de Dios en deseos, pensamientos, palabras y obras.

267 **Mt 15.19** Porque del corazón salen los malos deseos, los homicidios, los adulterios, las fornicaciones, los robos, los falsos testimonios, las blasfemias.

268 **Stg 1.15** El fruto de estos malos deseos, una vez concebidos, es el pecado; y el fruto del pecado, una vez cometido, es la muerte.

269 **Stg 4.17** El que sabe hacer lo bueno, y no lo hace, comete pecado.

La ley y el evangelio

84. ***¿Dónde sólo ofrece Dios el perdón de los pecados?***
Dios ofrece el perdón de los pecados sólo en el evangelio, la buena noticia de que somos liberados de la culpa, del castigo y del poder del pecado; y de que somos salvos por toda la eternidad porque Cristo cumplió la ley, sufrió, murió y resucitó por nosotros.

270 **Jn 3.16** De tal manera amó Dios al mundo, que ha dado a su Hijo unigénito, para que todo aquel que en él cree no se pierda, sino que tenga vida eterna.

271 **Ro 1.16** No me avergüenzo del evangelio, porque es poder de Dios para la salvación de todo aquel que cree: en primer lugar, para los judíos, y también para los que no lo son.

272 **Ro 10.4** El cumplimiento de la ley es Cristo, para la justicia de todo aquel que cree.

273 **Gl 3.13** Cristo nos redimió de la maldición de la ley, y por nosotros se hizo maldición porque está escrito: "Maldito todo el que es colgado en un madero."

274 **Col 1.13-14** [El Padre] nos ha librado del poder de la oscuridad y nos ha trasladado al reino de su amado Hijo, en quien tenemos redención por su sangre, el perdón de los pecados.

85. ***¿Qué diferencia hay entre la ley y el evangelio?***

A. La ley enseña lo que nosotros debemos hacer y dejar de hacer; el evangelio enseña lo que Dios ha hecho y todavía está haciendo para nuestra salvación.

B. La ley nos hace ver nuestro pecado y la ira de Dios; el evangelio, nuestro Salvador y la gracia de Dios.

C. La ley debe predicarse a todas las personas, pero especialmente a los pecadores impenitentes; el evangelio debe proclamarse a los pecadores alarmados y aterrorizados a causa de sus pecados.

83. *What is actual sin?*

Actual sin is every act against a commandment of God in thoughts, desires, words, or deeds.

267 **Matt. 15:19** Out of the heart come evil thoughts, murder, adultery, sexual immorality, theft, false witness, slander.

268 **James 1:15** Then desire when it has conceived gives birth to sin. (Sins of commission)

269 **James 4:17** So whoever knows the right thing to do and fails to do it, for him it is sin. (Sins of omission)

Law and Gospel

84. *Where alone does God offer the forgiveness of sins?*

God offers the forgiveness of sins only in the Gospel, the good news that we are freed from the guilt, the punishment, and the power of sin, and are saved eternally because of Christ's keeping the Law and His suffering and death for us.

270 **John 3:16** God so loved the world, that He gave His only Son, that whoever believes in Him should not perish but have eternal life.

271 **Rom. 1:16** I am not ashamed of the gospel, for it is the power of God for salvation to everyone who believes.

272 **Rom. 10:4** Christ is the end of the law for righteousness to everyone who believes.

273 **Gal. 3:13** Christ redeemed us from the curse of the law by becoming a curse for us—for it is written, "Cursed is everyone who is hanged on a tree."

274 **Col. 1:13–14** He has delivered us from the domain of darkness and transferred us to the kingdom of His beloved Son, in whom we have redemption, the forgiveness of sins.

85. *What is the difference between the Law and the Gospel?*

A. The Law teaches what we are to do and not to do; the Gospel teaches what God has done, and still does, for our salvation.

B. The Law shows us our sin and the wrath of God; the Gospel shows us our Savior and the grace of God.

C. The Law must be proclaimed to all people, but especially to impenitent sinners; the Gospel must be proclaimed to sinners who are troubled in their minds because of their sins.

86. ***¿Qué es un credo?***

Un credo es una afirmación de lo que creemos, enseñamos, y confesamos.

275 **Ro 10.10** Con el corazón se cree para alcanzar la justicia, pero con la boca se confiesa para alcanzar la salvación.

Creo

87. ***¿Qué quiere decir "creo en Dios"?***

Quiere decir que confío en Dios y en sus promesas, y que acepto como verdaderas todas sus enseñanzas en las Sagradas Escrituras.

276 **Sal 31.14** Señor, yo confío en ti, y declaro que tú eres mi Dios.

277 **Sal 37.5** Pon tu camino en las manos del Señor; confía en él, y él se encargará de todo.

278 **Ro 10.17** Así que la fe proviene del oír, y el oír proviene de la palabra de Dios.

279 **Heb 11.1** Ahora bien, tener fe es estar seguro de lo que se espera; es estar convencido de lo que no se ve.

88. ***¿Por qué decimos en cada uno de los tres artículos "creo" y no "creemos"?***

Ninguno puede ser salvo por la fe de otro, sino que cada uno tiene que creer por sí mismo.

280 **Hab 2.4** El justo vivirá por su fe.

281 **Lc 7.50** Tu fe te ha salvado. Ve en paz.

H.B. **Mt 25.1-13** Las vírgenes insensatas no pudieron conseguir aceite.

89. ***¿Cuáles son los tres credos que usa la iglesia?***

El Credo Apostólico, el Credo Niceno y el Credo Atanasiano.

90. ***¿Qué credo se usa en el Catecismo Menor de Lutero?***

El Credo Apostólico

91. ***¿Por qué se lo llama Credo Apostólico?***

Se lo llama Apostólico no porque haya sido escrito por los apóstoles, sino porque en forma resumida enseña la doctrina que Dios dio por medio de los apóstoles en la Biblia. El Credo es trinitario porque las Escrituras revelan a Dios como trino. Los cristianos son bautizados en el nombre del Dios trino: Padre, Hijo y Espíritu Santo.

282 **Mt 28.19** Vayan y hagan discípulos en todas las naciones, y bautícenlos en el nombre del Padre, y del Hijo, y del Espíritu Santo.

283 **Ef 4.4-6** Así como ustedes fueron llamados a una sola esperanza, hay también un cuerpo y un Espíritu, un Señor, una fe, un bautismo, y un Dios y Padre de todos, el cual está por encima de todos, actúa por medio de todos, y está en todos.

92. ***¿En qué maneras se da a conocer el Dios trino?***

A. A través de la existencia del mundo (el conocimiento natural de Dios).

284 **Sal 19.1** Los cielos proclaman la gloria de Dios; el firmamento revela la obra de sus manos.

285 **Ro 1.19-20** Para ellos, lo que de Dios se puede conocer es evidente, pues Dios se lo reveló; porque lo invisible de Dios, es decir, su eterno poder y su naturaleza divina, se hacen claramente visibles desde la creación del mundo, y pueden comprenderse por medio de las cosas hechas, de modo que no tienen excusa.

86. ***What is a creed?***

A creed is a statement of what we believe, teach, and confess.

275 **Rom. 10:10** For with the heart one believes and is justified, and with the mouth one confesses and is saved.

I Believe

87. ***What is meant by "I believe in God"?***

It means I trust God and His promises and accept as true all He teaches in the Holy Scriptures.

276 **Ps. 31:14** I trust in You, O Lord; I say, "You are my God."

277 **Ps. 37:5** Commit your way to the Lord; trust in Him.

278 **Rom. 10:17** Faith comes from hearing, and hearing through the word of Christ.

279 **Heb. 11:1** Faith is the assurance of things hoped for, the conviction of things not seen.

88. ***Why do we say, "I believe," and not, "We believe"?***

Everyone must believe for himself or herself, no one can be saved by another's faith.

280 **Hab. 2:4** The righteous shall live by his faith.

281 **Luke 7:50** Your faith has saved you; go in peace.

Bible narrative: The foolish virgins could not obtain oil from the wise virgins (Matt. 25:1–13).

89. ***What three creeds are used by the church?***

The Apostles', the Nicene, and the Athanasian.

90. ***Which creed is used in Luther's Catechism?***

The Apostles' Creed.

91. ***Why is it called the Apostles' Creed?***

It is called the Apostles' Creed, not because it was written by the apostles themselves, but because it states briefly the doctrine (teaching) that God gave through the apostles in the Bible. The Creed is trinitarian because the Scriptures reveal God as triune. Christians are baptized in the name of the triune God: Father, Son, and Holy Spirit.

282 **Matt. 28:19** Go therefore and make disciples of all nations, baptizing them in the name of the Father and of the Son and of the Holy Spirit.

283 **Eph. 4:4–6** There is one body and one Spirit—just as you were called to the one hope that belongs to your call—one Lord, one faith, one baptism, one God and Father of all, who is over all and through all and in all.

92. ***In what ways does the triune God make Himself known?***

A. Through the existence of the world (natural knowledge of God).

284 **Ps. 19:1** The heavens declare the glory of God, and the sky above proclaims His handiwork.

285 **Rom. 1:19–20** What can be known about God is plain to them, because God has shown it to them. For His invisible attributes, namely, His eternal power and divine nature, have been clearly perceived, ever since the creation of the world, in the things that have been made.

286 **Heb 3.4** Porque toda casa es hecha por alguien, pero el que hizo todas las cosas es Dios.

B. A través de la conciencia (conocimiento natural de Dios)

287 **Ro 2.15** Demuestran que llevan la ley escrita en su corazón, pues su propia conciencia da testimonio, y sus propios razonamientos los acusarán o defenderán.

C. Especialmente a través de las Sagradas Escrituras en las cuales Dios claramente se revela a sí mismo y también su regalo de salvación por medio de Cristo (conocimiento revelado de Dios).

288 **Jn 20.31** Pero éstas [obras de Jesús] se han escrito para que ustedes crean que Jesús es el Cristo, el Hijo de Dios, y para que al creer, tengan vida en su nombre.

289 **2 Ti 3.15** Desde la niñez has conocido las Sagradas Escrituras, las cuales te pueden hacer sabio para la salvación por la fe que es en Cristo Jesús.

290 **Heb 1.1-2** Dios, que muchas veces y de distintas maneras habló en otros tiempos a nuestros padres por medio de los profetas, en estos días finales nos ha hablado por medio del Hijo, a quien constituyó heredero de todo, y mediante el cual hizo el universo.

93. ***¿Quién es Dios?***

En su Palabra Dios nos ha dicho que él:

A. es Espíritu (un ser personal sin cuerpo natural);

291 **Jn 4.24** Dios es Espíritu.

B. es eterno (sin principio y sin fin);

292 **Sal 90.1-2** Señor, tú has sido nuestro refugio de una generación a otra generación. Antes de que nacieran los montes y de que formaras la tierra y el mundo; desde los tiempos primeros y hasta los tiempos postreros, ¡tú eres Dios!

293 **1 Ti 1.17** Por tanto, al Rey de los siglos, al inmortal e invisible, al único y sabio Dios, sean el honor y la gloria por los siglos de los siglos. Amén.

C. no cambia (inmutable);

294 **Sal 102.27** ¡Tú seguirás siendo el mismo, y tus años nunca tendrán fin!

295 **Mal 3.6** Yo soy el Señor, y no cambio.

296 **Stg 1.17** Toda buena dádiva y todo don perfecto descienden de lo alto, del Padre de las luces, en quien no hay cambio ni sombra de variación.

D. es omnipotente (todopoderoso);

297 **Gn 17.1** Yo soy el Dios Todopoderoso.

298 **Mt 19.26** Para Dios todo es posible.

E. lo sabe todo (omnisciente);

299 **Sal 139.1-4** Señor, tú me has examinado y me conoces; tú sabes cuando me siento o me levanto; ¡desde lejos sabes todo lo que pienso! Me vigilas cuando camino y cuando descanso; ¡estás enterado de todo lo que hago! Todavía no tengo las palabras en la lengua.

300 **Jn 21.17** Señor, tú lo sabes todo.

F. está presente en todo lugar (omnipresente);

301 **Jer 23.24** ¿Podrá alguien esconderse donde yo no pueda verlo? ¿Acaso no soy yo el Señor, que llena el cielo y la tierra? –Palabra del Señor.

286 **Heb. 3:4** Every house is built by someone, but the builder of all things is God.

B. Through conscience (natural knowledge of God).

287 **Rom. 2:15** They show that the work of the law is written on their hearts, while their conscience also bears witness, and their conflicting thoughts accuse or even excuse them.

C. Especially through the Holy Scriptures in which God clearly reveals Himself and His gift of salvation in Christ (revealed knowledge of God).

288 **John 20:31** These [acts of Jesus] are written so that you may believe that Jesus is the Christ, the Son of God, and that by believing you may have life in His name.

289 **2 Tim. 3:15** From childhood you have been acquainted with the sacred writings, which are able to make you wise for salvation through faith in Christ Jesus.

290 **Heb. 1:1–2** Long ago, at many times and in many ways, God spoke to our fathers by the prophets, but in these last days He has spoken to us by His Son, whom He appointed the heir of all things, through whom also He created the world.

93. *Who is God?*

In His Word God has told us that He is

A. spirit (a personal being without a body);

291 **John 4:24** God is spirit.

B. eternal (without beginning and without end);

292 **Ps. 90:1–2** Lord, You have been our dwelling place in all generations. Before the mountains were brought forth, or ever You had formed the earth and the world, from everlasting to everlasting You are God.

293 **1 Tim. 1:17** To the King of ages, immortal, invisible, the only God, be honor and glory forever and ever. Amen.

C. unchangeable (immutable);

294 **Ps. 102:27** You are the same, and Your years have no end.

295 **Mal. 3:6** I the Lord do not change.

296 **James 1:17** Every good gift and every perfect gift is from above, coming down from the Father of lights with whom there is no variation or shadow due to change.

D. almighty, all-powerful (omnipotent);

297 **Gen. 17:1** I am God Almighty.

298 **Matt. 19:26** With God all things are possible.

E. all-knowing (omniscient);

299 **Ps. 139:1–4** O Lord, You have searched me and known me! You know when I sit down and when I rise up; You discern my thoughts from afar. You search out my path and my lying down and are acquainted with all my ways. Even before a word is on my tongue, behold, O Lord, You know it altogether.

300 **John 21:17** Lord, You know everything.

F. present everywhere (omnipresent);

301 **Jer. 23:24** Can a man hide himself in secret places so that I cannot see him? declares the Lord. Do I not fill heaven and earth? declares the Lord.

302 **Hch 17.27** [Dios] no está lejos de cada uno de nosotros.
G. es santo (sin pecado, y odia el pecado);
303 **Lv 19.2** Ustedes deben ser santos porque yo, el Señor su Dios, soy santo.
304 **Sal 5.4-5** No eres un Dios que se complazca en la maldad; los malvados no pueden habitar contigo. Los perversos no pueden presentarse ante ti, pues aborreces a todos los malhechores.
305 **Is 6.3** ¡Santo, santo, santo es el Señor de los ejércitos!
H. es justo (equitativo e imparcial);
306 **Dt 32.4** Él es nuestra Roca, y su obra es perfecta; todos sus caminos son de justicia. Es el Dios de la verdad, justo y recto; en él no hay ninguna maldad.
I. es fiel (cumple sus promesas);
307 **2 Ti 2.13** Si somos infieles, él permanece fiel; Él no puede negarse a sí mismo.
J. es bueno (amoroso, desea nuestro bienestar);
308 **Sal 118.1** ¡Alabemos al Señor, porque él es bueno; porque su misericordia permanece para siempre!
309 **Sal 145.9** El Señor es bueno con todos, y se compadece de toda su creación.
K. es misericordioso (lleno de compasión);
310 **Jer 3.12** Soy misericordioso. –Palabra del Señor.
311 **Tit 3.5** Nos salvó, no porque nosotros hubiéramos hecho nada bueno, sino porque tuvo compasión de nosotros.
L. es lleno de gracia;
312 **Ex 34.6-7** Luego el Señor pasó delante de Moisés, y proclamó: "¡EL SEÑOR! ¡EL SEÑOR! ¡Dios misericordioso y clemente! ¡Lento para la ira, y grande en misericordia y verdad! ¡Es misericordioso por mil generaciones! ¡Perdona la maldad, la rebelión y el pecado, pero de ningún modo declara inocente al malvado! ¡Castiga la maldad de los padres en los hijos y en los hijos de los hijos, hasta la tercera y cuarta generación!"
M. es amor.
313 **Jn 3.16** De tal manera amó Dios al mundo, que ha dado a su Hijo unigénito, para que todo aquel que en él cree no se pierda, sino que tenga vida eterna.
314 **1 Jn 4.8** Dios es amor.

Nota: Los atributos de Dios nos dicen lo que él es. Dios es cada uno de ellos, todos ellos, y más que esos atributos.

94. ***¿Quién es el único verdadero Dios?***

El único verdadero Dios es el Dios trino: Padre, Hijo y Espíritu Santo, tres personas distintas en una sola esencia divina.

95. ***¿Cómo se distinguen estas tres personas divinas entre sí?***

El Padre engendró al Hijo desde la eternidad; el Hijo fue engendrado del Padre desde la eternidad; el Espíritu Santo procede desde la eternidad del Padre y del Hijo. Al Padre se le atribuye especialmente la obra de la creación; al Hijo, la obra de la redención; al Espíritu Santo, la obra de la santificación.

315 **Sal 2.7** Tú eres mi hijo. En este día te he engendrado.
316 **Jn 15.26** Pero cuando venga el Consolador, el Espíritu de verdad, el cual procede del Padre y a quien yo les enviaré de parte del Padre, él dará testimonio acerca de mí.

302 **Acts 17:27** He is actually not far from each one of us.

G. holy (sinless and hating sin);

303 **Lev. 19:2** I the Lord your God am holy.

304 **Ps. 5:4–5** You are not a God who delights in wickedness; evil may not dwell with You. The boastful shall not stand before Your eyes; You hate all evildoers.

305 **Is. 6:3** Holy, holy, holy is the Lord of hosts.

H. just (fair and impartial);

306 **Deut. 32:4** The Rock, His work is perfect, for all His ways are justice. A God of faithfulness and without iniquity.

I. faithful (keeping His promises);

307 **2 Tim. 2:13** If we are faithless, He remains faithful—for He cannot deny Himself.

J. good (kind, desiring our welfare);

308 **Ps. 118:1** Give thanks to the Lord, for He is good; His steadfast love endures forever!

309 **Ps. 145:9** The Lord is good to all, and His mercy is over all that he has made.

K. merciful (full of pity);

310 **Jer. 3:12** I am merciful, declares the Lord.

311 **Titus 3:5** He saved us, not because of works done by us in righteousness, but according to His own mercy.

L. gracious (showing undeserved kindness, forgiving);

312 **Ex. 34:6–7** The Lord, the Lord, a God merciful and gracious, slow to anger, and abounding in steadfast love and faithfulness, keeping steadfast love for thousands, forgiving iniquity and transgression and sin.

M. love.

313 **John 3:16** God so loved the world, that He gave His only Son, that whoever believes in Him should not perish but have eternal life.

314 **1 John 4:8** God is love.

Note: God's attributes tell us what God is. God is each of these, all of these, and more than these attributes.

94. ***Who is the only true God?***

The only true God is the triune God: Father, Son, and Holy Spirit, three distinct persons in one divine being (the Holy Trinity).

95. ***How are the three divine persons distinguished from each other?***

The Father has begotten the Son from eternity; the Son is begotten of the Father from eternity; the Holy Spirit from eternity proceeds from the Father and the Son. To the Father especially is ascribed the work of creation; to the Son, the work of redemption; to the Holy Spirit, the work of sanctification.

315 **Ps. 2:7** You are My Son; today I have begotten You.

316 **John 15:26** When the Helper comes, whom I will send to you from the Father, the Spirit of truth, who proceeds from the Father, He will bear witness about Me.

317 **Gl 4.6** Y por cuanto ustedes son hijos, Dios envió a sus corazones el Espíritu de su Hijo, el cual clama: "¡Abba, Padre!"

El Primer Artículo

La creación

Creo en Dios Padre todopoderoso, creador del cielo y de la tierra.

¿Qué quiere decir esto?

Creo que Dios me ha creado y también a todas las criaturas; que me ha dado cuerpo y alma, ojos, oídos y todos los miembros, la razón y todos los sentidos y aún los sostiene; además vestido y calzado, comida y bebida, casa y hogar, esposa e hijos, campos, ganado y todos los bienes; que me provee abundantemente y a diario de todo lo que necesito para sustentar este cuerpo y vida, me protege contra todo peligro y me guarda y preserva de todo mal; y todo esto por pura bondad y misericordia paternal y divina, sin que yo en manera alguna lo merezca, ni sea digno de ello. Por todo esto debo darle gracias, ensalzarlo, servirle y obedecerle. Esto es con toda certeza la verdad.

96. *¿Por qué llamamos aquí Padre a la primera persona?*

A. Llamamos Padre a la primera persona porque él es el Padre de nuestro Señor Jesucristo y también nuestro Padre a través de la fe en Cristo.

318 **Mt 3.17** Desde los cielos se oyó entonces una voz, que decía: "Éste es mi Hijo amado, en quien me complazco."

319 **Jn 20.17** Jesús le dijo: "...subo a mi Padre y Padre de ustedes, a mi Dios y Dios de ustedes."

320 **Gl 3.26** Todos ustedes son hijos de Dios por la fe en Cristo Jesús.

B. Dios también es el Padre de todas las naciones porque él las ha creado. Hay una sola raza humana, porque todos los seres humanos son igualmente hijos de Adán y Eva y todos han sido igualmente redimidos por Cristo.

321 **Mal 2.10** ¿Acaso no tenemos todos un mismo padre? ¿Y acaso no nos ha creado un mismo Dios?

322 **Hch 17.26** De un solo hombre hizo a todo el género humano, para que habiten sobre la faz de la tierra, y les ha prefijado sus tiempos precisos y sus límites para vivir.

323 **1 Co 15.22** Pues así como en Adán todos mueren, también en Cristo todos serán vivificados.

324 **Ef 3.14-15** Por eso yo me arrodillo delante del Padre de nuestro Señor Jesucristo, de quien recibe su nombre toda familia en los cielos y en la tierra.

H.B. **Lc 15.11-32** El hijo pródigo.

Dios me ha creado a mí y a todas las demás criaturas

97. *¿Por qué llamamos a Dios Padre "creador del cielo y de la tierra"?*

Llamamos todopoderoso y creador al Padre porque en seis días por medio de su Palabra creó todas las cosas de la nada.

325 **Gn 1.1** Dios, en el principio, creó los cielos y la tierra.

326 **Sal 33.6, 9** Con su palabra, el Señor hizo los cielos; todo lo creado lo hizo con un soplo de su boca. ...El Señor habló, y todo fue creado; el Señor ordenó, y todo apareció.

317 **Gal. 4:6** Because you are sons, God has sent the Spirit of His Son into our hearts, crying, "Abba! Father!"

The First Article

Creation

I believe in God, the Father Almighty, Maker of heaven and earth.

What does this mean?

I believe that God has made me and all creatures; that He has given me my body and soul, eyes, ears, and all my members, my reason and all my senses, and still takes care of them.

He also gives me clothing and shoes, food and drink, house and home, wife and children, land, animals, and all I have. He richly and daily provides me with all that I need to support this body and life.

He defends me against all danger and guards and protects me from all evil.

All this He does only out of fatherly, divine goodness and mercy, without any merit or worthiness in me. For all this it is my duty to thank and praise, serve and obey Him. This is most certainly true.

96. ***Why is the First Person of the Trinity called "the Father"?***

A. God is the Father of my Lord Jesus Christ and also my Father through faith in Christ.

318 **Matt. 3:17** A voice from heaven said, "This is My beloved Son, with whom I am well pleased."

319 **John 20:17** I am ascending to My Father and your Father, to My God and your God.

320 **Gal. 3:26** For in Christ Jesus you are all sons of God, through faith.

B. He is also the Father of all people because He created them. Strictly speaking, there is only one human race, because all human beings are equally the children of Adam and Eve and are equally redeemed by Christ.

321 **Mal. 2:10** Have we not all one Father? Has not one God created us?

322 **Acts 17:26** He made from one man every nation of mankind to live on all the face of the earth.

323 **1 Cor. 15:22** As in Adam all die, so also in Christ shall all be made alive.

324 **Eph. 3:14–15** For this reason I bow my knees before the Father, from whom every family in heaven and on earth is named.

Bible narrative: The prodigal son (**Luke 15:11–32**).

God Made Me and All Creatures

97. ***Why is God, the Father Almighty called "Maker of heaven and earth"?***

Because in six days He created all things, out of nothing, simply by His word.

325 **Gen. 1:1** In the beginning, God created the heavens and the earth.

326 **Ps. 33:6, 9** By the word of the Lord the heavens were made, and by the breath of His mouth all their host… . For He spoke, and it came to be; He commanded, and it stood firm.

327 **Heb 11.3** Por la fe entendemos que Dios creó el universo por medio de su palabra, de modo que lo que ahora vemos fue hecho de lo que no se veía.

H.B. **Gn 1-2** La creación.

98. *¿Qué queremos decir por cielo y tierra?*

Cielo y tierra son todas las cosas, visibles e invisibles.

328 **Col 1.16** Por medio de él, Dios creó todo lo que hay en el cielo y en la tierra, tanto lo visible como lo invisible.

Los ángeles

99. *¿Cuáles criaturas invisibles, creadas por Dios, son especialmente importantes para nosotros?*

Los ángeles.

Nota: Ángel significa "mensajero." Dios usó frecuentemente ángeles para anunciar eventos importantes en la historia de la salvación: El nacimiento de Juan el Bautista **Lc 1.1-20**; el nacimiento de Jesús **Lc 1.26-38**; **Mt 1.18-21**; La resurrección de Jesús **Lc 24.4-7**; La ascensión y la segunda venida de Jesucristo **Hch 1.10-11**.

100. *¿Qué nos dice la Biblia acerca de los ángeles?*

A. Son seres espirituales que fueron creados santos.

329 **Gn 1.31** Y vio Dios todo lo que había hecho, y todo ello era bueno en gran manera. Cayó la tarde, y llegó la mañana. Ése fue el día sexto.

B. Algunos ángeles se rebelaron contra Dios. Se los llama diablos o demonios.

330 **2 P 2.4** Es un hecho que Dios no perdonó a los ángeles que pecaron, sino que los arrojó al infierno y los lanzó a oscuras prisiones, donde se les vigila para llevarlos a juicio.

C. Los ángeles buenos son numerosos y muy poderosos. Ellos sirven a Dios y nos ayudan.

331 **Dn 7.10** A su servicio estaba una multitud imposible de ser contada.

332 **Lc 2.13** En ese momento apareció, junto con el ángel, una multitud de las huestes celestiales, que alababan a Dios.

333 **Sal 103.20-21** ¡Bendigan al Señor, ustedes, ángeles poderosos que cumplen sus órdenes y obedecen su voz! ¡Bendigan al Señor todos sus ejércitos, todos ustedes, sus siervos, que cumplen su voluntad!

334 **Sal 91.11-12** El Señor mandará sus ángeles a ti, para que te cuiden en todos tus caminos. Ellos te llevarán en sus brazos, y no tropezarán tus pies con ninguna piedra.

335 **Heb 1.14** ¿Y acaso no son todos ellos espíritus ministradores, enviados para servir a quienes serán los herederos de la salvación?

H.B. **2 R 19.35** Un ángel dio muerte a 185.000 del ejército de Senaquerib.**2 R 6.15-17** Eliseo y su siervo fueron protegidos por las huestes celestiales. **Hch 12.5-11** Un ángel liberó a Pedro.

D. Los ángeles malos son también numerosos y poderosos los cuales, como enemigos declarados de Dios y del hombre, se esfuerzan en destruir la obra de Dios, especialmente la fe en Cristo.

336 **Mc 5.9** Jesús le preguntó: "¿Cómo te llamas?", y él respondió: "Me llamo Legión, porque somos muchos."

327 **Heb. 11:3** By faith we understand that the universe was created by the word of God, so that what is seen was not made out of things that are visible.

Bible narrative: Creation (**Genesis 1–2**).

98. ***What is meant by "heaven and earth"?***

All things visible and invisible.

328 **Col. 1:16** By Him all things were created, in heaven and on earth, visible and invisible.

The Angels

99. ***Which invisible beings created by God are especially important to us?***

The angels.

Note: Angel means "messenger." God frequently used angels to announce important events in the history of salvation: the birth of John the Baptist (**Luke 1:1–20**); the birth of Jesus (**Luke 1:26–38; Matt. 1:18–21**); the resurrection of Jesus (**Luke 24:4–7**); the ascension and second coming of Jesus (**Acts 1:10–11**).

100. ***What else does the Bible tell us about angels?***

A. They are spirit beings who were created holy.

329 **Gen. 1:31** God saw everything that He had made, and behold, it was very good. And there was evening and there was morning, the sixth day.

B. Some angels rebelled against God. They are the devils or demons.

330 **2 Peter 2:4** God did not spare angels when they sinned, but cast them into hell and committed them to chains of gloomy darkness to be kept until the judgment.

C. The good angels are many and powerful. They serve God and help us.

331 **Dan. 7:10** A thousand thousands served Him, and ten thousand times ten thousand stood before Him.

332 **Luke 2:13** Suddenly there was with the angel a multitude of the heavenly host praising God.

333 **Ps. 103:20–21** Bless the Lord, O you His angels, you mighty ones who do His word, obeying the voice of His word! Bless the Lord, all His hosts, His ministers, who do His will.

334 **Ps. 91:11–12** He will command His angels concerning you to guard you in all your ways. On their hands they will bear you up, lest you strike your foot against a stone.

335 **Heb. 1:14** Are they not all ministering spirits sent out to serve for the sake of those who are to inherit salvation?

Bible narrative: One angel put to death 185,000 of Sennacherib's army (**2 Kings 19:35**). Elisha and his servant were protected by the heavenly hosts (**2 Kings 6:15–17**). An angel set Peter free (**Acts 12:5–11**).

D. The evil angels are also many and powerful. They hate God and seek to destroy everything that is good, especially faith in Christ.

336 **Mark 5:9** Jesus asked him, "What is your name?" He replied, "My name is Legion, for we are many."

337 **Ef 6.12** La batalla que libramos no es contra gente de carne y hueso, sino contra principados y potestades, contra los que gobiernan las tinieblas de este mundo, ¡contra huestes espirituales de maldad en las regiones celestes!

338 **Mc 4.15** Algunos son como lo sembrado junto al camino. En ellos se siembra la palabra, pero enseguida, después de oírla, viene Satanás y les arrebata la palabra sembrada en su corazón.

339 **Jn 8.44** Ustedes son de su padre el diablo, y quieren cumplir con los deseos de su padre, quien desde el principio ha sido un homicida. No se mantiene en la verdad, porque no hay verdad en él. Cuando habla mentira, habla de lo que le es propio; porque es mentiroso y padre de la mentira.

340 **1 P 5.8-9** Sean prudentes y manténganse atentos, porque su enemigo es el diablo, y él anda como un león rugiente, buscando a quien devorar. Pero ustedes, manténganse firmes y háganle frente. Sepan que en todo el mundo sus hermanos están enfrentando los mismos sufrimientos.

H.B. **Gn 3.1-5** La serpiente sedujo a los primeros padres. **Job 2** Satanás afligió a Job para destruir su alma.**Mt 4.1-11** El diablo tentó a Jesús.

La humanidad

101. ***¿Qué son los seres humanos?***

Los seres humanos son las más importantes criaturas visibles. Dios creó a Adán y Eva a su propia imagen, y les dio autoridad sobre toda la tierra.

341 **Gn 2.7** Del polvo de la tierra Dios el Señor formó al hombre, e infundió en su nariz aliento de vida. Así el hombre se convirtió en un ser con vida.

342 **Gn 1.26-28** Entonces dijo Dios: "¡Hagamos al hombre a nuestra imagen y semejanza! ¡Que domine en toda la tierra sobre los peces del mar, sobre las aves de los cielos y las bestias, y sobre todo animal que repta sobre la tierra!" Y Dios creó al hombre a su imagen. Lo creó a imagen de Dios. Hombre y mujer los creó. Y los bendijo Dios con estas palabras: "¡Reprodúzcanse, multiplíquense, y llenen la tierra! ¡Domínenla! ¡Sean los señores de los peces del mar, de las aves de los cielos, y de todos los seres que reptan sobre la tierra!"

343 **Mc 10.6** [Jesús les dijo:] "Pero, al principio de la creación, Dios los hizo hombre y mujer."

102. ***¿Por qué decimos "Dios me ha creado"?***

Dios creó al primer hombre y a la primera mujer, y Dios ha creado a cada uno de nosotros.

344 **Gn 1.28** Y los bendijo Dios con estas palabras: "¡Reprodúzcanse, multiplíquense, y llenen la tierra! ¡Domínenla! ¡Sean los señores de los peces del mar, de las aves de los cielos, y de todos los seres que reptan sobre la tierra!"

345 **Sal 139.13** ¡Tú, Señor, diste forma a mis entrañas; tú me formaste en el vientre de mi madre!

346 **Jer 1.5** Antes de que yo te formara en el vientre, te conocí.

337 **Eph. 6:12** For we do not wrestle against flesh and blood, but against the rulers, against the authorities, against the cosmic powers over this present darkness, against the spiritual forces of evil in the heavenly places.

338 **Mark 4:15** And these are the ones along the path, where the word is sown: when they hear, Satan immediately comes and takes away the word that is sown in them.

339 **John 8:44** You are of your father the devil, and your will is to do your father's desires. He was a murderer from the beginning, and has nothing to do with the truth, because there is no truth in him. When he lies, he speaks out of his own character, for he is a liar and the father of lies.

340 **1 Peter 5:8–9** Be sober-minded; be watchful. Your adversary the devil prowls around like a roaring lion, seeking someone to devour. Resist him, firm in your faith, knowing that the same kinds of suffering are being experienced by your brotherhood throughout the world.

Bible narrative: The serpent led Eve into sin (**Gen. 3:1–5**). Satan sought the destruction of Job (**Job 2**). The tempter tried to mislead Jesus (**Matt. 4:1–11**).

Humanity

101. *Who are human beings?*

Human beings are the most important visible creatures. God created Adam and Eve in His own image, with authority over all the earth.

341 **Gen. 2:7** The Lord God formed the man of dust from the ground and breathed into his nostrils the breath of life, and the man became a living creature.

342 **Gen. 1:26–28** God said, "Let Us make man in Our image, after Our likeness. And let them have dominion over the fish of the sea and over the birds of the heavens and over the livestock and over all the earth and over every creeping thing that creeps on the earth." So God created man in His own image, in the image of God He created him; male and female He created them. And God blessed them. And God said to them, "Be fruitful and multiply and fill the earth and subdue it and have dominion over the fish of the sea and over the birds of the heavens and over every living thing that moves on the earth."

343 **Mark 10:6** [Jesus said] "From the beginning of creation, 'God made them male and female.' "

102. *Why do we say, "God has made me"?*

God created the first man and woman, and God has created each one of us.

344 **Gen. 1:28** God blessed them. And God said to them, "Be fruitful and multiply and fill the earth and subdue it and have dominion over the fish of the sea and over the birds of the heavens and over every living thing that moves on the earth."

345 **Ps. 139:13** You formed my inward parts; You knitted me together in my mother's womb.

346 **Jer. 1:5** Before I formed you in the womb I knew you.

103. ***¿Cómo dio Dios vida al hombre y a todas las criaturas?***
Dios creó todos los seres vivientes, plantas y animales de la nada, solamente por su Palabra. Luego creó a la humanidad de una manera especial, del polvo, y le dio su propio aliento como vida.

347 **Gn 2.7** Entonces, del polvo de la tierra Dios el Señor formó al hombre, e infundió en su nariz aliento de vida. Así el hombre se convirtió en un ser con vida.

348 **Sal 139.14** Te alabo porque tus obras son formidables, porque todo lo que haces es maravilloso. ¡De esto estoy plenamente convencido!

104. ***¿Cuál plan usa Dios para la reproducción de los seres vivientes?***
Dios ha creado todos los seres vivientes (animales, plantas y seres humanos) para que se reproduzcan "según su especie". Ellos sólo pueden reproducir seres vivientes como ellos.

349 **Gn 1.21** Dios creó entonces los grandes monstruos marinos, y todo ser vivo que repta y que las aguas produjeron según su género, y todo animal alado según su especie. Y vio Dios que era bueno.

350 **Gn 1.24** Luego dijo Dios: "¡Que produzca la tierra seres vivos según su género; y bestias, serpientes y animales terrestres según su especie!"

105. ***¿Qué decimos los cristianos con respecto a la teoría de la evolución en relación al comienzo del mundo?***
Por fe los cristianos creemos lo que la palabra de Dios enseña con respecto a la creación. La teoría de la evolución no se puede comprobar científicamente.

351 **Heb 11.3** Por la fe entendemos que Dios creó el universo por medio de su palabra, de modo que lo que ahora vemos fue hecho de lo que no se veía.

352 **2 P 3.5-6** Pero con toda intención se olvidan de que, desde la antigüedad, fueron creados los cielos por la palabra de Dios, lo mismo que la tierra, la cual proviene del agua y subsiste por medio del agua. Por eso el mundo de entonces fue destruido por una inundación.

353 **1 Ti 6.20-21** Timoteo, guarda lo que se te ha encomendado. Evita las pláticas profanas acerca de cosas vanas, y los argumentos de la falsamente llamada ciencia, la cual algunos profesaron y se desviaron de la fe.

106. ***¿En qué consistía la imagen divina?***
La imagen de Dios consistía en que:

A. Adán y Eva conocían a Dios como él deseaba ser conocido y eran felices en él.

354 **Col 3.10** [Ustedes] se han revestido de la nueva naturaleza, la naturaleza del nuevo hombre, que se va renovando a imagen del que lo creó hasta el pleno conocimiento.

B. Ellos eran justos y santos, haciendo la voluntad de Dios.

355 **Ef 4.24** Revístanse de la nueva naturaleza, creada en conformidad con Dios en la justicia y santidad de la verdad.

107. ***¿Poseemos todavía esa imagen de Dios?***
No, la imagen de Dios se perdió en la caída en pecado de Adán; su mente y su voluntad perdieron la habilidad de conocer y agradar a Dios; y aun cuando Dios empieza a renovarla en los creyentes, no será restituida plenamente hasta la vida eterna.

103. ***How did God first create life?***

God created all living things, both plant and animal, by His Word alone, from nothing. He created humanity specially, from dust, then gave us His own breath as life.

347 **Gen. 2:7** The Lord God formed the man of dust from the ground and breathed into his nostrils the breath of life, and the man became a living creature.

348 **Ps. 139:14** I praise You, for I am fearfully and wonderfully made. Wonderful are Your works; my soul knows it very well.

104. ***What plan does God use for the reproduction of living things?***

God created living things to reproduce "according to their kinds." Animals, plants, and people can reproduce only living things like themselves.

349 **Gen. 1:21** God created the great sea creatures and every living creature that moves, with which the waters swarm, according to their kinds, and every winged bird according to its kind. And God saw that it was good.

350 **Gen. 1:24** God said, "Let the earth bring forth living creatures according to their kinds—livestock and creeping things and beasts of the earth according to their kinds."

105. ***What is the Christian's proper response to theories of evolution regarding the beginning of the world?***

By faith Christians believe what the Word of God teaches about creation. Evolutionary theories are not scientifically verifiable.

351 **Heb. 11:3** By faith we understand that the universe was created by the word of God, so that what is seen was not made out of things that are visible.

352 **2 Peter 3:5–6** They deliberately overlook this fact, that the heavens existed long ago, and the earth was formed out of water and through water by the word of God, and that by means of these the world that then existed was deluged with water and perished.

353 **1 Tim. 6:20–21** Guard the deposit entrusted to you. Avoid the irreverent babble and contradictions of what is falsely called "knowledge," for by profess-ing it some have swerved from the faith.

106. ***What was the image of God?***

The image of God was this:

A. Adam and Eve truly knew God as He wishes to be known and were perfectly happy in Him.

354 **Col. 3:10** Put on the new self, which is being renewed in knowledge after the image of its creator.

B. They were righteous and holy, doing God's will.

355 **Eph. 4:24** Put on the new self, created after the likeness of God in true righteousness and holiness.

107. ***Do people still have the image of God?***

No, this image was lost when our first parents disobeyed God and fell into sin. Their will and intellect lost the ability to know and please God. In Christians God has begun to rebuild His image, but only in heaven will it be fully restored.

356 **Gn 3.8-10** El hombre y su mujer oyeron la voz de Dios el Señor, que iba y venía por el huerto, con el viento del día; entonces corrieron a esconderse entre los árboles del huerto, para huir de la presencia de Dios el Señor. Pero Dios el Señor llamó al hombre y le dijo: "¿Dónde andas?" Y él respondió: "Oí tu voz en el huerto, y tuve miedo, pues estoy desnudo. Por eso me escondí."

357 **Gn 5.3** Y Adán vivió ciento treinta años, y engendró un hijo a su imagen y semejanza, y le puso por nombre Set.

358 **1 Co 2.14** Pero el hombre natural no percibe las cosas que son del Espíritu de Dios, porque para él son una locura; y tampoco las puede entender, porque tienen que discernirse espiritualmente.

359 **Sal 17.15** A mí me bastará con ver tu rostro de justicia; ¡satisfecho estaré al despertar y contemplarte!

Dios todavía cuida a todas las criaturas

108. ***¿Cómo depende todavía el universo de Dios?***

Dios sostiene todas las cosas por su sabiduría y poder.

360 **Sal 36.6** ¡Tú, Señor, cuidas de hombres y animales!

361 **Sal 147.4** El Señor creó todas la estrellas del cielo, y a cada una le puso nombre.

362 **Heb 1.3** Él es el resplandor de la gloria de Dios. Es la imagen misma de lo que Dios es. Él es quien sustenta todas las cosas con la palabra de su poder.

363 **Col 1.17** Él [Cristo] existía antes de todas las cosas, y por él se mantiene todo en orden.

109. ***¿Por qué hay maldad y sufrimiento en este mundo?***

En este mundo hay maldad y sufrimiento por el pecado. Pero en el sufrimiento, muerte y resurrección de Jesucristo, Dios ha demostrado su poder sobre el pecado y la muerte. Dios en su infinito poder y amor hace que todas las cosas trabajen para el bien de los que lo aman.

364 **Ro 6.23** Porque la paga del pecado es muerte, pero la dádiva de Dios es vida eterna en Cristo Jesús, nuestro Señor.

365 **Ro 8.28** Ahora bien, sabemos que Dios dispone todas las cosas para el bien de los que lo aman, es decir, de los que él ha llamado de acuerdo a su propósito.

366 **Ro 8.37** En todo esto somos más que vencedores por medio de aquel que nos amó.

110. ***¿Qué hace Dios para sostenerte?***

A. Dios me da comida y ropa, familia y hogar, trabajo y entretenimiento, y todo lo que necesito cada día.

367 **Sal 145.15-16** Todos fijan en ti su mirada, y tú les das su comida a su tiempo. Cuando abres tus manos, colmas de bendiciones a todos los seres vivos.

368 **1 P 5.7** Descarguen en él todas sus angustias, porque él tiene cuidado de ustedes.

H.B.**Gn 9.1-3** Dios prometió sostener a Noé y a sus descendientes. **Dt 8.3-4** Dios sostuvo milagrosamente a Israel en el desierto. **1 R 17** Dios proveyó de comida a Elías, la viuda y su hijo. Ver **Salmos 37** y **104**.

B. Dios me protege de todo peligro, y me guarda y preserva de todo mal.

356 **Gen. 3:8–10** They heard the sound of the Lord God walking in the garden in the cool of the day, and the man and his wife hid themselves from the presence of the Lord God among the trees of the garden. But the Lord God called to the man and said to him, "Where are you?" And he said, "I heard the sound of You in the garden, and I was afraid, because I was naked, and I hid myself."

357 **Gen. 5:3** [Adam] fathered a son in his own likeness, after his image.

358 **1 Cor. 2:14** The natural person does not accept the things of the Spirit of God, for they are folly to him, and he is not able to understand them because they are spiritually discerned.

359 **Ps. 17:15** As for me, I shall behold Your face in righteousness; when I awake, I shall be satisfied with Your likeness.

God Still Takes Care of Me and All Creatures

108. ***How does the universe still depend on God?***

God sustains all things by His wisdom and power.

360 **Ps. 36:6** Man and beast You save, O Lord.

361 **Ps. 147:4** He determines the number of the stars; He gives to all of them their names.

362 **Heb. 1:3** He [the Son] is the radiance of the glory of God and the exact imprint of His nature, and He upholds the universe by the word of His power.

363 **Col. 1:17** [Jesus] is before all things, and in Him all things hold together.

109. ***Why are there evil and suffering in this world?***

Evil and suffering are in the world because of sin. But in the suffering, death, and resurrection of Jesus Christ, God has demonstrated His power over sin and death. God in His almighty power and love causes all things to work together for good to those who love Him.

364 **Rom. 6:23** The wages of sin is death, but the free gift of God is eternal life in Christ Jesus our Lord.

365 **Rom. 8:28** And we know that for those who love God all things work together for good, for those who are called according to His purpose.

366 **Rom. 8:37** In all these things we are more than conquerors through Him who loved us.

110. ***What does God do to take care of me?***

A. He gives me food and clothing, home and family, work and play, and all that I need from day to day.

367 **Ps. 145:15–16** The eyes of all look to You, and You give them their food in due season. You open Your hand; You satisfy the desire of every living thing.

368 **1 Peter 5:7** Casting all your anxieties on Him, because He cares for you.

Bible narrative: God took care of Noah and his descendants (**Gen. 9:1–3**). God took care of Israel in the wilderness (**Deut. 8:3–4**). God took care of Elijah, the widow, and her son during the famine (**1 Kings 17**). See **Psalms 37** and **104**.

B. "He defends me against all danger and guards and protects me from all evil."

369 **Gn 50.20** Ustedes pensaron hacerme mal, pero Dios cambió todo para bien, para hacer lo que hoy vemos, que es darle vida a mucha gente.

370 **Sal 31.15** Mi vida está en tus manos.

371 **Mt 10.29-30** ¿Acaso no se venden dos pajarillos por unas cuantas monedas? Aun así, ni uno de ellos cae a tierra sin que el Padre de ustedes lo permita, pues aun los cabellos de ustedes están todos contados.

H.B. **Gn 19** Dios salvó a Lot de la destrucción de Sodoma. **Ex 13.14** Dios libró a Israel de la esclavitud y los guió y protegió en su camino. Ver también **Salmos 37** y **73**.

111. ***¿Por qué hace Dios todo esto por ti?***

Todo esto lo hace por su bondad y misericordia divina y paternal, sin que yo lo merezca, ni sea digno de ello.

372 **Gn 32.10** Yo soy menor que todas las misericordias y que toda la verdad con que has tratado a este siervo tuyo.

373 **Sal 103.13** El Señor se compadece de los que le honran con la misma compasión del padre por sus hijos.

H.B. **Lc 7.6-7** El oficial romano confesó no ser digno de la bondad de Dios.

112. ***¿Qué debes a tu Padre celestial por todo esto?***

Es nuestro deber:

A. Darle gracias y alabarle, servirle y obedecerle.

374 **Sal 116.12** ¿Cómo podré pagar al Señor todo el bien que me ha hecho?

375 **Sal 118.1** Den gracias al Señor, porque él es bueno, porque su amor es eterno.

B. Cuidar y ser buenos administradores de su creación.

376 **Gn 2.15** Dios el Señor puso al hombre en el jardín de Edén para que lo cultivara y lo cuidara.

Nota: Somos buenos administradores cuando no contaminamos el aire, el suelo y el agua; cuando cuidadosamente nos despojamos de los desperdicios; cuando usamos y no malgastamos nuestros recursos naturales; cuando conservamos y no malgastamos energía; reciclamos y volvemos a usar materiales cada vez que esto sea posible y valoramos y cuidamos de toda la creación de Dios.

113. ***¿Por qué concluimos la explicación del primer artículo con las palabras: "Esto es con toda certeza la verdad"?***

Todo lo que confieso en este artículo está enseñado en forma sencilla en la Sagrada Escritura, por lo tanto lo creo firmemente.

369 **Gen. 50:20** You meant evil against me, but God meant it for good, to bring it about that many people should be kept alive, as they are today.

370 **Ps. 31:15** My times are in Your hand.

371 **Matt. 10:29–30** Are not two sparrows sold for a penny? And not one of them will fall to the ground apart from your Father. But even the hairs of your head are all numbered.

Bible narrative: God directed Lot to flee to the mountains before the destruction of Sodom (**Genesis 19**). God delivered Israel from slavery and guided and protected them on their way (**Ex. 13:14**). See also **Psalms 37** and **73**.

111. ***Why does God do this for us?***

"All this He does only out of fatherly, divine goodness and mercy, without any merit or worthiness in me."

372 **Gen. 32:10** I am not worthy of the least of all the deeds of steadfast love and all the faithfulness that You have shown to Your servant.

373 **Ps. 103:13** As a father shows compassion to his children, so the Lord shows compassion to those who fear Him.

Bible narrative: The centurion of Capernaum confessed that he did not deserve to have the Lord come under his roof (**Luke 7:6–7**).

112. ***What do we owe our heavenly Father for all His goodness?***

It is our duty to

A. "Thank and praise, serve and obey Him";

374 **Ps. 116:12** What shall I render to the Lord for all His benefits to me?

375 **Ps. 118:1** Give thanks to the Lord, for He is good; for His steadfast love endures forever.

B. be good stewards of His creation.

376 **Gen. 2:15** The Lord God took the man and put him in the garden of Eden to work it and keep it.

Note: We are good stewards when we avoid polluting air, land, and water; carefully dispose of waste; use rather than waste natural resources; conserve rather than waste energy; recycle or reuse materials whenever possible; and value and take care of all God's creation.

113. ***Why do we close the explanation of the First Article with the words "This is most certainly true"?***

Everything I confess in this article is plainly taught in God's Word, Holy Scripture. Therefore, I firmly believe it.

El Segundo Artículo

La redención

[Creo] en Jesucristo, su único Hijo, nuestro Señor; que fue concebido por obra del Espíritu Santo, nació de la virgen María; padeció bajo el poder de Poncio Pilatos, fue crucificado, muerto y sepultado; descendió a los infiernos; al tercer día resucitó de entre los muertos; subió a los cielos y está sentado a la diestra de Dios Padre todopoderoso; y desde allí ha de venir a juzgar a los vivos y a los muertos.

¿Qué quiere decir esto?

Creo que Jesucristo, verdadero Dios, engendrado del Padre en la eternidad, y también verdadero hombre, nacido de la virgen María, es mi Señor, que me ha redimido a mí, hombre perdido y condenado, y me ha rescatado y librado de todos mis pecados, de la muerte y del poder del diablo, no con oro o plata, sino con su santa y preciosa sangre y con su inocente pasión y muerte; y todo esto lo hizo para que yo sea suyo y viva bajo él en su reino, y le sirva en justicia, inocencia y bienaventuranza eternas, así como él resucitó de la muerte y vive y reina eternamente. Esto es con toda certeza la verdad.

Los nombres Jesús y Cristo

114. *¿De quién trata el segundo artículo?*

El segundo artículo trata de Jesucristo, su persona y su obra.

115. *¿Por qué se le llama Jesús?*

El nombre Jesús significa: "el Señor salva." Jesús es su nombre personal.

377 **Mt 1.21** María tendrá un hijo, a quien pondrás por nombre JESÚS, porque él salvará a su pueblo de sus pecados.

378 **Jn 4.42** Sabemos, que éste es verdaderamente el Salvador del mundo.

379 **Hch 4.12** En ningún otro hay salvación, porque no se ha dado a la humanidad ningún otro nombre bajo el cielo mediante el cual podamos alcanzar la salvación.

116. *¿Por qué se le llama Cristo?*

El título Cristo (griego) o Mesías (hebreo) significa "el ungido". Jesús fue ungido con el Espíritu Santo sin medida, para ser nuestro profeta, sacerdote y rey.

Nota: El ungimiento era el ritual que se usaba para apartar a profetas, sacerdotes y reyes para una tarea especial.

380 **Sal 45.7** Porque amas la justicia y odias la maldad, Dios, tu Dios, te ha ungido como rey; ha derramado en ti el perfume de alegría; ¡te eligió a ti, y no a tus compañeros!

381 **Jn 3.34** Porque el enviado de Dios habla las palabras de Dios; pues Dios no da el Espíritu por medida.

382 **Hch 10.38** Dios ungió a Jesús de Nazaret con el Espíritu Santo y con poder.

Nota: Los siguientes son otros nombres con los cuales también se conoce a Jesucristo: Ángel de Dios **Ex 14.19**; Redentor **Is 59.20**; Emanuel **Mt 1.23**; Hijo del Dios viviente **Mt 16.16**; Hijo del hombre **Mt 25.31**; el Verbo **Jn 1.14**; Señor **Jn 20.28** Sus nombres son, dicho simplemente, el evangelio.

The Second Article

Redemption

[I believe] in Jesus Christ, His only Son, our Lord, who was conceived by the Holy Spirit, born of the Virgin Mary, suffered under Pontius Pilate, was crucified, died and was buried. He descended into hell. The third day He rose again from the dead. He ascended into heaven and sits at the right hand of God, the Father Almighty. From thence He will come to judge the living and the dead.

What does this mean?

I believe that Jesus Christ, true God, begotten of the Father from eternity, and also true man, born of the Virgin Mary, is my Lord, who has redeemed me, a lost and condemned person, purchased and won me from all sins, from death, and from the power of the devil; not with gold or silver, but with His holy, precious blood and with His innocent suffering and death, that I may be His own and live under Him in His kingdom and serve Him in everlasting righteousness, innocence, and blessedness, just as He is risen from the dead, lives and reigns to all eternity. This is most certainly true.

The Names Jesus and Christ

114. *Of whom does this article speak?*

It speaks about Jesus Christ—His person and His work.

115. *Why is He named Jesus?*

The name Jesus means "the Lord saves." Jesus is His personal name.

377 **Matt. 1:21** She will bear a son, and you shall call His name Jesus, for He will save His people from their sins.

378 **John 4:42** We know that this is indeed the Savior of the world.

379 **Acts 4:12** And there is salvation in no one else, for there is no other name under heaven given among men by which we must be saved.

116. *Why is He called Christ?*

The title Christ (Greek) or Messiah (Hebrew) means "the Anointed." Jesus has been anointed with the Holy Spirit without limit to be our Prophet, Priest, and King.

Note: Anointing was the way prophets, priests, and kings were set apart for special work.

380 **Ps. 45:7** God, your God, has anointed you with the oil of gladness beyond your companions.

381 **John 3:34** For He whom God has sent utters the words of God, for He gives the Spirit without measure.

382 **Acts 10:38** God anointed Jesus of Nazareth with the Holy Spirit and with power.

Note: The following are other titles for Jesus: Angel of God (**Ex. 14:19**); Redeemer (**Is. 59:20**); Immanuel (**Matt. 1:23**); Son of the living God (**Matt. 16:16**); Son of Man (**Matt. 25:31**); the Word (**John 1:14**); Lord (**John 20:28**). His names are the Gospel simply stated.

117. ***¿Qué significa tu confesión "Creo en Jesucristo"?***
Significa que acepto y confío en Jesucristo como a mi único Salvador del pecado, la muerte y el diablo y que creo que él me da la vida eterna.
383 **Jn 17.3** Y ésta es la vida eterna: que te conozcan a ti, el único Dios verdadero, y a Jesucristo, a quien has enviado.
384 **Jn 3.36** El que cree en el Hijo tiene vida eterna, pero el que se niega a creer en el Hijo no verá la vida, sino que la ira de Dios recae sobre él.
385 **2 Ti 1.12** Sé a quién he creído, y estoy seguro de que él es poderoso para guardar mi depósito para aquel día.
386 **Ro 10.10** Porque con el corazón se cree para alcanzar la justicia, pero con la boca se confiesa para alcanzar la salvación.

Las dos naturalezas de Jesucristo

118. ***¿Quién es Jesucristo?***
Jesucristo es verdadero Dios, engendrado del Padre en la eternidad, y también verdadero hombre, nacido de la virgen María.
119. ***¿Por qué creemos que Jesucristo es verdadero Dios?***
Las Sagradas Escrituras claramente lo llaman Dios y enseñan que:
A. Jesús tiene nombres divinos.
387 **Jn 20.28** Tomás entonces respondió y le dijo: "¡Señor mío, y Dios mío!"
388 **Ro 9.5** De ellos son los patriarcas, y de ellos, desde el punto de vista humano, vino Cristo, el cual es Dios sobre todas las cosas. ¡Bendito sea por siempre! Amén.
389 **1 Jn 5.20** Éste es el verdadero, Dios y la vida eterna.
Nota: Éstos no son simplemente títulos honorarios, sino muestran exactamente quien es Jesús, y pueden ser verdaderos sólo de Dios.
B. Jesús posee atributos divinos (cualidades o características). Él es
1. eterno (sin principio ni fin);
390 **Jn 1.1-2** En el principio ya existía la Palabra. La Palabra estaba con Dios, y Dios mismo era la Palabra. La Palabra estaba en el principio con Dios.
2. inmutable (no cambia);
391 **Heb 13.8** Jesucristo es el mismo ayer, hoy, y por los siglos.
3. todopoderoso (omnipotente);
392 **Mt 28.18** Toda autoridad me ha sido dada en el cielo y en la tierra.
4. todo lo sabe (omnisciente);
393 **Jn 21.17** Señor, tú lo sabes todo.
5. presente en todo lugar (omnipresente);
394 **Mt 28.20** Yo estaré con ustedes todos los días, hasta el fin del mundo.
H.B. **Lc 5.4-6; Jn 21.6** La pesca milagrosa.**Jn 1.48** Jesús conoce el nombre y el carácter de Natanael. **Jn 4.17-18** Jesús y la mujer junto al pozo de Jacob.
Nota: Ver **Mt 21.1-7; 26.20-25; Lc 18.31-33; 22.8-13.**
C. Jesús hace obras divinas (que solamente Dios puede hacer).
1. Él perdona.
395 **Mt 9.6** El Hijo del hombre tiene autoridad en la tierra para perdonar pecados.
2. Él creó todas las cosas.

117. ***What does it mean when you confess, "I believe in Jesus Christ"?***
It means that I know and trust in Jesus Christ as my only Savior from sin, death, and the devil and believe that He gives me eternal life.

383 John 17:3 This is eternal life, that they know You the only true God, and Jesus Christ whom You have sent.

384 John 3:36 Whoever believes in the Son has eternal life; whoever does not obey the Son shall not see life, but the wrath of God remains on him.

385 2 Tim. 1:12 I know whom I have believed, and I am convinced that He is able to guard until that Day what has been entrusted to me.

386 Rom. 10:10 For with the heart one believes and is justified, and with the mouth one confesses and is saved.

The Two Natures of Jesus Christ

118. ***Who is Jesus Christ?***
Jesus Christ is "true God, begotten of the Father from eternity, and also true man, born of the Virgin Mary."

119. ***How do you know that Jesus Christ is true God?***
Because the Scriptures clearly call Him God, teaching the following:

A. Jesus has divine names.

387 John 20:28 Thomas answered Him, "My Lord and my God!"

388 Rom. 9:5 From their race, according to the flesh, is the Christ who is God over all, blessed forever.

389 1 John 5:20 He is the true God and eternal life.

Note: These names are not mere honorary titles but tell exactly who Jesus is, and they can be true only of God.

B. Jesus possesses divine attributes (qualities or characteristics). He is

1. eternal (without beginning and without end);

390 John 1:1–2 In the beginning was the Word, and the Word was with God, and the Word was God. He was in the beginning with God.

2. unchangeable;

391 Heb. 13:8 Jesus Christ is the same yesterday and today and forever.

3. almighty (omnipotent);

392 Matt. 28:18 All authority in heaven and on earth has been given to Me.

4. all-knowing (omniscient);

393 John 21:17 Lord, You know everything.

5. present everywhere (omnipresent).

394 Matt. 28:20 Behold, I am with you always, to the end of the age.

Bible narrative: Miraculous catch of fish (**Luke 5:4–6**; **John 21:6**). Jesus knows the name and character of Nathanael (**John 1:48**). Jesus and the woman at Jacob's well (**John 4:17–18**).

Note: See also **Matt. 21:1–7**; **26:20–25**; **Luke 18:31–33**; **22:8–13**.

C. Jesus does divine works (which only God can do).

1. He forgives.

395 Matt. 9:6 The Son of Man has authority on earth to forgive sins.

2. He created.

396 **Jn 1.3** Por ella (la Palabra) fueron hechas todas las cosas. Sin ella nada fue hecho de lo que ha sido hecho.

3. Él juzgará.

397 **Jn 5.27** [El Padre] le dio autoridad de hacer juicio.

4. Él preserva todas las cosas.

398 **Heb 1.3** Él es quien sustenta todas las cosas con la palabra de su poder.

H.B. **Jn 2.1-11** En las bodas de Caná Jesús reveló su gloria convirtiendo el agua en vino. **Lc 8.22-25** Jesús calmó la tempestad con una sola palabra. **Mt 9.1-8** Jesús sanó al paralítico y le perdonó los pecados. **Jn 11.38-44** Jesús resucitó a Lázaro. **Mt 28.6-7** Jesús resucitó de la muerte.

D. Jesús recibe honor y gloria divinas.

399 **Jn 5.22-23** El Padre no juzga a nadie, sino que todo el juicio se lo ha dado al Hijo, para que todos honren al Hijo tal y como honran al Padre. El que no honra al Hijo, no honra al Padre que lo envió.

400 **Heb 1.6** Que lo adoren todos los ángeles de Dios.

Nota: Ver **Fil 2.10**; **Ap 5.12-13**.

120. ***¿Por qué creemos que Jesucristo es también verdadero hombre?***

Porque las Sagradas Escrituras:

A. expresamente llaman a Jesucristo hombre;

401 **1 Ti 2.5** Hay un solo Dios, y un solo mediador entre Dios y los hombres, que es Jesucristo hombre.

B. le atribuyen cuerpo y alma;

402 **Lc 24.39** ¡Miren mis manos y mis pies! ¡Soy yo! Tóquenme y véanme: un espíritu no tiene carne ni huesos, como pueden ver que los tengo yo.

403 **Mt 26.38** Siento en el alma una tristeza de muerte.

C. habla de sus emociones y acciones humanas pero sin pecado.

404 **Mt 4.2** Tuvo hambre.

405 **Jn 11.35** Jesús lloró.

406 **Jn 19.28** Tengo sed.

407 **Heb 4.14-16** Por lo tanto, y ya que en Jesús, el Hijo de Dios, tenemos un gran sumo sacerdote que traspasó los cielos, retengamos nuestra profesión de fe. Porque no tenemos un sumo sacerdote que no pueda compadecerse de nuestras debilidades, sino uno que fue tentado en todo de la misma manera que nosotros, aunque sin pecado. Por tanto, acerquémonos confiadamente al trono de la gracia, para alcanzar misericordia y hallar gracia para cuando necesitemos ayuda.

H.B. **Mt 26-27** Jesús sufrió y murió. **Mc 4.38** Jesús durmió. **Lc 2** Jesús nació.

121. ***¿Qué dos naturalezas están, pues, unidas en la persona de Cristo?***

Las naturalezas divina y humana están unidas en Cristo Jesús. Esta unión personal comenzó cuando él se hizo hombre (la encarnación) y continúa para siempre.

408 **Jn 1.14** Y la Palabra se hizo carne, y habitó entre nosotros, y vimos su gloria (la gloria que corresponde al unigénito del Padre), llena de gracia y de verdad.

409 **1 Ti 3.16** Indiscutiblemente, el misterio de la piedad es grande: Dios fue manifestado en carne.

410 **Col 2.9** Porque en él habita corporalmente toda la plenitud de la Deidad.

396 **John 1:3** All things were made through Him, and without Him was not any thing made that was made.

3. He will judge.

397 **John 5:27** [The Father] has given Him authority to execute judgment.

4. He preserves.

398 **Heb. 1:3** He upholds the universe by the word of His power.

Bible narrative: At the wedding feast in Cana, Jesus revealed His glory by turning water into wine (**John 2:1–11**). He rebuked the storm (**Luke 8:22–25**). He healed the paralytic (**Matt. 9:1–8**). He called Lazarus back to life (**John 11:38–44**). He rose from the dead (**Matt. 28:6–7**).

D. Jesus receives divine honor and glory.

399 **John 5:22–23** The Father judges no one, but has given all judgment to the Son, that all may honor the Son, just as they honor the Father. Whoever does not honor the Son does not honor the Father who sent Him.

400 **Heb. 1:6** Let all God's angels worship Him.

Note: See **Phil. 2:10**; **Rev. 5:12–13.**

120. *How do you know that Jesus Christ is also true man?*

Because the Scriptures

A. clearly call Him man;

401 **1 Tim. 2:5** There is one God, and there is one mediator between God and men, the man Christ Jesus.

B. say that He has a human body and soul;

402 **Luke 24:39** See My hands and My feet, that it is I Myself. Touch Me, and see. For a spirit does not have flesh and bones as you see that I have.

403 **Matt. 26:38** My soul is very sorrowful, even to death.

C. speak of His human, but sinless, feelings and actions.

404 **Matt. 4:2** He was hungry.

405 **John 11:35** Jesus wept.

406 **John 19:28** Jesus ... said, "I thirst."

407 **Heb. 4:14–16** Since then we have a great high priest who has passed through the heavens, Jesus, the Son of God, let us hold fast our confession. For we do not have a high priest who is unable to sympathize with our weaknesses, but one who in every respect has been tempted as we are, yet without sin. Let us then with confidence draw near to the throne of grace, that we may receive mercy and find grace to help in time of need.

Bible narrative: Jesus suffered and died (**Matthew 26–27**). Jesus slept (**Mark 4:38**). Jesus was born (**Luke 2**).

121. *What two natures, therefore, are united in the one person of Jesus Christ?*

The divine and the human natures are united in Jesus Christ. This personal union began when He became man (incarnation) and continues forever.

408 **John 1:14** The Word became flesh and dwelt among us, and we have seen His glory, glory as of the only Son from the Father, full of grace and truth.

409 **1 Tim. 3:16** Great indeed, we confess, is the mystery of godliness: He was manifested in the flesh.

410 **Col. 2:9** For in Him the whole fullness of deity dwells bodily.

411 **Is 9.6** Porque un niño nos ha nacido, ¡un hijo nos ha sido concedido! Sobre sus hombros llevará el principado, y su nombre será "Consejero admirable", "Dios fuerte", "Padre Eterno" y "Príncipe de paz".

412 **Mt 28.18** Toda autoridad me ha sido dada en el cielo y en la tierra.

413 **Mt 28.20** Yo estaré con ustedes todos los días, hasta el fin del mundo.

414 **Hch 3.15** Mataron al Autor de la vida.

415 **1 Jn 1.7** La sangre de Jesús, su Hijo, nos limpia de todo pecado.

416 **Hch 20.28** El Espíritu Santo los ha puesto como obispos, para que cuiden de la iglesia del Señor, que el ganó por su propia sangre.

122. *¿Por qué era necesario que nuestro Salvador fuera verdadero hombre?*

Cristo tenía que ser verdadero hombre para

A. como nuestro sustituto, poder cumplir la ley de Dios en lugar nuestro (obediencia activa);

417 **Gl 4.4-5** Pero cuando se cumplió el tiempo señalado, Dios envió a su Hijo, que nació de una mujer y sujeto a la ley, para que redimiera a los que estaban sujetos a la ley, a fin de que recibiéramos la adopción de hijos.

418 **Ro 5.19** Porque así como por la desobediencia de un solo hombre muchos fueron constituidos pecadores, así también por la obediencia de uno solo muchos serán constituidos justos.

B. poder sufrir y morir por nuestra culpa porque no habíamos cumplido la ley (obediencia pasiva).

419 **Col 1.21-22** [Dios] Los ha reconciliado completamente en su cuerpo físico, por medio de la muerte, para presentárselos a sí mismo santos, sin mancha e irreprensibles.

420 **Heb 2.14** Así como los hijos eran de carne y hueso, también él era de carne y hueso, para que por medio de la muerte destruyera al que tenía el dominio sobre la muerte, es decir, al diablo.

123. *¿Por qué era necesario que nuestro Salvador fuera verdadero Dios?*

Nuestro Salvador necesitaba ser verdadero Dios para

A. poder rescatar a toda la humanidad por medio del cumplimiento de la ley, su vida, sufrimiento, muerte y resurrección;

421 **Sal 49.7** ¡Ninguno de ellos puede salvar a su hermano, ni dar nada a Dios a cambio de su vida!

422 **Mc 10.45** Porque ni siquiera el Hijo del Hombre vino para ser servido, sino para servir y para dar su vida en rescate por muchos.

423 **Ro 3.23-24** Todos pecaron y están destituidos de la gloria de Dios; pero son justificados gratuitamente por su gracia, mediante la redención que proveyó Cristo Jesús.

424 **Gl 3.13** Cristo nos redimió de la maldición de la ley, y por nosotros se hizo maldición.

425 **Gl 4.4-5** Cuando se cumplió el tiempo señalado, Dios envió a su Hijo, que nació de una mujer y sujeto a la ley, para que redimiera a los que estaban sujetos a la ley, a fin de que recibiéramos la adopción de hijos.

411 **Is. 9:6** To us a child is born, to us a son is given; and the government shall be upon His shoulder, and His name shall be called Wonderful Counselor, Mighty God, Everlasting Father, Prince of Peace.

412 **Matt. 28:18** All authority in heaven and on earth has been given to Me.

413 **Matt. 28:20** I am with you always, to the end of the age.

414 **Acts 3:15** You killed the Author of life.

415 **1 John 1:7** The blood of Jesus His Son cleanses us from all sin.

416 **Acts 20:28** The Holy Spirit has made you overseers, to care for church of God, which He obtained with His own blood.

122. ***Why was it necessary for our Savior to be true man?***

Christ had to be true man in order to

A. act in our place under the Law and fulfill it for us (active obedience);

417 **Gal. 4:4–5** When the fullness of time had come, God sent forth His Son, born of woman, born under the law, to redeem those who were under the law, so that we might receive adoption as sons.

418 **Rom. 5:19** For as by the one man's disobedience the many were made sinners, so by the one man's obedience the many will be made righteous.

B. be able to suffer and die for our guilt because we failed to keep the Law (passive obedience).

419 **Col. 1:22** He has now reconciled [you] in his body of flesh by His death, in order to present you holy and blameless and above reproach before Him.

420 **Heb. 2:14** Since therefore the children share in flesh and blood, He Himself likewise partook of the same things, that through death He might destroy the one who has the power of death, that is, the devil.

123. ***Why was it necessary for our Savior to be true God?***

Christ had to be true God in order that

A. His fulfilling of the Law, His life, suffering, and death, might be a sufficient ransom for all people;

421 **Ps. 49:7** No man can ransom another, or give to God the price of his life.

422 **Mark 10:45** The Son of Man came not to be served but to serve, and to give His life as a ransom for many.

423 **Rom. 3:22–24** For there is no distinction: for all have sinned and fall short of the glory of God, and are justified by His grace as a gift, through the redemption that is in Christ Jesus.

424 **Gal. 3:13** Christ redeemed us from the curse of the law by becoming a curse for us.

425 **Gal. 4:4–5** When the fullness of time had come, God sent forth His Son, born of woman, born under the law, to redeem those who were under the law, so that we might receive adoption as sons.

426 **1 P 1.18-19** Ustedes saben que fueron rescatados de una vida sin sentido, la cual heredaron de sus padres; y que ese rescate no se pagó con cosas corruptibles, como el oro y la plata, sino con la sangre preciosa de Cristo, sin mancha y sin contaminación, como la de un cordero.

B. poder vencer por nosotros a la muerte y al diablo.

427 **1 Co 15.57** ¡Pero gracias sean dadas a Dios, de que nos da la victoria por medio de nuestro Señor Jesucristo!

428 **2 Ti 1.10** Nuestro Salvador Jesucristo... quitó la muerte.

429 **Heb 2.14** Así como los hijos eran de carne y hueso, también él era de carne y hueso, para que por medio de la muerte destruyera al que tenía el dominio sobre la muerte, es decir, al diablo.

124. ***¿Qué confesamos entonces acerca de Jesucristo, el Dios-hombre?***

Creo que Jesucristo es mi Señor y Redentor, al cual amo y sirvo con mi vida entera.

430 **1 Co 6.20** El precio de ustedes ya ha sido pagado. Por lo tanto, den gloria a Dios.

H.B. **Jn 20.24-29** La confesión de Tomás.

El oficio de Cristo

125. ***¿Para qué triple oficio fue ungido Cristo?***

Cristo fue ungido para ser nuestro profeta, sacerdote, y rey.

A. Como profeta, Cristo,

1. durante su vida en la tierra predicó personalmente y verificó su palabra por medio de milagros y en especial por medio de su resurrección.

431 **Dt 18.15** El Señor tu Dios hará que surja en medio de ti, de entre tus hermanos, un profeta como yo. A él deberán escuchar.

432 **Mt 17.5** Éste es mi Hijo amado, en quien me complazco. ¡Escúchenlo!

433 **Mc 1.38** Vayamos a las aldeas vecinas, para que también allí predique, porque para esto he venido.

434 **Jn 1.17-18** La ley fue dada por medio de Moisés, pero la gracia y la verdad vinieron

por medio de Jesucristo. A Dios nadie lo vio jamás; quien lo ha dado a conocer es el Hijo unigénito, que está en el seno del Padre.

435 **Jn 6.68** Simón Pedro le respondió: "Señor, ¿a quién iremos? Tú tienes palabras de vida eterna."

2. por medio de la predicación del evangelio, aún hoy en día, se proclama a sí mismo, como el Hijo de Dios y el Redentor del mundo.

436 **Mc 16.15** Y les dijo: "Vayan por todo el mundo y prediquen el evangelio a toda criatura."

437 **Lc 10.16** El que los escucha a ustedes, me escucha a mí. El que los rechaza a ustedes, me rechaza a mí; y el que me rechaza a mí, rechaza al que me envió.

438 **2 Co 5.20** Así que somos embajadores en nombre de Cristo, y como si Dios les rogara a ustedes por medio de nosotros, en nombre de Cristo les rogamos: "Reconcíliense con Dios".

B. Como sacerdote, Cristo,

1. cumplió perfectamente la ley en nuestro lugar (obediencia activa);

426 **1 Peter 1:18–19** Knowing that you were ransomed from the futile ways inherited from your forefathers, not with perishable things such as silver or gold, but with the precious blood of Christ, like that of a lamb without blemish or spot.

B. He might be able to overcome death and the devil for us.

427 **1 Cor. 15:57** Thanks be to God, who gives us the victory through our Lord Jesus Christ.

428 **2 Tim. 1:10** Our Savior Christ Jesus ... [has] abolished death.

429 **Heb. 2:14** Since therefore the children share in flesh and blood, He Himself likewise partook of the same things, that through death He might destroy the one who has the power of death, that is, the devil.

124. ***What do you therefore confess about Jesus Christ, the God-man?***

I believe that Jesus Christ is my Lord and my Redeemer, whom I love and serve with my whole life.

430 **1 Cor. 6:20** You were bought with a price. So glorify God in your body.

Bible narrative: Thomas's confession (**John 20:24–29**).

The Office of Christ

125. ***For what threefold office was Christ anointed?***

Christ was anointed to be our Prophet, Priest, and King.

A. As Prophet, Christ

1. preached personally during His life on earth, validating His word with miracles, especially His own resurrection;

431 **Deut. 18:15** The Lord your God will raise up for you a prophet like me from among you, from your brothers—it is to Him you shall listen.

432 **Matt. 17:5** "This is My beloved Son, with whom I am well pleased; listen to Him."

433 **Mark 1:38** Let us go on to the next towns, that I may preach there also, for that is why I came out.

434 **John 1:17–18** The law was given through Moses; grace and truth came through Jesus Christ. No one has ever seen God; the only God, who is at the Father's side, He has made Him known.

435 **John 6:68** Simon Peter answered Him, "Lord, to whom shall we go? You have the words of eternal life."

2. through the preached Gospel today still proclaims Himself to be the Son of God and Redeemer of the world.

436 **Mark 16:15** He said to them, "Go into all the world and proclaim the gospel to the whole creation."

437 **Luke 10:16** The one who hears you hears Me, and the one who rejects you rejects Me, and the one who rejects Me rejects Him who sent Me.

438 **2 Cor. 5:20** Therefore, we are ambassadors for Christ, God making His appeal through us. We implore you on behalf of Christ, be reconciled to God.

B. As Priest, Christ

1. fulfilled the Law perfectly in our stead (active obedience);

439 **Gl 4.4-5** Cuando se cumplió el tiempo señalado, Dios envió a su Hijo, que nació de una mujer y sujeto a la ley, para que redimiera a los que estaban sujetos a la ley, a fin de que recibiéramos la adopción de hijos.

2. se sacrificó a sí mismo por nuestros pecados (obediencia pasiva);

440 **1 Co 15.3** Conforme a las Escrituras, Cristo murió por nuestros pecados.

441 **Heb 7.26-27** Jesús es el sumo sacerdote que necesitábamos tener: santo, inocente, sin mancha, apartado de los pecadores, y exaltado por encima de los cielos. No es como los otros sumos sacerdotes, que diariamente tienen que ofrecer sacrificios, primero por sus propios pecados y luego por los del pueblo. Jesús hizo esto una sola vez y para siempre, cuando se ofreció a sí mismo.

442 **1 Jn 2.2** Y él es la propiciación por nuestros pecados; y no solamente por los nuestros, sino también por los de todo el mundo.

3. y aún está intercediendo continuamente por todos nosotros ante el Padre celestial.

443 **1 Jn 2.1** Si alguno ha pecado, tenemos un abogado ante el Padre, a Jesucristo el justo.

C. Como rey, Cristo,

1. reina poderosamente sobre toda la creación (el reino de poder—todas las criaturas);

444 **Mt 28.18** Toda autoridad me ha sido dada en el cielo y en la tierra.

2. gobierna y protege especialmente su iglesia (el reino de gracia—la iglesia en la tierra);

445 **Jn 18.36-37** Respondió Jesús: "Mi reino no es de este mundo. Si mi reino fuera de este mundo, mis servidores lucharían para que yo no fuera entregado a los judíos. Pero mi reino no es de aquí." Le dijo entonces Pilato: "¿Así que tú eres rey?" Respondió Jesús: "Tú dices que yo soy rey. Yo para esto he nacido, y para esto he venido al mundo: para dar testimonio de la verdad. Todo aquel que es de la verdad, oye mi voz."

3. finalmente lleva su iglesia a la gloria en el cielo (el reino de gloria—la iglesia en el cielo).

446 **2 Ti 4.18** Y el Señor me librará de toda obra mala, y me preservará para su reino celestial. A él sea la gloria por los siglos de los siglos. Amén.

El Salvador en el estado de humillación

126. ***¿Qué dos estados distinguen las Escrituras en la obra salvadora de Cristo?***

A. El estado de humillación

B. El estado de exaltación

127. ***¿En qué consiste el estado de humillación?***

En su estado de humillación, Cristo, como hombre, no usó siempre ni completamente, sus poderes divinos.

439 **Gal. 4:4–5** When the fullness of time had come, God sent forth His Son, born of woman, born under the law, to redeem those who were under the law, so that we might receive adoption as sons.

2. sacrificed Himself for our sins (passive obedience);

440 **1 Cor. 15:3** Christ died for our sins in accordance with the Scriptures.

441 **Heb. 7:26–27** For it was indeed fitting that we should have such a high priest, holy, innocent, un-stained, separated from sinners, and exalted above the heavens. He has no need, like those high priests, to offer sacrifices daily, first for His own sins and then for those of the people, since He did this once for all when He offered up Himself.

442 **1 John 2:2** He is the propitiation for our sins, and not for ours only but also for the sins of the whole world.

3. still pleads for us with His heavenly Father (intercession).

443 **1 John 2:1** We have an advocate with the Father, Jesus Christ the righteous.

C. As King, Christ

1. rules with His almighty power over all creation (the kingdom of power—all creatures);

444 **Matt. 28:18** All authority in heaven and on earth has been given to Me.

2. governs and protects especially His church (the kingdom of grace—the church on earth);

445 **John 18:36–37** Jesus answered, "My kingdom is not of this world. If my kingdom were of this world, My servants would have been fighting, that I might not be delivered over to the Jews. But My kingdom is not from the world." Then Pilate said to Him, "So you are a king?" Jesus answered, "You say that I am a king. For this purpose I was born and for this purpose I have come into the world—to bear witness to the truth. Everyone who is of the truth listens to My voice."

3. finally leads His church to glory in heaven (the kingdom of glory—the church in heaven).

446 **2 Tim. 4:18** The Lord will rescue me from every evil deed and bring me safely into His heavenly kingdom. To Him be the glory forever and ever. Amen.

The Savior in the State of Humiliation

126. *What two states do the Scriptures distinguish in Christ's work of salvation?*

A. The state of humiliation

B. The state of exaltation

127. *What was Christ's humiliation?*

Christ's humiliation was that as man He did not always or fully use His divine powers.

447 **Fil 2.5-8** Que haya en ustedes el mismo sentir que hubo en Cristo Jesús, quien, siendo en forma de Dios, no estimó el ser igual a Dios como cosa a que aferrarse, sino que se despojó a sí mismo y tomó forma de siervo, y se hizo semejante a los hombres; y estando en la condición de hombre, se humilló a sí mismo y se hizo obediente hasta la muerte, y muerte de cruz.

H.B. **Jn 2.1-11** La boda de Caná.**Jn 11.38-44** La resurrección de Lázaro.**Jn 18.1-6** Muestras de la gloria oculta.

128. ***¿Con qué palabras describe el segundo artículo el estado de humillación?***

"Fue concebido por obra del Espíritu Santo, nació de la virgen María; padeció bajo el poder de Poncio Pilatos, fue crucificado, muerto y sepultado."

129. ***¿Qué enseñan las Sagradas Escrituras sobre la concepción de Cristo?***

Ellas enseñan que por la obra milagrosa del Espíritu Santo, no por mediación de padre humano, Cristo el Hijo de Dios, fue concebido como verdadero ser humano en la virgen María.

448 **Lc 1.35** El Espíritu Santo vendrá sobre ti, y el poder del Altísimo te cubrirá con su sombra. Por eso el Santo Ser que nacerá será llamado Hijo de Dios.

449 **Mt 1.20** José, hijo de David, no temas recibir a María, tu mujer, porque su hijo ha sido concebido por el Espíritu Santo.

130. ***¿Qué enseñan las Sagradas Escrituras sobre el nacimiento de Cristo?***

Ellas enseñan que Cristo el Dios-hombre nació de la virgen María.

450 **Is 7.14** La joven concebirá, y dará a luz un hijo, y le pondrá por nombre Emanuel. (Ver también Mt 1.23).

451 **Lc 2.7** y allí tuvo a su hijo primogénito; y lo envolvió en pañales, y lo acostó en un pesebre, porque no había lugar para ellos en ese albergue.

H.B. **Mt 1.18-25** El nacimiento virginal.

131. ***¿Qué declaran las Sagradas Escrituras sobre la vida, los sufrimientos y la muerte de Cristo?***

Las Escrituras enseñan que Cristo

A. en su vida terrenal padeció pobreza, insultos y persecución;

452 **2 Co 8.9** Por amor a ustedes, siendo rico se hizo pobre, para que con su pobreza ustedes fueran enriquecidos.

453 **Mt 8.20** Las zorras tienen guaridas, y las aves del cielo tienen nidos, pero el Hijo del Hombre no tiene dónde recostar su cabeza.

454 **Is 53.3** Será despreciado y desechado por la humanidad entera. Será el hombre más sufrido, el más experimentado en el sufrimiento. ¡Y nosotros no le daremos la cara! ¡Será menospreciado! ¡No lo apreciaremos!

455 **Jn 8.40** Pero ahora intentan matarme; a mí, que les he dicho la verdad, la cual he escuchado de Dios.

H.B. **Lc 2.7** A la hora de su nacimiento Jesús fue envuelto en pañales y acostado en un pesebre. **Mt 2.13** Herodes trató de matarlo, pero Jesús escapó a Egipto. **Lc 4.29** En Nazaret la gente trató de tirarlo de la cumbre de un monte. **Jn 8.59** Los judíos querían apedrearlo en el templo.

B. bajo el poder de Poncio Pilatos, padeció indecibles tormentos en su cuerpo y en su alma;

447 **Phil. 2:5–8** Have this mind among yourselves, which is yours in Christ Jesus, who, though He was in the form of God, did not count equality with God a thing to be grasped, but made Himself nothing, taking the form of a servant, being born in the likeness of men. And being found in human form, He humbled Himself by becoming obedient to the point of death, even death on a cross.

Bible narrative: Wedding at Cana (**John 2:1–11**). Raising of Lazarus (**John 11:38–44**). Rays of hidden glory (**John 18:1–6**).

128. *Which words of the Apostles' Creed describe the stages of Christ's humiliation?*

"Conceived by the Holy Spirit, born of the Virgin Mary, suffered under Pontius Pilate, was crucified, died and was buried."

129. *What do the Scriptures teach about Christ's conception?*

They teach that Christ, the Son of God, received a true human body and soul in the Virgin Mary through the miraculous power of the Holy Spirit, not through a human father.

448 **Luke 1:35** The Holy Spirit will come upon you, and the power of the Most High will overshadow you; therefore the child to be born will be called holy—the Son of God.

449 **Matt. 1:20** Joseph son of David, do not fear to take Mary as your wife, for that which is conceived in her is from the Holy Spirit.

130. *What do the Scriptures teach of the birth of Christ?*

They teach that Jesus Christ, the God-man, was born of the Virgin Mary.

450 **Is. 7:14** Behold, the virgin shall conceive and bear a son, and shall call His name Immanuel. (See also **Matt. 1:23**.)

451 **Luke 2:7** She gave birth to her firstborn son and wrapped Him in swaddling cloths and laid Him in a manger, because there was no place for them in the inn.

Bible narrative: The virgin birth (**Matt. 1:18–25**).

131. *What do the Scriptures teach about Christ's life, suffering, and death?*

They teach that Christ

A. endured poverty, contempt, and persecution in His earthly life;

452 **2 Cor. 8:9** Though He was rich, yet for your sake He became poor, so that you by His poverty might become rich.

453 **Matt. 8:20** Foxes have holes, and birds of the air have nests, but the Son of Man has nowhere to lay His head.

454 **Is. 53:3** He was despised and rejected by men; a man of sorrows, and acquainted with grief; and as one from whom men hide their faces He was despised, and we esteemed Him not.

455 **John 8:40** You seek to kill Me, a man who has told you the truth that I heard from God.

Bible narrative: At His birth Jesus had only strips of cloth and a manger (**Luke 2:7**). Herod tried to murder Him, but He escaped to Egypt (**Matt. 2:13**). In Nazareth the people tried to throw Him down from the brow of the hill (**Luke 4:29**). In the temple they picked up stones to stone Him (**John 8:59**).

B. suffered great agony of body and soul under Pontius Pilate;

456 **Jn 19.1-3** Entonces Pilato tomó a Jesús y lo azotó. Y los soldados tejieron una corona de espinas, se la pusieron sobre la cabeza, y lo vistieron con un manto de púrpura; y le decían: "¡Salve, Rey de los judíos!", y le daban de bofetadas

H.B. **Mc 15.1-20** El sufrimiento de Cristo.

C. murió en la cruz en medio de agonía extremadamente dolorosa.

457 **Jn 19.16-18** Entonces Pilato se lo entregó a ellos, para que lo crucificaran. Y ellos tomaron a Jesús y se lo llevaron. Con su cruz a cuestas, Jesús salió al llamado "Lugar de la Calavera", que en hebreo es "Gólgota", y allí lo crucificaron. Con él estaban otros dos, uno a cada lado suyo, y Jesús en medio de ellos.

458 **Mt 27.46** Cerca de las tres de la tarde, Jesús clamó a gran voz. Decía: "Elí, Elí, ¿lema sabactani?", es decir, "Dios mío, Dios mío, ¿por qué me has desamparado?"

459 **Jn 19.30** Luego inclinó la cabeza y entregó el espíritu.

H.B. **Mc 15.21-41** La muerte de Cristo.

132. ***¿Qué dicen las Sagradas Escrituras acerca de la sepultura de Cristo?***

Ellas dicen que el sagrado cuerpo de Cristo fue sepultado, permaneciendo en la tumba hasta el tercer día sin corromperse.

460 **Hch 13.37** El cuerpo de Jesús no se corrompió, porque Dios lo resucitó.

H.B. **Mc 15.42-47** El entierro de Cristo

La obra de Jesucristo de redención o expiación

133. ***¿Por qué se humilló Cristo a sí mismo?***

Cristo se humilló voluntariamente para redimirme a mí, que estaba perdido y condenado.

461 **Is 53.4-5** Con todo, él llevará sobre sí nuestros males, y sufrirá nuestros dolores, mientras nosotros creeremos que Dios lo ha azotado, lo ha herido y humillado. Pero él será herido por nuestros pecados; ¡molido por nuestras rebeliones! Sobre él vendrá el castigo de nuestra paz, y por su llaga seremos sanados.

462 **Jn 10.17-18** El Padre me ama porque yo doy mi vida para volverla a recibir. Nadie me quita la vida, sino que yo la doy por mi propia voluntad. Tengo el derecho de darla y de volver a recibirla. Esto es lo que me ordenó mi Padre.

134. ***¿De qué te ha redimido Cristo?***

Cristo me ha rescatado y ganado de todos los pecados, de la muerte y del poder del diablo.

463 **Jn 1.29** Éste es el Cordero de Dios, que quita el pecado del mundo.

464 **Heb 2.14-15, 17** Así como los hijos eran de carne y hueso, también él era de carne y hueso, para que por medio de la muerte destruyera al que tenía el dominio sobre la muerte, es decir, al diablo, y de esa manera librara a todos los que, por temor a la muerte, toda su vida habían estado sometidos a esclavitud. Por eso le era necesario ser semejante a sus hermanos en todo: para que llegara a ser un sumo sacerdote misericordioso y fiel en lo que a Dios se refiere, y expiara los pecados del pueblo.

456 **John 19:1–3** Pilate took Jesus and flogged Him. And the soldiers twisted together a crown of thorns and put it on His head and arrayed Him in a purple robe. They came up to Him, saying, "Hail, king of the Jews!" and struck Him with their hands.

Bible narrative: The suffering of Christ (**Mark 15:1–20**).

C. died in excruciating agony on the cross.

457 **John 19:16–18** So he delivered Him over to them to be crucified. So they took Jesus, and He went out, bearing His own cross, to the place called The Place of a Skull, which in Aramaic is called Golgotha. There they crucified Him.

458 **Matt. 27:46** About the ninth hour Jesus cried out with a loud voice ... "My God, My God, why have You forsaken Me?" (He suffered the tortures of the damned in hell.)

459 **John 19:30** He bowed His head and gave up His spirit.

Bible narrative: The death of Christ (**Mark 15:21–41**).

132. *What do the Scriptures teach about Christ's burial?*

They teach that Christ's body was buried in the tomb and remained there until the third day, without decaying in any way.

460 **Acts 13:37** He whom God raised up did not see corruption.

Bible narrative: The burial of Christ (**Mark 15:42–47**).

Christ's Work of Redemption, or Atonement

133. *Why did Christ humble Himself?*

Christ voluntarily humbled Himself in order to "redeem me, a lost and condemned person."

461 **Is. 53:4–5** Surely He has borne our griefs and carried our sorrows; yet we esteemed Him stricken, smitten by God, and afflicted. But He was wounded for our transgressions; He was crushed for our iniquities; upon Him was the chastisement that brought us peace, and with His stripes we are healed.

462 **John 10:17–18** I lay down My life that I may take it up again. No one takes it from Me, but I lay it down of My own accord.

134. *From what has Christ redeemed you?*

He has redeemed me "from all sins, from death, and from the power of the devil."

463 **John 1:29** Behold, the Lamb of God, who takes away the sin of the world!

464 **Heb. 2:14–15, 17** Since therefore the children share in flesh and blood, He Himself likewise partook of the same things, that through death He might destroy the one who has the power of death that is, the devil, and deliver all those who through fear of death were subject to lifelong slavery... . Therefore He had to be made like His brothers in every respect, so that He might become a merciful and faithful high priest in service of God, to make propitiation for the sins of the people.

135. ***¿En qué sentido te ha redimido Cristo de todos los pecados?***

A. Cristo tomó sobre sí mi culpa y mi castigo;

465 **Ro 5.19** Por la obediencia de uno solo muchos serán constituidos justos.

466 **2 Co 5.21** Al que no cometió ningún pecado, por nosotros Dios lo hizo pecado, para que en él nosotros fuéramos hechos justicia de Dios.

467 **Gl 3.13** Cristo nos redimió de la maldición de la ley, y por nosotros se hizo maldición (porque está escrito: "Maldito todo el que es colgado en un madero").

B. Cristo me ha librado de la esclavitud del pecado.

468 **Jn 8.34, 36** De cierto, de cierto les digo, que todo aquel que comete pecado, esclavo es del pecado... Así que, si el Hijo los liberta, serán verdaderamente libres.

469 **1 P 2.24** Él mismo llevó en su cuerpo nuestros pecados al madero, para que nosotros, muertos ya al pecado, vivamos para la justicia. Por sus heridas fueron ustedes sanados.

136. ***¿En qué sentido te ha redimido Cristo de la muerte?***

A través de su sufrimiento, muerte y resurrección, Cristo ha triunfado sobre la muerte. Ya no necesito tener miedo a la muerte temporal, puesto que Cristo ahora me da vida eterna.

470 **1 Co 15.55-57** ¿Dónde está, oh muerte, tu aguijón? ¿Dónde, oh sepulcro, tu victoria? Porque el pecado es el aguijón de la muerte, y la ley es la que da poder al pecado. ¡Pero gracias sean dadas a Dios, de que nos da la victoria por medio de nuestro Señor Jesucristo!

471 **2 Ti 1.10** pero que ahora ha sido manifestada por la aparición de nuestro Salvador Jesucristo, quien quitó la muerte y sacó a la luz la vida y la inmortalidad por medio del evangelio.

472 **1 P 1.3** Bendito sea el Dios y Padre de nuestro Señor Jesucristo, que por su gran misericordia y mediante la resurrección de Jesucristo nos ha hecho nacer de nuevo a una esperanza viva.

137. ***¿En qué sentido te ha redimido Cristo del poder del diablo?***

Cristo venció totalmente al diablo de tal manera que éste ya no puede acusarme más por mis pecados y puedo resistir victoriosamente sus tentaciones.

473 **Gn 3.15** Yo pondré enemistad entre la mujer y tú, y entre su descendencia y tu descendencia; ella te herirá en la cabeza, y tú le herirás en el talón.

474 **1 Jn 3.8** Para esto se ha manifestado el Hijo de Dios: para deshacer las obras del diablo.

475 **Stg 4.7** Opongan resistencia al diablo, y él huirá de ustedes.

Nota: Ver también **Ro 8.31-34**; **Col 2.15**; **Heb 2.14-15**; **1 P 5.8-9**; **Ap 12.10**

138. ***¿Con qué te ha redimido Cristo?***

Cristo me ha redimido, no con oro o plata, sino con su santa y preciosa sangre y con su inocente pasión y muerte.

476 **Is 53.5** Por su llaga seremos sanados.

477 **1 P 1.18-19** Ustedes saben que fueron rescatados de una vida sin sentido, la cual heredaron de sus padres; y que ese rescate no se pagó con cosas corruptibles, como el oro y la plata, sino con la sangre preciosa de Cristo, sin mancha y sin contaminación, como la de un cordero.

135. ***How has Christ redeemed you from all sins?***

A. He took my guilt and punishment upon Himself.

465 **Rom. 5:19** So by the one man's obedience the many will be made righteous.

466 **2 Cor. 5:21** He made Him to be sin who knew no sin, so that in Him we might become the righteousness of God.

467 **Gal. 3:13** Christ redeemed us from the curse of the law by becoming a curse for us—for it is written, "Cursed is everyone who is hanged on a tree."

B. He freed me from the slavery of sin.

468 **John 8:34, 36** Truly, truly, I say to you, everyone who commits sin is a slave to sin… . So if the Son sets you free, you will be free indeed.

469 **1 Peter 2:24** He Himself bore our sins in His body on the tree, that we might die to sin and live to righteousness. By His wounds you have been healed.

136. ***How has Christ rescued you from death?***

Through His suffering, death, and resurrection, Christ has triumphed over death. Since He now gives me eternal life I need not fear death.

470 **1 Cor. 15:55–57** "O death, where is your victory? O death, where is your sting?" The sting of death is sin, and the power of sin is the law. But thanks be to God, who gives us the victory through our Lord Jesus Christ.

471 **2 Tim. 1:10** Our Savior Christ Jesus … who abolished death and brought life and immortality to light through the gospel.

472 **1 Peter 1:3** According to His great mercy, He has caused us to be born again to a living hope through the resurrection of Jesus Christ from the dead.

137. ***How has Christ rescued you from the power of the devil?***

Christ has completely conquered the devil. Therefore the devil can no longer accuse me of my sins, and I can resist his temptations.

473 **Gen. 3:15** I will put enmity between you and the woman, and between your offspring and her offspring; He shall bruise your head, and you shall bruise His heel.

474 **1 John 3:8** The reason the Son of God appeared was to destroy the works of the devil.

475 **James 4:7** Resist the devil, and he will flee from you.

Note: See also **Rom. 8:31–34**; **Col. 2:15**; **Heb. 2:14–15**; **1 Peter 5:8–9**; **Rev. 12:10**.

138. ***With what has Christ redeemed you?***

Christ has redeemed me, "not with gold or silver, but with His holy, precious blood and with His innocent suffering and death."

476 **Is. 53:5** And with His stripes we are healed.

477 **1 Peter 1:18–19** Knowing that you were ransomed from the futile ways inherited from your forefathers, not with perishable things such as silver or gold, but with the precious blood of Christ, like that of a lamb without blemish or spot.

478 **1 Jn 1.7** La sangre de Jesús, su Hijo, nos limpia de todo pecado.

139. ***¿Cómo te beneficia esta obra de redención?***

Cristo fue mi sustituto. Él tomó mi lugar en el juicio de Dios contra el pecado. De este modo, al pagar el castigo de mi culpa, Cristo expió o hizo satisfacción por mis pecados (expiación vicaria).

479 **Is 53.4-5** Con todo, él llevará sobre sí nuestros males, y sufrirá nuestros dolores, mientras nosotros creeremos que Dios lo ha azotado, lo ha herido y humillado. Pero él será herido por nuestros pecados; ¡molido por nuestras rebeliones! Sobre él vendrá el castigo de nuestra paz, y por su llaga seremos sanados.

480 **2 Co 5.21** Al que no cometió ningún pecado, por nosotros Dios lo hizo pecado, para que en él nosotros fuéramos hechos justicia de Dios.

481 **Heb 2.17** Por eso le era necesario ser semejante a sus hermanos en todo: para que llegara a ser un sumo sacerdote misericordioso y fiel en lo que a Dios se refiere, y expiara los pecados del pueblo.

140. ***¿Te ha redimido, rescatado y librado Cristo solamente a ti?***

No. Cristo me ha redimido a mí y a toda la gente (expiación universal).

482 **2 Co 5.15** Él murió por todos.

483 **2 Co 5.19** En Cristo, Dios estaba reconciliando al mundo consigo mismo.

484 **1 Ti 1.15** Esta palabra es fiel y digna de ser recibida por todos: Cristo Jesús vino al mundo para salvar a los pecadores, de los cuales yo soy el primero.

485 **1 Jn 2.2** Y él es la propiciación por nuestros pecados; y no solamente por los nuestros, sino también por los de todo el mundo.

486 **2 P 2.1** Con disimulo introducirán herejías destructivas, y hasta llegarán a negar al Señor que los rescató, con lo que atraerán sobre sí mismos súbita destrucción.

El Salvador en el estado de exaltación

141. ***¿Qué es la exaltación de Cristo?***

La exaltación de Cristo es que, como hombre, él ahora usa siempre y completamente sus poderes divinos.

487 **Fil 2.9-11** Dios también lo exaltó hasta lo sumo, y le dio un nombre que es sobre todo nombre, para que en el nombre de Jesús se doble toda rodilla de los que están en los cielos, y en la tierra, y debajo de la tierra; y toda lengua confiese que Jesucristo es el Señor, para gloria de Dios el Padre.

142. ***¿Con qué palabras describe el segundo artículo el estado de exaltación?***

"Descendió a los infiernos; al tercer día resucitó de entre los muertos; subió a los cielos y está sentado a la diestra de Dios Padre todopoderoso; y desde allí ha de venir a juzgar a los vivos y a los muertos."

143. ***¿Por qué es el descenso de Cristo a los infiernos parte de su exaltación?***

Las Sagradas Escrituras enseñan que Cristo, habiendo revivido en su sepulcro, descendió a los infiernos no para sufrir castigo, sino para proclamar su victoria sobre sus enemigos en el infierno.

488 **1 P 3.18-19** [Cristo] sufrió la muerte; pero en el espíritu fue vivificado; en el espíritu también, fue y predicó a los espíritus encarcelados.

478 **1 John 1:7** The blood of Jesus His Son cleanses us from all sin.

139. ***How does this work of redemption benefit you?***

Christ was my substitute. He took my place under God's judgment against sin. By paying the penalty of my guilt, Christ atoned, or made satisfaction, for my sins (vicarious atonement).

479 **Is. 53:4–5** Surely He has borne our griefs and carried our sorrows; yet we esteemed Him stricken, smitten by God, and afflicted. But He was wounded for our transgressions; He was crushed for our iniquities; upon Him was the chastisement that brought us peace, and with His stripes we are healed.

480 **2 Cor. 5:21** For our sake He made Him to be sin who knew no sin, so that in Him we might become the righteousness of God.

481 **Heb. 2:17** Therefore He had to be made like His brothers in every respect, so that He might become a merciful and faithful high priest in the service of God, to make propitiation for the sins of the people.

140. ***Has Christ redeemed only you?***

No, Christ has redeemed me and all people (universal atonement).

482 **2 Cor. 5:15** He died for all.

483 **2 Cor. 5:19** In Christ God was reconciling the world to Himself, not counting their trespasses against them.

484 **1 Tim. 1:15** The saying is trustworthy and deserving of full acceptance, that Christ Jesus came into the world to save sinners, of whom I am the foremost.

485 **1 John 2:2** He is the propitiation for our sins, and not for ours only but also for the sins of the whole world.

486 **2 Peter 2:1** [They] even [deny] the Master who bought them, bringing upon themselves swift destruction.

The Savior in the State of Exaltation

141. ***What is Christ's exaltation?***

Christ's exaltation is that as man He now fully and always uses His divine powers.

487 **Phil. 2:9–11** God has highly exalted Him and bestowed on Him the name that is above every name, so that at the name of Jesus every knee should bow, in heaven and on earth and under the earth, and every tongue confess that Jesus Christ is Lord, to the glory of God the Father.

142. ***Which words of the Apostles' Creed describe the stages of Christ's exaltation?***

"He descended into hell. The third day He rose again from the dead. He ascended into heaven and sits at the right hand of God, the Father Almighty. From thence He will come to judge the living and the dead."

143. ***Why is Christ's descent into hell part of His exaltation?***

The Scriptures teach that Christ, after He was made alive in His grave, descended into hell, not to suffer punishment, but to proclaim His victory over His enemies in hell.

488 **1 Peter 3:18–19** [Christ was] put to death in the flesh but made alive in the spirit, in which He went and proclaimed to the spirits in prison.

489 **Col 2.15** Desarmó además a los poderes y las potestades, y los exhibió públicamente al triunfar sobre ellos en la cruz.

144. *¿Qué enseñan las Sagradas Escrituras en cuanto a la resurrección de Cristo?*

Ellas enseñan que Cristo, al tercer día, y con su cuerpo glorificado, se levantó victorioso del sepulcro y se manifestó vivo a sus discípulos.

490 **Hch 10.40-41** Dios lo resucitó al tercer día, y permitió que muchos lo vieran. Pero no lo vio todo el pueblo, sino sólo aquellos testigos que Dios había elegido de antemano, es decir, nosotros, los que comimos y bebimos con él después de que él resucitó de entre los muertos.

491 **1 Co 15.4-8** [Cristo] conforme a las Escrituras, fue sepultado y resucitó al tercer día; y que se apareció a Cefas, y luego a los doce. Después se apareció a más de quinientos hermanos a la vez, de los cuales muchos aún viven, y otros ya han muerto. Luego se apareció a Jacobo, después a todos los apóstoles; y por último se me apareció a mí, que soy como un niño nacido fuera de tiempo.

492 **Hch 1.3** Después de su muerte, se les presentó vivo y, con muchas pruebas que no admiten duda, se les apareció durante cuarenta días y les habló acerca del reino de Dios.

H.B. **Mt 27.62-28.20; Mc 16; Lc 24; Jn 20-21** Historia de la resurrección de Jesús.

145. *¿Por qué es la resurrección de Cristo tan importante y consoladora?*

La resurrección de Cristo es la prueba que:

A. Cristo es el Hijo de Dios;

493 **Ro 1.4** Fue declarado Hijo de Dios con poder, por su resurrección de entre los muertos.

B. su doctrina es verdadera;

494 **Jn 2.19** Destruyan este templo, y en tres días lo levantaré.

495 **Jn 8.28** Cuando ustedes hayan levantado al Hijo del Hombre, sabrán entonces que yo soy, y que nada hago por mí mismo, sino que hablo según lo que el Padre me enseñó.

C. Dios el Padre ha aceptado el sacrificio de su Hijo para la reconciliación del mundo;

496 **Ro 4.25** [Cristo] fue entregado por nuestros pecados, y resucitó para nuestra justificación.

497 **Ro 5.10** Porque, si cuando éramos enemigos de Dios fuimos reconciliados con él mediante la muerte de su Hijo, mucho más ahora, que estamos reconciliados, seremos salvados por su vida.

498 **1 Co 15.17** y si Cristo no resucitó, la fe de ustedes no tiene sentido, y ustedes todavía están en sus pecados.

D. todos los creyentes resucitarán para la vida eterna.

499 **Jn 11.25-26** Yo soy la resurrección y la vida; el que cree en mí, aunque esté muerto, vivirá. Y todo aquel que vive y cree en mí, no morirá eternamente.

500 **Jn 14.19** Porque yo vivo, ustedes también vivirán.

501 **1 Co 15.20** El hecho es que Cristo ha resucitado de entre los muertos, como primicias de los que murieron.

489 **Col. 2:15** He disarmed the rulers and authorities and put them to open shame, by triumphing over them in Him.

144. ***What do the Scriptures teach about Christ's resurrection?***

They teach that on the third day Christ victoriously rose from the grave and showed Himself alive to His disciples.

490 **Acts 10:40–41** God raised Him on the third day and made Him to appear, not to all the people but to us who had been chosen by God as witnesses, who ate and drank with Him after He rose from the dead.

491 **1 Cor. 15:4–8** He was raised on the third day in accordance with the Scriptures, and ... He appeared to Cephas, then to the twelve. Then He appeared to more than five hundred brothers at one time, most of whom are still alive, though some have fallen asleep. Then He appeared to James, then to all the apostles. Last of all, as to one untimely born, He appeared also to me.

492 **Acts 1:3** He presented Himself alive to them after His suffering by many proofs, appearing to them during forty days and speaking about the kingdom of God.

Bible narrative: Christ's resurrection (**Matt. 27:62–28:20**; **Mark 16**; **Luke 24**; **John 20–21**).

145. ***Why is Christ's resurrection so important and comforting?***

Christ's resurrection proves that

A. Christ is the Son of God;

493 **Rom. 1:4** [He] was declared to be the Son of God in power according to the Spirit of holiness by His resurrection from the dead.

B. His doctrine is the truth;

494 **John 2:19** Destroy this temple, and in three days I will raise it up.

495 **John 8:28** When you have lifted up the Son of Man, then you will know that I am He, and that I do nothing on My own authority, but speak just as the Father taught Me.

C. God the Father accepted Christ's sacrifice for the reconciliation of the world;

496 **Rom. 4:25** [Christ] was delivered up for our trespasses and raised for our justification.

497 **Rom. 5:10** If while we were enemies we were reconciled to God by the death of His Son, much more, now that we are reconciled, shall we be saved by His life.

498 **1 Cor. 15:17** If Christ has not been raised, your faith is futile and you are still in your sins.

D. all believers in Christ will rise to eternal life.

499 **John 11:25–26** I am the resurrection and the life. Whoever believes in Me, though he die, yet shall he live, and everyone who lives and believes in Me shall never die.

500 **John 14:19** Because I live, you also will live.

501 **1 Cor. 15:20** But in fact Christ has been raised from the dead, the firstfruits of those who have fallen asleep.

146. ***¿Qué enseñan las Sagradas Escrituras en cuanto a la ascensión de Cristo?***
Ellas enseñan que Cristo, cuarenta días después de su resurrección, en presencia de sus discípulos, ascendió corporalmente y entró en la gloria de su Padre, para preparar lugar para nosotros en el cielo.

502 **Lc 24.51** Mientras los bendecía, se apartó de ellos y fue llevado a las alturas del cielo.

503 **Ef 4.10** El que descendió, es el mismo que también ascendió por encima de todos los cielos, para llenarlo todo.

504 **Jn 14.2-3** En la casa de mi Padre hay muchos aposentos. Si así no fuera, ya les hubiera dicho. Así que voy a preparar lugar para ustedes. Y si me voy y les preparo lugar, vendré otra vez, y los llevaré conmigo, para que donde yo esté, también ustedes.

505 **Jn 17.24** Padre, quiero que donde yo estoy también estén conmigo aquellos que me has dado, para que vean mi gloria, la cual me has dado; porque me has amado desde antes de la fundación del mundo.

H.B. **Hch 1.9-11** La ascensión de Cristo.

147. ***¿Qué significa que Cristo está sentado a la derecha de Dios Padre?***
Con esta expresión, las Escrituras enseñan que Cristo, como verdadero hombre, no sólo está presente en todas partes, sino que ahora también ejerce plenamente su poder divino sobre todo el universo.

506 **Ef 1.20-23** [Dios] resucitó [a Cristo] de entre los muertos y lo sentó a su derecha en los lugares celestiales, muy por encima de todo principado, autoridad, poder y señorío, y por encima de todo nombre que se nombra, no sólo en este tiempo, sino también en el venidero. Dios sometió todas las cosas bajo sus pies, y lo dio a la iglesia, como cabeza de todo, pues la iglesia es su cuerpo, la plenitud de Aquel que todo lo llena a plenitud.

148. ***¿Qué consuelo sacamos de la ascensión de Cristo y del hecho de que él ahora está sentado a la derecha del Padre?***
Sabemos que Cristo, el exaltado Dios-hombre

A. como nuestro Profeta envía personas a proclamar la buena noticia de la salvación por el poder del Espíritu Santo;

507 **Ef 4.10-12** El que descendió, es el mismo que también ascendió por encima de todos los cielos, para llenarlo todo. Y él mismo constituyó a unos, apóstoles; a otros, profetas; a otros, evangelistas; a otros, pastores y maestros, a fin de perfeccionar a los santos para la obra del ministerio, para la edificación del cuerpo de Cristo.

508 **Lc 10.16** El que los escucha a ustedes, me escucha a mí.

509 **Jn 16.7** Pero les digo la verdad: les conviene que yo me vaya; porque si no me voy, el Consolador no vendrá a ustedes; pero si me voy, yo se lo enviaré.

B. como nuestro Sacerdote, ruega y ora por nosotros ante el Padre;

510 **Ro 8.34** Cristo, el que además está a la derecha de Dios e intercede por nosotros.

511 **1 Jn 2.1** Si alguno ha pecado, tenemos un abogado ante el Padre, a Jesucristo el justo.

C. como nuestro Rey gobierna y protege a la iglesia y reina sobre toda la tierra especialmente para el beneficio de ella [su iglesia].

146. ***What do the Scriptures teach about Christ's ascension?***
They teach that 40 days after His resurrection, Christ, in the presence of His disciples, ascended bodily into the glory of His Father, to prepare a place for us in heaven.

502 **Luke 24:51** While He blessed them, He parted from them and was carried up into heaven.

503 **Eph. 4:10** He who descended is the one who also ascended far above all the heavens.

504 **John 14:2–3** In My Father's house are many rooms. If it were not so, would I have told you that I go to prepare a place for you? And if I go and prepare a place for you, I will come again and will take you to Myself, that where I am you may be also.

505 **John 17:24** Father, I desire that they also, whom You have given Me, may be with Me where I am, to see My glory.

Bible narrative: Christ's ascension (**Acts 1:9–11**).

147. ***What does it mean that Christ sits at the right hand of God the Father Almighty?***
With this expression Scripture teaches that Christ, as true man, is not only present everywhere, but also now fully exercises His divine power over the whole universe.

506 **Eph. 1:20–23** When He [God] raised Him [Christ] from athe dead and seated Him at His right hand in the heavenly places, far above all rule and authority and power and dominion, and above every name that is named, not only in this age but also in the one to come. And He put all things under His feet and gave Him as head over all things to the church, which is His body, the fullness of Him who fills all in all.

148. ***What comfort do we get from Christ's ascension to the right hand of God?***
We know that the exalted God-man, Christ

A. as our Prophet sends people to proclaim the saving Gospel by the power of the Holy Spirit;

507 **Eph. 4:10–12** ([He] ascended far above all the heavens, that He might fill all things.) And He gave the apostles, the prophets, the evangelists, the shepherds and teachers, to equip the saints for the work of ministry, for building up the body of Christ.

508 **Luke 10:16** The one who hears you hears Me.

509 **John 16:7** It is to your advantage that I [Jesus] go away, for if I do not go away, the Helper will not come to you. But if I go, I will send Him to you.

B. as our Priest pleads and prays for us before the Father;

510 **Rom. 8:34** [Christ] is the one ... who is at the right hand of God, who indeed is interceding for us.

511 **1 John 2:1** If anyone does sin, we have an advocate with the Father, Jesus Christ the righteous.

C. as our King rules and protects His church and governs over all the world especially for the benefit of His church.

512 **Sal 110.1** Palabra del Señor a mi señor: "Siéntate a mi derecha, hasta que yo ponga a tus enemigos por estrado de tus pies."

Nota: Ver **Ef 1.20-23**

149. ***¿Qué enseñan las Sagradas Escrituras con respecto a la segunda venida de Cristo?***

A. Cristo, en el último día, volverá visiblemente y en gran gloria;

513 **Mt 24.27** La venida del Hijo del Hombre será como el relámpago que sale del oriente y puede verse hasta el occidente.

514 **Lc 21.27** Entonces verán al Hijo del Hombre venir en una nube, con poder y gran gloria.

515 **Hch 1.11** Varones galileos, ¿por qué están mirando al cielo? Este mismo Jesús, que ustedes han visto irse al cielo, vendrá de la misma manera que lo vieron desaparecer.

516 **2 P 3.10** El día del Señor llegará como un ladrón en la noche. Ese día los cielos desaparecerán en medio de un gran estruendo, y los elementos arderán y serán reducidos a cenizas, y la tierra y todo lo que en ella se ha hecho será quemado.

517 **Ap 1.7** ¡Miren! ¡Ya viene en las nubes! Y todos lo verán, aun los que lo traspasaron; y todas las naciones de la tierra harán lamentación por él. Sí, amén.

B. Cristo no volverá para establecer un gobierno terrenal sino para juzgar al mundo con justicia;

518 **Mt 25.31-32** Cuando el Hijo del Hombre venga en su gloria, y todos los santos ángeles con él, se sentará en su trono de gloria, y todas las naciones serán reunidas ante él. Entonces él apartará a los unos de los otros, como aparta el pastor a las ovejas de los cabritos.

519 **Jn 12.48** El que me rechaza, y no recibe mis palabras, tiene quien lo juzgue, y es la palabra que he hablado; ella lo juzgará en el día final.

520 **Jn 18.36** Respondió Jesús: "Mi reino no es de este mundo."

521 **2 Co 5.10** Porque es necesario que todos nosotros comparezcamos ante el tribunal de Cristo, para que cada uno reciba según lo bueno o lo malo que haya hecho mientras estaba en el cuerpo.

H.B.**Mt 25.31-46** Cristo describe el juicio final.

Nota: Los milenialistas enseñan la falsa doctrina de que antes o después del regreso de Cristo la iglesia experimentará un período literal de 1.000 años (un milenio) de paz y prosperidad. Apocalipsis 20 habla en lenguaje figurado del reinado espiritual de Cristo en la tierra por medio del evangelio y no se refiere a un gobierno terrenal.

C. el día específico en el cual Cristo regresará es conocido únicamente por Dios;

522 **Mt 24.44** También ustedes estén preparados, porque el Hijo del Hombre vendrá a la hora que menos lo esperen.

523 **Mc 13.32** En cuanto al día y la hora, nadie lo sabe, ni siquiera los ángeles en el cielo, ni el Hijo. Sólo el Padre lo sabe.

512 **Ps. 110:1** The Lord says to my Lord: "Sit at My right hand, until I make Your enemies Your footstool."

Note: See **Eph. 1:20–23.**

149. *What do the Scriptures teach about Christ's second coming?*

A. Christ will return visibly and with great glory on the Last Day.

513 **Matt. 24:27** As the lightning comes from the east and shines as far as the west, so will be the coming of the Son of Man.

514 **Luke 21:27** And then they will see the Son of Man coming in a cloud with power and great glory.

515 **Acts 1:11** Men of Galilee, why do you stand looking into heaven? This Jesus, who was taken up from you into heaven, will come in the same way as you saw Him go into heaven.

516 **2 Peter 3:10** The day of the Lord will come like a thief, and then the heavens will pass away with a roar, and the heavenly bodies will be burned up and dissolved, and the earth and the works that are done on it will be exposed.

517 **Rev. 1:7** Behold, He is coming with the clouds, and every eye will see Him, even those who pierced Him, and all the tribes of the earth will wail on account of Him. Even so. Amen.

B. Christ will return to judge the world, not to set up an earthly government.

518 **Matt. 25:31–32** When the Son of Man comes in His glory, and all the angels with Him, then He will sit on His glorious throne. Before Him will be gathered all the nations, and He will separate people one from another as a shepherd separates the sheep from the goats.

519 **John 12:48** The one who rejects Me and does not receive My words has a judge; the word that I have spoken will judge him on the last day.

520 **John 18:36** Jesus answered, "My kingdom is not of this world."

521 **2 Cor. 5:10** We must all appear before the judgment seat of Christ, so that each one may receive what is due for what he has done in the body, whether good or evil.

Bible narrative: The final judgment (**Matt. 25:31–46**).

Note: Millennialists teach the unscriptural doctrine that either before or after the return of Christ the church will experience a literal period of 1,000 years (a millennium) of peace and prosperity. **Revelation 20** speaks in picture language of Christ's spiritual rule on the earth through the Gospel and does not refer to earthly government.

C. Christ will return on a specific day known by God alone.

522 **Matt. 24:44** You also must be ready, for the Son of Man is coming at an hour you do not expect.

523 **Mark 13:32** But concerning that day or that hour, no one knows, not even the angels in heaven, nor the Son, but only the Father.

524 **Hch 17.31** Él ha establecido un día en que, por medio de aquel varón que escogió y que resucitó de los muertos, juzgará al mundo con justicia.

H.B. **Mt 25.1-13** La parábola de las diez vírgenes.

D. antes de que Cristo regrese, habrá aumento de angustia y disturbios para la iglesia y el mundo;

525 **Mt 24.7** Se levantará nación contra nación, y reino contra reino, y habrá hambre y terremotos en distintos lugares.

526 **Mt 24.22** Si aquellos días no fueran acortados, nadie sería salvo, pero serán acortados por causa de los escogidos.

527 **1 Ti 4.1** El Espíritu dice claramente que, en los últimos tiempos, algunos apostatarán de la fe y escucharán a espíritus engañadores y a doctrinas de demonios.

H.B. **Mt 24** Señales que preceden la venida de Cristo.

E. el retorno de Cristo es una fuente de esperanza y de gozo para el cristiano.

528 **Lc 21.28** Cuando esto comience a suceder, anímense y levanten la cabeza, porque su redención estará cerca.

529 **Heb 9.28** También Cristo fue ofrecido una sola vez para llevar los pecados de muchos; pero aparecerá por segunda vez, ya sin relación con el pecado, para salvar a los que lo esperan.

530 **Tit 2.13** Aguardamos la bendita esperanza y la gloriosa manifestación de nuestro gran Dios y Salvador Jesucristo.

531 **Ap 22.20** El que da testimonio de estas cosas dice: "Ciertamente, vengo pronto." Amén. ¡Ven, Señor Jesús!

H.B. **1 Ts 4.13-18** Palabras de aliento.

150. *En conclusión, ¿para qué te ha redimido Cristo?*

Las Escrituras enseñan que el propósito de Cristo fue

A. "para que yo sea suyo", esto es, ahora soy justo e inocente delante de Dios.

532 **2 Co 5.21** Al que no cometió ningún pecado, por nosotros Dios lo hizo pecado, para que en él nosotros fuéramos hechos justicia de Dios.

533 **Ap 5.9** Fuiste inmolado. Con tu sangre redimiste para Dios gente de toda raza, lengua, pueblo y nación.

B. "para que yo viva bajo él en su reino", esto es, de que ahora estoy libre de la esclavitud del pecado y de esta manera libre para servir a Dios;

534 **Ro 6.6** Sabemos que nuestro antiguo yo fue crucificado juntamente con él, para que el cuerpo del pecado sea destruido, a fin de que no sirvamos más al pecado.

535 **2 Co 5.15** Él murió por todos, para que los que viven ya no vivan para sí, sino para aquel que murió y resucitó por ellos.

536 **Col 2.6** Por tanto, vivan en el Señor Jesucristo de la manera que lo recibieron.

537 **Tit 2.14** Se dio a sí mismo por nosotros para redimirnos de toda iniquidad y purificar para sí un pueblo propio, celoso de buenas obras.

C. "para que yo le sirva en justicia, inocencia y bienaventuranza eterna"; esto es, honro a Dios con toda mi vida y me regocijo en él ahora en la tierra y para siempre en el cielo.

524 **Acts 17:31** He has fixed a day on which he will judge the world in righteousness by a man whom He has appointed.

Bible narrative: The parable of the 10 virgins (**Matt. 25:1–13**).

D. Before Christ returns, there will be increasing turmoil and distress for the church and the world.

525 **Matt. 24:7** Nation will rise against nation, and kingdom against kingdom, and there will be famines and earthquakes in various places.

526 **Matt. 24:22** If those days had not been cut short, no human being would be saved. But for the sake of the elect those days will be cut short.

527 **1 Tim. 4:1** The Spirit expressly says that in later times some will depart from the faith by devoting themselves to deceitful spirits and teachings of demons.

Bible narrative: Signs preceding Christ's coming (**Matthew 24**).

E. The return of Christ is a source of hope and joy for the Christian.

528 **Luke 21:28** When these things begin to take place, straighten up and raise your heads, because your redemption is drawing near.

529 **Heb. 9:28** Christ, having been offered once to bear the sins of many, will appear a second time, not to deal with sin but to save those who are eagerly waiting for Him.

530 **Titus 2:13** Waiting for our blessed hope, the appearing of the glory of our great God and Savior Jesus Christ.

531 **Rev. 22:20** He who testifies to these things says, "Surely I am coming soon." Amen. Come, Lord Jesus!

Bible narrative: Encouraging words (**1 Thess. 4:13–18**).

150. ***In conclusion, then, why has Christ redeemed you?***

The Scriptures teach that Christ's purpose was

A. "that I may be His own"; that is, I am now righteous and blameless in the sight of God;

532 **2 Cor. 5:21** For our sake He made Him to be sin who knew no sin, so that in Him we might become the righteousness of God.

533 **Rev. 5:9** You were slain, and by Your blood You ransomed people for God from every tribe and language and people and nation.

B. that I may "live under Him in His kingdom"; that is, that I am now freed from the slavery of sin and thus freed to serve God;

534 **Rom. 6:6** We know that our old self was crucified with Him in order that the body of sin might be brought to nothing, so that we would no longer be enslaved to sin.

535 **2 Cor. 5:15** He died for all, that those who live might no longer live for themselves but for Him who for their sake died and was raised.

536 **Col. 2:6** Therefore, as you received Christ Jesus the Lord, so walk in Him.

537 **Titus 2:14** [Jesus Christ] gave Himself for us to redeem us from all lawlessness and to purify for Himself a people for His own possession who are zealous for good works.

C. that I may "serve Him in everlasting righteousness, innocence, and blessedness"; that is, that I honor God with my whole life and rejoice in Him now on earth and forever in heaven.

538 **Lc 1.69, 73-75** Nos ha levantado un poderoso Salvador en la casa de David, su siervo. Prometió que nos concedería ser liberados de nuestros enemigos, para poder servirle sin temor,

en santidad y en justicia todos nuestros días delante de él.

539 **Gl 2.20** Pero con Cristo estoy juntamente crucificado, y ya no vivo yo, sino que Cristo vive en mí; y lo que ahora vivo en la carne, lo vivo en la fe del Hijo de Dios, el cual me amó y se entregó a sí mismo por mí.

540 **1 P 2.9** Pero ustedes son linaje escogido, real sacerdocio, nación santa, pueblo adquirido por Dios, para que anuncien los hechos maravillosos de aquel que los llamó de las tinieblas a su luz admirable.

H.B. **Ap 7.13-17** Los santos en el cielo.

151. ***¿Cuál es la base de nuestra fe y vida en Cristo?***

"Él resucitó de la muerte y vive y reina eternamente."

541 **Col 3.1-3** Puesto que ustedes ya han resucitado con Cristo, busquen las cosas de arriba, donde está Cristo sentado a la derecha de Dios. Pongan la mira en las cosas del cielo, y no en las de la tierra. Porque ustedes ya han muerto, y su vida está escondida con Cristo en Dios.

152. ***¿Por qué concluyes este artículo con las palabras "Esto es con toda certeza la verdad"?***

Porque todo lo que confieso en este artículo se enseña claramente en la Biblia, y, por lo tanto, lo creo firmemente.

El Tercer Artículo

La santificación

Creo en el Espíritu Santo; la santa iglesia cristiana, la comunión de los santos; el perdón de los pecados; la resurrección de la carne y la vida perdurable. Amén.

¿Qué quiere decir esto?

Creo que ni por mi propia razón, ni por mis propias fuerzas soy capaz de creer en Jesucristo, mi Señor, o venir a él; sino que el Espíritu Santo me ha llamado mediante el evangelio, me ha iluminado con sus dones y me ha santificado y conservado en la verdadera fe, del mismo modo que él llama, congrega, ilumina y santifica a toda la cristiandad en la tierra, y la conserva unida a Jesucristo en la verdadera y única fe; en esta cristiandad él me perdona todos los pecados a mí y a todos los creyentes, diaria y abundantemente, y en el último día me resucitará a mí y a todos los muertos y me dará en Cristo, juntamente con todos los creyentes, la vida eterna. Esto es con toda certeza la verdad.

153. ***¿Qué cinco puntos trata el tercer artículo?***

I. El Espíritu Santo
II. La iglesia, la comunión de los santos
III. El perdón de los pecados
IV. La resurrección de la carne
V. La vida perdurable

538 **Luke 1:69, 74–75** [He] has raised up a horn of salvation for us ... that we, being delivered from the hand of our enemies, might serve Him without fear, in holiness and righteousness before Him all our days.

539 **Gal. 2:20** I have been crucified with Christ. It is no longer I who live, but Christ who lives in me. And the life I now live in the flesh I live by faith in the Son of God, who loved me and gave Himself for me.

540 **1 Peter 2:9** You are a chosen race, a royal priesthood, a holy nation, a people for His own possession, that you may proclaim the excellencies of Him who called you out of darkness into His marvelous light.

Bible narrative: The saints in heaven (**Rev. 7:13–17**).

151. *What is the basis of our faith and life in Christ?*

"He is risen from the dead, lives and reigns to all eternity."

541 **Col. 3:1–3** If then you have been raised with Christ, seek the things that are above, where Christ is, seated at the right hand of God. Set your minds on things that are above, not on things that are on earth. For you have died, and your life is hidden with Christ in God.

152. *Why do you close this article with the words, "This is most certainly true"?*

Because all that I confess in this article is plainly taught in the Bible, and I, therefore, firmly believe it.

The Third Article

Sanctification

I believe in the Holy Spirit, the holy Christian church, the communion of saints, the forgiveness of sins, the resurrection of the body, and the life everlasting. Amen.

What does this mean?

I believe that I cannot by my own reason or strength believe in Jesus Christ, my Lord, or come to Him; but the Holy Spirit has called me by the Gospel, enlightened me with His gifts, sanctified and kept me in the true faith.

In the same way He calls, gathers, enlightens, and sanctifies the whole Christian church on earth, and keeps it with Jesus Christ in the one true faith.

In this Christian church He daily and richly forgives all my sins and the sins of all believers.

On the Last Day He will raise me and all the dead, and give eternal life to me and all believers in Christ. This is most certainly true.

153. *What five points does this article discuss?*

I. The Holy Spirit
II. The Church, the Communion of Saints
III. The Forgiveness of Sins
IV. The Resurrection of the Body
V. The Life Everlasting

I. El Espíritu Santo

La persona del Espíritu Santo

154. ***¿Quién es el Espíritu Santo?***

El Espíritu Santo no es meramente el poder o la energía de Dios; el Espíritu Santo es la tercera persona de la Santa Trinidad, verdadero Dios con el Padre y el Hijo.

542 **Mt 28.19** Por tanto, vayan y hagan discípulos en todas las naciones, y bautícenlos en el nombre del Padre, y del Hijo, y del Espíritu Santo.

155. ***¿Cómo sabemos que el Espíritu Santo es Dios?***

Porque las Escrituras claramente lo llaman Dios, enseñando que

A. el Espíritu Santo tiene nombres divinos;

543 **Hch 5.3-4** Entonces Pedro le dijo: "Ananías, ¿por qué le permitiste a Satanás que entrara en ti para mentirle al Espíritu Santo? ...No les has mentido a los hombres, sino a Dios.

544 **1 Co 3.16** ¿No saben que ustedes son templo de Dios, y que el Espíritu de Dios habita en ustedes?

B. el Espíritu Santo posee atributos divinos (propiedades o características);

545 **Sal 139.7-10** ¿Dónde puedo esconderme de tu espíritu? ¿Cómo podría huir de tu presencia? Si subiera yo a los cielos, allí estás tú; si me tendiera en el sepulcro, también estás allí. Si levantara el vuelo hacia el sol naciente, o si habitara en los confines del mar, aun allí tu mano me sostendría; ¡tu mano derecha no me soltaría! (Omnipresencia).

546 **1 Co 2.10** El Espíritu lo examina todo, hasta las cosas más profundas de Dios. (Omnisciencia).

547 **Heb 9.14** ¡Cuánto más la sangre de Cristo, que por medio del Espíritu eterno se ofreció a sí mismo sin mancha a Dios, limpiará de obras muertas nuestra conciencia, para que sirvamos al Dios vivo! (Eternidad).

Nota: Ver **Mt 28.19**. (Santidad).

C. el Espíritu Santo lleva a cabo obras divinas (que solamente Dios puede hacer);

548 **Gn 1.2** La tierra estaba desordenada y vacía, las tinieblas cubrían la faz del abismo, y el espíritu de Dios se movía sobre la superficie de las aguas. (Creación).

549 **Tit 3.5** Nos salvó, y no por obras de justicia que nosotros hubiéramos hecho, sino por su misericordia, por el lavamiento de la regeneración y por la renovación en el Espíritu Santo. (Santificación).

D. el Espíritu Santo recibe honor y gloria divinas.

550 **1 P 4.14** ¡Sobre ustedes reposa el glorioso Espíritu de Dios!

La obra del Espíritu Santo

156. ***¿Cuál es la obra especial del espíritu Santo?***

El Espíritu Santo me santifica (me hace santo) trayéndome a la fe en Cristo de modo que pueda obtener las bendiciones de la redención y llevar una vida santa (santificación en el sentido amplio).

Nota: La palabra santificación se usa de dos maneras:

1. (El sentido amplio) La obra completa del Espíritu Santo por la cual nos lleva a la fe y nos capacita a llevar una vida santa.

I. The Holy Spirit

The Person of the Holy Spirit

154. *Who is the Holy Spirit?*

The Holy Spirit is the third person in the Holy Trinity, true God with the Father and the Son—therefore not merely the power or energy of God.

542 **Matt. 28:19** Go therefore and make disciples of all nations, baptizing them in the name of the Father and of the Son and of the Holy Spirit.

155. *How do you know that the Holy Spirit is God?*

Because the Scriptures clearly call Him God, teaching that

A. the Holy Spirit has divine names;

543 **Acts 5:3–4** Peter said, "Ananias, why has Satan filled your heart to lie to the Holy Spirit? ... You have not lied to men but to God."

544 **1 Cor. 3:16** Do you not know that you are God's temple and that God's Spirit dwells in you?

B. the Holy Spirit possesses divine attributes (properties or characteristics);

545 **Ps. 139:7–10** Where shall I go from Your Spirit? Or where shall I flee from Your presence? If I ascend to heaven, You are there! If I make my bed in Sheol, You are there! If I take the wings of the morning and dwell in the uttermost parts of the sea, even there Your hand shall lead me, and Your right hand shall hold me. (Omnipresence)

546 **1 Cor. 2:10** The Spirit searches everything, even the depths of God. (Omniscience)

547 **Heb. 9:14** Christ, who through the eternal Spirit offered Himself without blemish to God, purify our conscience from dead works to serve the living God. (Eternity)

Note: See **Matt. 28:19**. (Holiness)

C. the Holy Spirit does divine works (which only God can do);

548 **Gen. 1:2** The earth was without form and void, and darkness was over the face of the deep. And the Spirit of God was hovering over the face of the waters. (Creation)

549 **Titus 3:5** He saved us ... by the washing of regeneration and renewal of the Holy Spirit. (Sanctification)

D. the Holy Spirit receives divine honor and glory.

550 **1 Peter 4:14** The Spirit of glory and of God rests upon you.

The Work of the Holy Spirit

156. *What is the special work of the Holy Spirit?*

The Holy Spirit sanctifies me (makes me holy) by bringing me to faith in Christ, so that I might have the blessings of redemption and lead a godly life (sanctification in the wide sense).

Note: The word sanctification is used in two ways:

1. The wide sense—the whole work of the Holy Spirit by which He brings us to faith and also enables us to lead a godly life.

2. (El sentido limitado) La parte de la obra del Espíritu Santo por la cual dirige y habilita al creyente a llevar una vida santa.

551 **1 Co 6.11** Y eso eran algunos de ustedes, pero ya han sido lavados, ya han sido santificados, ya han sido justificados en el nombre del Señor Jesús, y por el Espíritu de nuestro Dios.

157. *¿Por qué necesitas que el Espíritu Santo comience y sostenga esta fe en ti?*

Las Sagradas Escrituras dicen que soy por naturaleza espiritualmente ciego, muerto y enemigo de Dios. Por eso: "Creo que ni por mi propia razón, ni por mis propias fuerzas soy capaz de creer en Jesucristo, mi Señor, o venir a él."

552 **1 Co 2.14** El hombre natural no percibe las cosas que son del Espíritu de Dios, porque para él son una locura; y tampoco las puede entender, porque tienen que discernirse espiritualmente.

553 **Ef 2.1** A ustedes, él les dio vida cuando aún estaban muertos en sus delitos y pecados.

554 **Ro 8.7** Las intenciones de la carne llevan a la enemistad contra Dios.

555 **Ef 2.8-9** Ciertamente la gracia de Dios los ha salvado por medio de la fe. Ésta no nació de ustedes, sino que es un don de Dios; ni es resultado de las obras, para que nadie se vanaglorie.

556 **1 Co 12.3** Nadie que hable por el Espíritu de Dios puede maldecir a Jesús; y que nadie puede llamar "Señor" a Jesús, si no es por el Espíritu Santo.

158. *¿Qué ha hecho el Espíritu Santo para llevarte a la fe?*

El Espíritu Santo me ha llamado mediante el evangelio, esto es, me ha invitado y atraído por medio del evangelio para compartir las bendiciones espirituales que son mías en Cristo.

557 **Ro 1.16** No me avergüenzo del evangelio, porque es poder de Dios para la salvación de todo aquel que cree: en primer lugar, para los judíos, y también para los que no lo son.

558 **2 Ts 2.14** A esto los llamó por medio de nuestro evangelio.

559 **Ap 22.17** Y el Espíritu y la Esposa dicen: "¡Ven!" Y el que oiga, que diga: "¡Ven!" Y el que tenga sed, que venga; y el que quiera, que tome gratuitamente del agua de la vida.

H.B. **Lc 14.16-17** La parábola de la gran cena. **Mt 22.1-10** La parábola de la fiesta de bodas.

159. *¿Cómo describen las Sagradas Escrituras esta obra del Espíritu Santo en ti?*

Las Sagradas Escrituras enseñan que mediante el evangelio el Espíritu Santo "me ha iluminado con sus dones", esto es, me dio el conocimiento salvador de Jesús, mi Salvador, de modo que confío, creo, me regocijo y me consuelo en él.

560 **1 P 2.9** Pero ustedes son linaje escogido, real sacerdocio, nación santa, pueblo adquirido por Dios, para que anuncien los hechos maravillosos de aquel que los llamó de las tinieblas a su luz admirable.

561 **2 Co 4.6** Porque Dios, que mandó que de las tinieblas surgiera la luz, es quien brilló en nuestros corazones para que se revelara el conocimiento de la gloria de Dios en el rostro de Jesucristo.

562 **1 P 1.8** Ustedes aman a Jesucristo sin haberlo visto, y creen en él aunque ahora no lo ven, y se alegran con gozo inefable y glorioso.

2. The narrow sense—that part of the Holy Spirit's work by which He directs and empowers the believer to lead a godly life.

551 **1 Cor. 6:11** You were washed, you were sanctified, you were justified in the name of the Lord Jesus Christ and by the Spirit of our God.

157. *Why do you need the Holy Spirit to begin and sustain this faith in you?*

By nature I am spiritually blind, dead, and an enemy of God, as the Scriptures teach; therefore, "I cannot by my own reason or strength believe in Jesus Christ, my Lord, or come to Him."

552 **1 Cor. 2:14** The natural person does not accept the things of the Spirit of God, for they are folly to him, and he is not able to understand them because they are spiritually discerned.

553 **Eph. 2:1** You were dead in the trespasses and sins.

554 **Rom. 8:7** The mind that is set on the flesh is hostile to God.

555 **Eph. 2:8–9** By grace you have been saved through faith. And this is not your own doing; it is the gift of God, not a result of works, so that no one may boast.

556 **1 Cor. 12:3** No one can say "Jesus is Lord" except in the Holy Spirit.

158. *What has the Holy Spirit done to bring you to faith?*

The Holy Spirit "has called me by the Gospel," that is, He has invited and drawn me by the Gospel to partake of the spiritual blessings that are mine in Christ.

557 **Rom. 1:16** I am not ashamed of the gospel, for it is the power of God for salvation to everyone who believes, to the Jew first and also to the Greek.

558 **2 Thess. 2:14** To this He called you through our gospel.

559 **Rev. 22:17** The Spirit and the Bride say, "Come." And let the one who hears say, "Come." And let the one who is thirsty come; let the one who desires take the water of life without price.

Bible narrative: Invitation to the wedding banquet of the king's son (**Matt. 22:1–10**). Invitation to the great banquet (**Luke 14:16–17**).

159. *How do the Scriptures describe this gracious work of the Spirit in you?*

The Scriptures teach that by the Gospel the Holy Spirit "enlightened me with His gifts," that is, He gave me the saving knowledge of Jesus, my Savior, so that I trust, rejoice, and find comfort in Him.

560 **1 Peter 2:9** You are a chosen race, a royal priesthood, a holy nation, a people for His own possession, that you may proclaim the excellencies of Him who called you out of darkness into His marvelous light.

561 **2 Cor. 4:6** God, who said, "Let light shine out of darkness," has shone in our hearts to give the light of the knowledge of the glory of God in the face of Jesus Christ.

562 **1 Peter 1:8** Though you do not now see Him, you believe in Him and rejoice with joy that is inexpressible and filled with glory.

563 **Ro 15.13** ¡Que el Dios de la esperanza los llene de todo gozo y paz en la fe, para que rebosen de esperanza por el poder del Espíritu Santo!

H.B. **Hch 8.5-8** Los samaritanos se llenaron de gozo cuando Felipe les predicó el evangelio. **Hch 16.25-34** El carcelero de Filipos y su familia se llenaron de gozo porque llegaron a la fe.

160. ***¿Cómo se llama esta obra del Espíritu Santo?***

Se llama conversión o regeneración (nuevo nacimiento).

564 **Sal 51.13** Así instruiré a los pecadores en tus caminos; así los pecadores se volverán a ti. (Conversión).

565 **Jn 3.5-6** Jesús le respondió: De cierto, de cierto te digo, que el que no nace de agua y del Espíritu, no puede entrar en el reino de Dios. Lo que nace de la carne, carne es; y lo que nace del Espíritu, espíritu es. (Regeneración).

161. ***¿Por qué decimos que el Espíritu Santo ha hecho esto a través del evangelio?***

El evangelio es el medio a través del cual el Espíritu Santo nos da las bendiciones de Cristo y crea la fe en nosotros.

Nota: La Palabra escrita y hablada del evangelio y los sacramentos son los medios de gracia.

566 **Jn 17.20** No ruego solamente por éstos, sino también por los que han de creer en mí por la palabra de ellos.

567 **Ro 10.17** Así que la fe proviene del oír, y el oír proviene de la palabra de Dios.

568 **1 Co 4.15** En Cristo Jesús yo los engendré por medio del evangelio.

569 **1 P 1.23** Ustedes han nacido de nuevo, y no de una simiente perecedera, sino de una simiente imperecedera, por la palabra de Dios que vive y permanece para siempre.

570 **Tit 3.5** Nos salvó, y no por obras de justicia que nosotros hubiéramos hecho, sino por su misericordia, por el lavamiento de la regeneración y por la renovación en el Espíritu Santo. (Bautismo).

571 **Jn 20.22-23** Habiendo dicho esto, sopló y les dijo: "Reciban el Espíritu Santo. A quienes ustedes perdonen los pecados, les serán perdonados; y a quienes no se los perdonen, no les serán perdonados. (Absolución).

572 **Mt 26.27-28** Después tomó la copa, y luego de dar gracias, la entregó a sus discípulos y les dijo: "Beban de ella todos, porque esto es mi sangre del nuevo pacto, que es derramada por muchos, para perdón de los pecados." (Santa Cena).

162. ***¿Qué más crea en ti el Espíritu Santo por medio del evangelio?***

El Espíritu Santo me ha santificado en la verdadera fe, esto es, ha renovado toda mi vida en espíritu, voluntad, actitud y deseos mediante la fe, de modo que ahora trato de superar el pecado y hacer buenas obras (santificación en el sentido limitado).

573 **Sal 51.10** Dios mío, ¡crea en mí un corazón limpio! ¡Renueva en mí un espíritu de rectitud!

574 **Ro 8.9** Pero ustedes no viven según las intenciones de la carne, sino según el Espíritu, si es que el Espíritu de Dios habita en ustedes. Y si alguno no tiene el Espíritu de Cristo, no es de él.

575 **2 Co 5.17** Si alguno está en Cristo, ya es una nueva creación.

576 **Gl 5.22-23** Pero el fruto del Espíritu es amor, gozo, paz, paciencia, benignidad, bondad, fe, mansedumbre, templanza. Contra tales cosas no hay ley.

563 **Rom. 15:13** May the God of hope fill you with all joy and peace in believing, so that by the power of the Holy Spirit you may abound in hope.

Bible narrative: The Samaritans were filled with great joy when Philip preached Christ to them (**Acts 8:5–8**). The jailer at Philippi and his whole family were filled with joy because they had come to believe (**Acts 16: 25–34**).

160. *What is this work of the Holy Spirit called?*

It is called conversion (being turned) or regeneration (new birth).

564 **Ps. 51:13** I will teach transgressors Your ways, and sinners will return to You. (Conversion)

565 **John 3:5–6** Jesus answered, "Truly, truly, I say to you, unless one is born of water and the Spirit, he cannot enter the kingdom of God. That which is born of the flesh is flesh, and that which is born of the Spirit is spirit." (Regeneration)

161. *Why do you say that the Holy Spirit has done this by the Gospel?*

The Gospel is the means by which the Holy Spirit offers us all the blessings of Christ and creates faith in us.

Note: The written and spoken Word of the Gospel and the sacraments are the means of grace.

566 **John 17:20** I do not ask for these only, but also for those who will believe in Me through their word.

567 **Rom. 10:17** Faith comes from hearing, and hearing through the word of Christ.

568 **1 Cor. 4:15** I became your father in Christ Jesus through the gospel.

569 **1 Peter 1:23** You have been born again, not of perishable seed but of imperishable, through the living and abiding word of God.

570 **Titus 3:5** He saved us ... by the washing of regeneration and renewal of the Holy Spirit. (Baptism)

571 **John 20:22–23** And when He had said this, He breathed on them and said to them, "Receive the Holy Spirit. If you forgive the sins of any, they are forgiven them; if you withhold forgiveness from any, it is withheld." (Absolution)

572 **Matt. 26:27–28** He took a cup, and when He had given thanks He gave it to them, saying, "Drink of it, all of you, for this is My blood of the covenant [testament], which is poured out for many for the forgiveness of sins." (Lord's Supper)

162. *Besides faith, what else does the Holy Spirit create in you by the Gospel?*

The Holy Spirit sanctifies me in the true faith, that is, by faith He works a renewal of my whole life—in spirit, will, attitude, and desires—so that I now strive to overcome sin and do good works (sanctification in the narrow sense).

573 **Ps. 51:10** Create in me a clean heart, O God, and renew a right spirit within me.

574 **Rom. 8:9** You, however, are not in the flesh but in the Spirit, if in fact the Spirit of God dwells in you. Anyone who does not have the Spirit of Christ does not belong to Him.

575 **2 Cor. 5:17** If anyone is in Christ, he is a new creation.

576 **Gal. 5:22–23** The fruit of the Spirit is love, joy, peace, patience, kindness, goodness, faithfulness, gentleness, self-control.

577 **Ef 2.10** Nosotros somos hechura suya; hemos sido creados en Cristo Jesús para realizar buenas obras, las cuales Dios preparó de antemano para que vivamos de acuerdo con ellas.

578 **Ef 5.18-20** No se emborrachen con vino, lo cual lleva al desenfreno; más bien, llénense del Espíritu. Hablen entre ustedes con salmos, himnos y cánticos espirituales; canten y alaben al Señor con el corazón, y den siempre gracias por todo al Dios y Padre, en el nombre de nuestro Señor Jesucristo.

163. *¿Qué son buenas obras delante de Dios?*

Una buena obra delante de Dios es todo lo que un hijo de Dios hace, habla o piensa en la fe, de acuerdo con los Diez Mandamientos, para la gloria de Dios y el bienestar del prójimo.

579 **Heb 11.6** Sin fe es imposible agradar a Dios.

580 **Jn 15.5** Yo soy la vid y ustedes los pámpanos; el que permanece en mí, y yo en él, éste lleva mucho fruto; porque separados de mí ustedes nada pueden hacer.

581 **Mt 15.9** No tiene sentido que me honren, si sus enseñanzas son mandamientos humanos.

582 **Jn 14.15** Si me aman, obedezcan mis mandamientos.

583 **1 Co 10.31** Así que, si ustedes comen o beben, o hacen alguna otra cosa, háganlo todo para la gloria de Dios.

584 **Gl 5.13** Sírvanse los unos a los otros por amor.

H.B. **Mc 12.41-44** La viuda dio todo lo que tenía. **Mc 14.3-9** Una mujer derrama perfume sobre Jesús. **Lc 10.38-42** Marta sirvió a Jesús y María oyó su Palabra.

164. *¿Qué enseñan las Escrituras acerca de los dones del Espíritu Santo?*

Las Escrituras enseñan que el Espíritu Santo da dones a su iglesia. Ellas enseñan que:

A. el Espíritu Santo, por medio de la Palabra y los sacramentos, da libremente a todos los cristianos los más preciosos dones: fe en Cristo, el perdón de los pecados y la vida eterna;

B. en tiempos apostólicos el Espíritu Santo también dio a algunos cristianos el don de obrar milagros (por ejemplo: curaciones, hablar en lenguas, resucitar muertos).

Las Escrituras no enseñan, sin embargo, que Dios dará necesariamente a todos los cristianos en todos los tiempos y en todos los lugares, dones milagrosos. El Espíritu Santo da sus bendiciones de acuerdo a su buena voluntad.

585 **2 Co 12.12** Con todo, las señales de apóstol se han realizado entre ustedes con toda paciencia, por medio de señales, prodigios y milagros.

577 **Eph. 2:10** For we are His workmanship, created in Christ Jesus for good works, which God prepared beforehand, that we should walk in them.

578 **Eph. 5:18–20** Do not get drunk with wine, for that is debauchery, but be filled with the Spirit, addressing one another in psalms and hymns and spiritual songs, singing and making melody to the Lord with your heart, giving thanks always and for everything to God the Father in the name of our Lord Jesus Christ.

163. ***What are good works in God's sight?***

In God's sight a good work is everything that a child of God does, speaks, or thinks in faith according to the Ten Commandments, for the glory of God, and for the benefit of his or her neighbor.

579 **Heb. 11:6** Without faith it is impossible to please [God].

580 **John 15:5** Whoever abides in Me and I in him, he it is that bears much fruit, for apart from Me you can do nothing.

581 **Matt. 15:9** In vain do they worship Me, teaching as doctrines the commandments of men.

582 **John 14:15** If you love Me, you will keep My commandments.

583 **1 Cor. 10:31** Whether you eat or drink, or whatever you do, do all to the glory of God.

584 **Gal. 5:13** Through love serve one another.

Bible narrative: The widow's offering (**Mark 12:41–44**). The expensive perfume poured on Jesus' head (**Mark 14:3–9**). Mary and Martha (**Luke 10:38–42**).

164. ***What do the Scriptures teach about the gifts of the Holy Spirit?***

The Scriptures teach that the Holy Spirit gives gifts to His church. They teach that

A. the Holy Spirit through the Word and sacraments freely gives to all Christians the most precious gifts: faith in Christ, the forgiveness of sins, and eternal life;

B. in apostolic times the Holy Spirit also gave some Christians the gift to perform miraculous signs and wonders (for example, healings, speaking in tongues, raising the dead).

The Scriptures do not teach, however, that God will necessarily give all Christians in every time and place special miraculous gifts. The Holy Spirit bestows His blessings according to His good pleasure.

585 **2 Cor. 12:12** The signs of a true apostle were performed among you with utmost patience, with signs and wonders and mighty works.

586 **Ef 2.20-22** [Ustedes] están edificados sobre el fundamento de los apóstoles y profetas, cuya principal piedra angular es Jesucristo mismo. En Cristo, todo el edificio, bien coordinado, va creciendo para llegar a ser un templo santo en el Señor; en Cristo, también ustedes son edificados en unión con él, para que allí habite Dios en el Espíritu.

H.B. **Hch 5.12-16; 8.14-19; 19.11-12, 20; 20.7-12** Señales especiales conectadas personalmente con los apóstoles.

Nota: En el lenguaje popular, la palabra carismático describe a una persona dinámica, un culto altamente emocional, o la pretensión de tener dones milagrosos especiales. Pero la palabra griega *carisma* simplemente significa "don" y se refiere, por ejemplo, a toda la obra salvadora de Cristo **Ro 5.15-16**, a la vida eterna **Ro 6.23**, y ser soltero o casado **1 Co 7.7**.

165. ***¿Finalmente, qué hace también el Espíritu Santo por ti?***

El Espíritu Santo mediante el evangelio me conserva en la única y verdadera fe.

587 **Fil 1.6** Estoy persuadido de que el que comenzó en ustedes la buena obra, la perfeccionará hasta el día de Jesucristo.

588 **1 P 1.5** A ustedes, que por medio de la fe son protegidos por el poder de Dios, para que alcancen la salvación, lista ya para manifestarse cuando llegue el momento final.

589 **1 Ts 2.13** La palabra de Dios, la cual actúa en ustedes los creyentes.

166. ***¿A quién más regenera y renueva el Espíritu Santo?***

El Espíritu Santo "llama, congrega, ilumina y santifica a toda la cristiandad en la tierra, y la conserva en Jesucristo en la única y verdadera fe."

590 **Ef 3.6** Por medio del evangelio, los no judíos son coherederos y miembros del mismo cuerpo, y copartícipes de la promesa en Cristo Jesús.

167. ***¿Quiere hacer todo esto el Espíritu Santo en las vidas de todas las personas?***

Dios el Espíritu Santo sinceramente quiere convertir a toda la gente y traerla a la salvación por medio del evangelio.

591 **Ez 33.11** No quiero la muerte del impío, sino que éste se aparte de su mal camino y viva.

592 **1 Ti 2.4** [Dios] quiere que todos los hombres sean salvos y lleguen a conocer la verdad.

593 **2 P 3.9** El Señor... nos tiene paciencia y no quiere que ninguno se pierda, sino que todos se vuelvan.

168. ***¿Por qué, entonces, no se salva toda la gente?***

Muchos rechazan la Palabra y resisten al Espíritu Santo, por lo tanto permanecen en la incredulidad y bajo el juicio de Dios por su propia culpa.

594 **Mt 23.37** ¡Jerusalén, Jerusalén, que matas a los profetas y apedreas a los que son enviados a ti! ¡Cuántas veces quise juntar a tus hijos, como junta la gallina a sus polluelos debajo de sus alas, y no quisiste!

595 **Hch 7.51** ¡Pero ustedes son duros de cabeza, de corazón y de oídos! ¡Siempre se oponen al Espíritu Santo! ¡Son iguales que sus padres!

H.B. **Mt 22.1-10** Los invitados no quisieron asistir. **Lc 14.16-24** Los convidados rechazaron la invitación.

586 **Eph. 2:20–22** [You are] built on the foundation of the apostles and prophets, Christ Jesus Himself being the cornerstone, in whom the whole structure, being joined together, grows into a holy temple in the Lord. In Him you also are being built together into a dwelling place for God by the Spirit.

Bible narrative: Special signs connected with the apostles personally (**Acts 5:12–16**; **8:14–19**; **19:11–12, 20**; **20:7–12**).

Note: In popular English, the word charismatic describes a dynamic person, highly emotional worship, or claims of special miraculous gifts. But the Greek word charisma means simply "gift" and refers, for example, to Christ's whole work of salvation (**Rom. 5:15–16**), to eternal life (**Rom. 6:23**), and to being married or single (**1 Cor. 7:7**).

165. *Finally, what also does the Holy Spirit do for you?*

The Holy Spirit by the Gospel keeps me in the true faith.

587 **Phil. 1:6** He who began a good work in you will bring it to completion at the day of Jesus Christ.

588 **1 Peter 1:5** [You] who by God's power are being guarded through faith for a salvation ready to be revealed in the last time.

589 **1 Thess. 2:13** The word of God ... is at work in you believers.

166. *Whom else does the Holy Spirit regenerate and renew?*

The Holy Spirit "calls, gathers, enlightens, and sanctifies the whole Christian church on earth, and keeps it with Jesus Christ in the one true faith."

590 **Eph. 3:6** The Gentiles are fellow heirs, members of the same body, and partakers of the promise in Christ Jesus through the gospel.

167. *Does the Holy Spirit want to do this in the lives of all people?*

God the Holy Spirit earnestly wants to convert all people and bring them to salvation through the Gospel.

591 **Ezek. 33:11** I have no pleasure in the death of the wicked, but that the wicked turn from his way and live.

592 **1 Tim. 2:4** [God] desires all people to be saved and to come to the knowledge of the truth.

593 **2 Peter 3:9** The Lord ... is patient toward you, not wishing that any should perish, but that all should reach repentance.

168. *Then, why are not all people saved?*

Many reject the Word and resist the Holy Spirit; therefore they remain in unbelief and under God's judgment by their own fault.

594 **Matt. 23:37** O Jerusalem, Jerusalem, the city that kills the prophets and stone those who are sent to it! How often would I have gathered your children together as a hen gathers her brood under her wings, and you would not!

595 **Acts 7:51** You stiff-necked people, uncircumcised in heart and ears, you always resist the Holy Spirit. As your fathers did, so do you.

Bible narrative: The invited guests refused to come (**Matt. 22:1–10**). The guests refused to accept the invitation (**Luke 14:16–24**).

II. La iglesia, la comunión de los santos

169. ***¿Qué es la santa iglesia cristiana?***

La santa iglesia cristiana es la comunión de los santos, el número total de los que creen en Cristo. Todos los creyentes en Cristo, y sólo ellos, son miembros de la iglesia (iglesia invisible).

596 **Ef 2.19-22** Por lo tanto, ustedes ya no son extranjeros ni advenedizos, sino conciudadanos de los santos y miembros de la familia de Dios, y están edificados sobre el fundamento de los apóstoles y profetas, cuya principal piedra angular es Jesucristo mismo. En Cristo, todo el edificio, bien coordinado, va creciendo para llegar a ser un templo santo en el Señor; en Cristo, también ustedes son edificados en unión con él, para que allí habite Dios en el Espíritu.

597 **Jn 10.16** También tengo otras ovejas, que no son de este redil; también a aquéllas debo traer, y oirán mi voz, y habrá un rebaño y un pastor.

598 **Ro 8.9** Y si alguno no tiene el Espíritu de Cristo, no es de él.

170. ***¿Por qué dices: "creo" en la iglesia?***

A. Porque la fe, la cual hace a las personas miembros de la iglesia, es invisible; la iglesia es invisible a los ojos humanos.

599 **Lc 17.20-21** El reino de Dios no vendrá con advertencia, ni se dirá: "Aquí está", o "Allí está"; porque el reino de Dios está entre ustedes.

600 **2 Ti 2.19** Pero el fundamento de Dios está firme, y tiene este sello: "El Señor conoce a los que son suyos."

B. Las Sagradas Escrituras nos aseguran que el Espíritu Santo continúa reuniendo y preservando la iglesia.

601 **Mt 16.18** Y yo te digo que tú eres Pedro, y sobre esta roca edificaré mi iglesia, y las puertas del Hades no podrán vencerla.

602 **Hch 2.41, 47** Fue así como los que recibieron su palabra fueron bautizados, y ese día se añadieron como tres mil personas. ...Y cada día el Señor añadía a la iglesia a los que habían de ser salvos.

H.B. **1 R 19.8-18** Dios había conservado siete mil creyentes en Israel.

171. ***¿Por qué dices: creo en "la" iglesia?***

Hay sólo una iglesia, un cuerpo espiritual de creyentes, cuya única cabeza es Cristo.

603 **Ro 12.4-5** Porque así como en un cuerpo hay muchos miembros... así también nosotros, aunque somos muchos, formamos un solo cuerpo en Cristo.

604 **Ef 4.3-6** Procuren mantener la unidad del Espíritu en el vínculo de la paz. Así como ustedes fueron llamados a una sola esperanza, hay también un cuerpo y un Espíritu, un Señor, una fe, un bautismo, y un Dios y Padre de todos, el cual está por encima de todos, actúa por medio de todos, y está en todos.

605 **Col 1.18** [Cristo] es la cabeza del cuerpo, que es la iglesia.

172. ***¿Por qué llamamos a la iglesia "santa"?***

Porque está formada por gente santa, creyentes que han sido lavados con la sangre de Cristo y que sirven a Dios con una vida santa.

II. The Church, the Communion of Saints

169. ***What is the holy Christian church?***

The holy Christian church is the communion of saints, the total number of those who believe in Christ. All believers in Christ, but only believers, are members of the church (invisible church).

596 **Eph. 2:19–22** You are no longer strangers and aliens, but you are fellow citizens with the saints and members of the household of God, built on the foundation of the apostles and prophets, Christ Jesus Himself being the cornerstone, in whom the whole structure, being joined together, grows into a holy temple in the Lord. In Him you also are being built together into a dwelling place for God by the Spirit.

597 **John 10:16** I have other sheep that are not of this fold. I must bring them also, and they will listen to My voice. So there will be one flock, one shepherd.

598 **Rom. 8:9** Anyone who does not have the Spirit of Christ does not belong to Him.

170. ***Why do you say, "I believe" in the church?***

A. Because faith, which makes people members of the church, is invisible, the church is invisible to human eyes.

599 **Luke 17:20–21** The kingdom of God is not coming with signs to be observed, nor will they say, "Look, here it is!" or "There!" for behold, the kingdom of God is in the midst of you.

600 **2 Tim. 2:19** God's firm foundation stands, bearing this seal: "The Lord knows those who are His."

B. The Scriptures assure us that the Holy Spirit continues to gather and preserve the church.

601 **Matt. 16:18** You are Peter, and on this rock I will build My church, and the gates of hell shall not prevail against it.

602 **Acts 2:41, 47** Those who received His word were baptized, and there were added that day about three thousand souls... . And the Lord added to their number day by day those who were being saved.

Bible narrative: The seven thousand in Israel (**1 Kings 19:8–18**).

171. ***Why do you say, I believe in "the" church?***

There is only one church, one spiritual body of believers (saints), whose one and only head is Christ.

603 **Rom. 12:4–5** For as in one body we have many members ... so we, though many, are one body in Christ.

604 **Eph. 4:3–6** [Be] eager to maintain the unity of the Spirit in the bond of peace. There is one body and one Spirit—just as you were called to the one hope that belongs to your call—one Lord, one faith, one baptism, one God and Father of all, who is over all and through all and in all.

605 **Col. 1:18** [Christ] is the head of the body, the church.

172. ***Why is the church called "holy"?***

It is made up of holy people (saints), believers who have been cleansed by the blood of Christ and who serve God with holy living.

606 **Ef 5.25-27** Cristo amó a la iglesia, y se entregó a sí mismo por ella, para santificarla. Él la purificó en el lavamiento del agua por la palabra, a fin de presentársela a sí mismo como una iglesia gloriosa, santa e intachable, sin mancha ni arruga ni nada semejante.

607 **1 P 2.5** Y ustedes también, como piedras vivas, sean edificados como casa espiritual y sacerdocio santo, para ofrecer sacrificios espirituales que Dios acepte por medio de Jesucristo.

173. ***¿Por qué llamamos a la iglesia "cristiana"?***

La iglesia pertenece a Cristo y está edificada únicamente sobre él.

608 **1 Co 3.11** Nadie puede poner otro fundamento que el que está puesto, el cual es Jesucristo.

609 **Ef 2.20** [Ustedes] están edificados sobre el fundamento de los apóstoles y profetas, cuya principal piedra angular es Jesucristo mismoedificio.

Nota: La palabra *católica*, que algunas veces se usa en credos, significa "universal" o "general". La iglesia existe en todo el mundo, dondequiera se proclama el evangelio.

174. ***¿Dónde podemos encontrar esta santa iglesia cristiana?***

La santa iglesia cristiana se encuentra donde "se predica genuinamente el evangelio y se administran los santos sacramentos de acuerdo con el evangelio" (Confesión de Augsburgo VII 1) El evangelio y los sacramentos son llamados las "marcas de la iglesia."

610 **Is 55.10-11** Así como la lluvia y la nieve caen de los cielos, y no vuelven allá, sino que riegan la tierra y la hacen germinar y producir, con lo que dan semilla para el que siembra y pan para el que come, así también mi palabra, cuando sale de mi boca, no vuelve a mí vacía, sino que hace todo lo que yo quiero, y tiene éxito en todo aquello para lo cual la envié.

175. ***¿En qué otros sentidos se usa la palabra "iglesia"?***

La palabra iglesia también se usa para indicar

- **A.** La iglesia visible de Dios;
- **B.** una denominación;
- **C.** una congregación local;
- **D.** una casa de adoración.

176. ***¿Por qué también llama la Escritura "iglesia" a la congregación local?***

Se llama iglesia a las reuniones visibles, locales, alrededor de los medios de gracia, porque allí se reúnen los creyentes alrededor de la Palabra y los sacramentos.

611 **Mt 18.17** Si tampoco a ellos les hace caso, hazlo saber a la iglesia; y si tampoco a la iglesia le hace caso, ténganlo entonces por gentil y cobrador de impuestos.

612 **Mt 28.19-20** Vayan y hagan discípulos en todas las naciones, y bautícenlos en el nombre del Padre, y del Hijo, y del Espíritu Santo. Enséñenles a cumplir todas las cosas que les he mandado. Y yo estaré con ustedes todos los días, hasta el fin del mundo.

606 **Eph. 5:25–27** Christ loved the church and gave Himself up for her, that He might sanctify her, having cleansed her by the washing of water with the word, so that He might present the church to Himself in splendor, without spot or wrinkle or any such thing, that she might be holy and without blemish.

607 **1 Peter 2:5** You yourselves like living stones are being built up as a spiritual house, to be a holy priesthood, to offer spiritual sacrifices acceptable to God through Jesus Christ.

173. ***Why is the church called "Christian"?***

It belongs to Christ and is built on Him alone.

608 **1 Cor. 3:11** No one can lay a foundation other than that which is laid, which is Jesus Christ.

609 **Eph. 2:20** [You are] built on the foundation of the apostles and prophets, Christ Jesus Himself being the cornerstone.

Note: The word catholic, sometimes used in creeds, means "universal" or "general." The church exists throughout the world, wherever the Gospel is proclaimed.

174. ***Where is the holy Christian church to be found?***

The holy Christian church is to be found where "the Gospel is purely taught and the Sacraments are correctly administered" (Augsburg Confession VII 1). The Gospel and the sacraments are called the "marks of the church."

610 **Is. 55:10–11** For as the rain and the snow come down from heaven and do not return there but water the earth, making it bring forth and sprout, giving seed to the sower and bread to the eater, so shall My word be that goes out from My mouth; it shall not return to Me empty, but it shall accomplish that which I purpose, and shall succeed in the thing for which I sent it.

175. ***In what other senses is the word church used?***

The word church is also used to indicate

- **A.** the visible church of God;
- **B.** a denomination;
- **C.** a local congregation;
- **D.** a house of worship.

176. ***Why does Scripture call local congregations "church"?***

Local, visible gatherings around the means of grace are called churches because there believers are gathered around Word and sacrament.

611 **Matt. 18:17** If he refuses to listen to them, tell it to the church. And if he refuses to listen even to the church, let him be to you as a Gentile and a tax collector.

612 **Matt. 28:19–20** Go therefore and make disciples of all nations, baptizing them in the name of the Father and of the Son and of the Holy Spirit, teaching them to observe all that I have commanded you. And behold, I am with you always, to the end of the age.

613 **1 Co 1.2** A la iglesia de Dios que está en Corinto, a los que han sido santificados en Cristo Jesús y llamados a ser santos, junto con todos los que en todas partes invocan el nombre del Señor Jesucristo, Señor suyo y nuestro.

Nota: Pablo escribió a las iglesias en Galacia**Gl 1.2**. Él escribió a la iglesia en Tesalónica **1 Ts 1.1**. Juan escribió a las siete iglesias de Asia Menor **Ap 1-3**. También se llama "iglesia" a un grupo de congregaciones **Hch 9.31**.

177. *¿Qué es la iglesia visible?*

La iglesia visible es el número total de los que profesan la fe cristiana y usan la palabra de Dios, pero entre quienes, aparte de los verdaderos creyentes, hay también hipócritas.

178. *¿Hay entonces dos iglesias, una visible y otra invisible?*

Hay solamente una iglesia: todos los creyentes en Cristo. La asamblea visible se llama iglesia debido a los creyentes que se reúnen alrededor de los medios de gracia en una asamblea en la cual también hay hipócritas.

H.B. **Mt 13.47-48** La red atrapó toda clase de peces.**Mt 22.11-12** Un hombre sin la vestimenta apropiada. **Hch 5.1-11** Ananías y Safira.

179. *¿Qué enseñan las Escrituras acerca de nuestra vida en la iglesia?*

Ellas enseñan que

A. siempre debemos tratar de ser y permanecer miembros de la iglesia invisible, el cuerpo de Cristo, mediante fe sincera en Cristo, nuestro Salvador;

614 **Jn 15.5** Yo soy la vid y ustedes los pámpanos; el que permanece en mí, y yo en él, éste lleva mucho fruto; porque separados de mí ustedes nada pueden hacer.

615 **2 Co 13.5** Examínense ustedes mismos y vean si permanecen en la fe; pónganse a prueba ustedes mismos.

B. debemos ser fieles a aquella iglesia visible, o denominación, que profesa y enseña toda la doctrina bíblica en toda su pureza, y administra los sacramentos de acuerdo a la institución de Cristo;

616 **Jn 8.31-32** Si ustedes permanecen en mi palabra, serán verdaderamente mis discípulos; y conocerán la verdad, y la verdad los hará libres.

617 **Hch 2.42** Se mantenían fieles a las enseñanzas de los apóstoles y en el mutuo compañerismo, en el partimiento del pan y en las oraciones.

618 **1 Co 1.10** Hermanos, les ruego por el nombre de nuestro Señor Jesucristo, que se pongan de acuerdo y que no haya divisiones entre ustedes, sino que estén perfectamente unidos en un mismo sentir y en un mismo parecer.

Nota: Una denominación religiosa es una iglesia u organización con un nombre definido y una doctrina definida.

C. debemos evitar los maestros falsos, iglesias falsas y todas las organizaciones que promueven una religión contraria a la palabra de Dios;

619 **Mt 7.15-16** Cuídense de los falsos profetas, que vienen a ustedes disfrazados de ovejas, pero por dentro son lobos rapaces. Ustedes los conocerán por sus frutos, pues no se recogen uvas de los espinos, ni higos de los abrojos.

613 **1 Cor. 1:2** To the church of God that is in Corinth, to those sanctified in Christ Jesus, called to be saints together with all those who in every place call upon the name of our Lord Jesus Christ, both their Lord and ours.

Note: Paul wrote to the churches in Galatia (**Gal. 1:2**). He wrote to the church of the Thessalonians (**1 Thess. 1:1**). John wrote to the seven churches of Asia Minor (**Revelation 1–3**). A group of congregations is also called "church" (**Acts 9:31**).

177. *What is the visible church?*

The visible church is the whole number of those who use the Word of God and profess the Christian faith, but among whom, beside the true Christians, there are also unbelievers.

178. *Are there then two churches, one visible and the other invisible?*

There is only one church—all believers in Christ. The visible gathering is called church because of the believers gathered around the means of grace in an assembly in which there are also hypocrites.

Bible narrative: The net that caught all kinds of fish (**Matt. 13:47–48**). A man without wedding clothes (**Matt. 22:11–12**). Ananias and Sapphira (**Acts 5:1–11**).

179. *What do the Scriptures teach about our life in the church?*

They teach that

A. we should seek always to be and remain members of the invisible church, Christ's body, by sincere faith in Christ, our Savior;

614 **John 15:5** I am the vine; you are the branches. Whoever abides in Me and I in him, he it is that bears much fruit, for apart from Me you can do nothing.

615 **2 Cor. 13:5** Examine yourselves, to see whether you are in the faith. Test yourselves.

B. we should be faithful to that visible church, or denomination, which professes and teaches all of the Bible's doctrine purely and administers the sacraments according to Christ's institution;

616 **John 8:31–32** If you abide in My word, you are truly My disciples, and you will know the truth, and the truth will set you free.

617 **Acts 2:42** They devoted themselves to the apostles' teaching and the fellowship, to the breaking of bread and the prayers.

618 **1 Cor. 1:10** I appeal to you, brothers, by the name of our Lord Jesus Christ, that all of you agree, and that there be no divisions among you, but that you be united in the same mind and the same judgment.

Note: A religious denomination is a church body or organization with a distinct name and a distinct body of doctrine.

C. we should avoid false teachers, false churches, and all organizations that promote a religion that is contrary to God's Word;

619 **Matt. 7:15–16** Beware of false prophets, who come to you in sheep's clothing but inwardly are ravenous wolves. You will recognize them by their fruits.

620 **Ro 16.17-18** Pero les ruego, hermanos, que se cuiden de los que causan divisiones y tropiezos en contra de la enseñanza que ustedes han recibido, y que se aparten de ellos. Porque tales personas no sirven a nuestro Señor Jesucristo, sino a su propio vientre, y con palabras suaves y lisonjeras engañan al corazón de los ingenuos.

621 **2 Co 6.14** No se unan con los incrédulos en un yugo desigual. (Ver vv. 15-18).

622 **Gl 1.8** Pero si aun nosotros, o un ángel del cielo, les anuncia otro evangelio diferente del que les hemos anunciado, quede bajo maldición.

623 **2 Ti 4.3** Porque vendrá un tiempo en que no soportarán la sana doctrina, sino que aun teniendo comezón de oír se amontonarán maestros conforme a sus propios malos deseos.

624 **1 Jn 4.1** Amados, no crean a todo espíritu, sino pongan a prueba los espíritus, para ver si son de Dios. Porque muchos falsos profetas han salido por el mundo.

D. debemos mantener y extender la iglesia de Dios contando a otros acerca de Jesucristo, por medio del servicio personal, la oración y el apoyo económico.

625 **Jn 20.21** Así como el Padre me envió, también yo los envío a ustedes.

626 **Hch 1.8** Cuando venga sobre ustedes el Espíritu Santo recibirán poder, y serán mis testigos en Jerusalén, en Judea, en Samaria, y hasta lo último de la tierra.

627 **Hch 8.1, 4** ese día se desató una gran persecución contra la iglesia que estaba en Jerusalén, y muchos se dispersaron por las tierras de Judea y de Samaria, menos los apóstoles. ...Mientras tanto, los que se habían dispersado iban por todas partes anunciando el evangelio.

628 **1 P 2.9** Pero ustedes son linaje escogido, real sacerdocio, nación santa, pueblo adquirido por Dios, para que anuncien los hechos maravillosos de aquel que los llamó de las tinieblas a su luz admirable.

629 **1 P 3.15** Manténganse siempre listos para defenderse, con mansedumbre y respeto, ante aquellos que les pidan explicarles la esperanza que hay en ustedes.

630 **Lc 10.2** Les dijo: "Ciertamente, es mucha la mies, pero son pocos los segadores. Por tanto, pidan al Señor de la mies que envíe segadores a cosechar la mies."

631 **Gl 6.6** El que recibe enseñanza en la palabra, haga partícipe de toda cosa buena al que lo enseña.

H.B. **Hch 2.17-39; 3.12-26** Pedro le habló a la multitud. **Hch 8.26-35** Felipe evangelizó al eunuco. **Hch 4.23-30** Los primeros cristianos oraban por la propagación del evangelio. **Fil 4.16-19** Ellos también contribuyeron para el sostén del ministerio.

620 **Rom. 16:17–18** I appeal to you, brothers, to watch out for those who cause divisions and create obstacles contrary to the doctrine that you have been taught; avoid them. For such persons do not serve our Lord Christ, but their own appetites, and by smooth talk and flattery they deceive the hearts of the naive.

621 **2 Cor. 6:14** Do not be unequally yoked with unbelievers. (See also **vv. 15–18.**)

622 **Gal. 1:8** Even if we or an angel from heaven should preach to you a gospel contrary to the one we preached to you, let him be accursed.

623 **2 Tim. 4:3** The time is coming when people will not endure sound teaching, but having itching ears they will accumulate for themselves teachers to suit their own passions.

624 **1 John 4:1** Beloved, do not believe every spirit, but test the spirits to see whether they are from God, for many false prophets have gone out into the world.

D. we should maintain and extend God's church by telling others about Jesus Christ, by personal service, and by prayer and financial support.

625 **John 20:21** As the Father has sent Me, even so I am sending you.

626 **Acts 1:8** You will receive power when the Holy Spirit has come upon you, and you will be My witnesses in Jerusalem and in all Judea and Samaria, and to the end of the earth.

627 **Acts 8:1, 4** And there arose on that day a great persecution against the church in Jerusalem, and they were all scattered throughout the regions of Judea and Samaria, except the apostles… . Those who were scattered went about preaching the word.

628 **1 Peter 2:9** You are a chosen race, a royal priesthood, a holy nation, a people for His own possession, that you may proclaim the excellencies of Him who called you out of darkness into His marvelous light.

629 **1 Peter 3:15** Always [be] prepared to make a defense to anyone who asks you for a reason for the hope that is in you; yet do it with gentleness and respect.

630 **Luke 10:2** He said to them, "The harvest is plentiful, but the laborers are few. Therefore pray earnestly to the Lord of the harvest to send out laborers into His harvest."

631 **Gal. 6:6** One who is taught the word must share all good things with the one who teaches.

Bible narrative: Peter addressed the crowds (**Acts 2:17–39; 3:12–26**). Philip witnessed to the eunuch (**Acts 8:26–35**). The early Christians prayed for the spreading of the Gospel (**Acts 4:23–30**). They also contributed to the support of the ministry (**Phil. 4:16–19**).

III. El perdón de los pecados

180. ***¿Por qué dices: "Creo en el perdón de los pecados"?***

Creo en el perdón de los pecados porque, mediante Cristo, Dios ha declarado el perdón a toda la humanidad pecadora.

632 **Sal 130.3-4** Señor, si te fijaras en nuestros pecados, ¿quién podría sostenerse en tu presencia? Pero en ti hallamos perdón, para que seas reverenciado.

633 **2 Co 5.19** En Cristo, Dios estaba reconciliando al mundo consigo mismo, sin tomarles en cuenta sus pecados, y que a nosotros nos encargó el mensaje de la reconciliación.

181. ***¿Qué motiva a Dios perdonar pecados?***

Dios perdona pecados porque él es misericordioso y por el sacrificio expiatorio de Cristo por los pecadores.

634 **Sal 86.15** Pero tú, Señor, eres un Dios compasivo y clemente, lento para la ira, pero grande en misericordia y verdad.

635 **Jn 3.16** Porque de tal manera amó Dios al mundo, que ha dado a su Hijo unigénito, para que todo aquel que en él cree no se pierda, sino que tenga vida eterna.

636 **Ef 1.7** En él tenemos la redención por medio de su sangre, el perdón de los pecados según las riquezas de su gracia.

637 **1 Jn 2.2** Y él es la propiciación por nuestros pecados; y no solamente por los nuestros, sino también por los de todo el mundo.

182. ***¿Cómo es posible que un Dios justo y santo declare inocente al pecador (justificación)?***

Por causa de Cristo Dios declara justo a los pecadores; esto es, nuestros pecados han sido imputados o cargados a Cristo, el Salvador, y la justicia de Cristo nos ha sido imputada o acreditada a nosotros.

638 **2 Co 5.21** Al que no cometió ningún pecado, por nosotros Dios lo hizo pecado, para que en él nosotros fuéramos hechos justicia de Dios.

639 **Ro 3.22-24** La justicia de Dios, por medio de la fe en Jesucristo, es para todos los que creen en él. Pues no hay diferencia alguna, por cuanto todos pecaron y están destituidos de la gloria de Dios; pero son justificados gratuitamente por su gracia, mediante la redención que proveyó Cristo Jesús.

640 **Ro 4.25** [Jesús] fue entregado por nuestros pecados, y resucitó para nuestra justificación.

H.B. **Mt 18.23-35** El rey perdonó al siervo malvado toda su deuda.

183. ***¿Dónde ofrece Dios el perdón de los pecados?***

Dios ofrece el perdón de los pecados en el evangelio.

641 **Lc 24.47** Y que en su nombre se predicara el arrepentimiento y el perdón de pecados en todas las naciones, comenzando por Jerusalén.

642 **Ro 1.16** No me avergüenzo del evangelio, porque es poder de Dios para la salvación de todo aquel que cree: en primer lugar, para los judíos, y también para los que no lo son.

643 **2 Co 5.19** [Dios]... a nosotros nos encargó el mensaje de la reconciliación.

184. ***¿Cómo recibimos el perdón de los pecados?***

Recibimos este perdón por medio de la fe, esto es, creyendo en el evangelio.

644 **Gn 15.6** Y Abrán creyó al Señor, y eso le fue contado por justicia.

III. The Forgiveness of Sin

180. ***Why do you say, "I believe in the forgiveness of sins"?***

I believe in the forgiveness of sins because through Christ God has declared pardon and forgiveness to all sinful humanity.

632 **Ps. 130:3–4** If you, O Lord, should mark iniquities, O Lord, who could stand? But with You there is forgiveness, that You may be feared.

633 **2 Cor. 5:19** In Christ God was reconciling the world to Himself, not counting their trespasses against them.

181. ***What moves God to forgive sins?***

God forgives sins because He is merciful and because of Christ's atoning sacrifice for sinners.

634 **Ps. 86:15** You, O Lord, are a God merciful and gracious, slow to anger and abounding in steadfast love and faithfulness.

635 **John 3:16** God so loved the world, that He gave His only Son, that whoever believes in Him should not perish but have eternal life.

636 **Eph. 1:7** In [Christ] we have redemption through His blood, the forgiveness of our trespasses, according to the riches of [God's] grace.

637 **1 John 2:2** He is the propitiation for our sins, and not for ours only but also for the sins of the whole world.

182. ***How is it possible for a just and holy God to declare sinners righteous (justification)?***

God declares sinners righteous for Christ's sake; that is, our sins have been imputed or charged to Christ, the Savior, and Christ's righteousness has been imputed or credited to us.

638 **2 Cor. 5:21** [God] made Him to be sin who knew no sin, so that in Him we might become the righteousness of God.

639 **Rom. 3:22–24** There is no distinction: for all have sinned and fall short of the glory of God, and are justified by His grace as a gift, through the redemption that is in Christ Jesus.

640 **Rom. 4:25** [He] was delivered up for our trespasses and raised for our justification.

Bible narrative: The king forgave the servant all his debts (**Matt. 18:23–35**).

183. ***Where does God offer the forgiveness of sins?***

God offers the forgiveness of sins in the Gospel.

641 **Luke 24:47** Repentance and forgiveness of sins should be proclaimed in His name to all nations.

642 **Rom. 1:16** I am not ashamed of the gospel, for it is the power of God for salvation to everyone who believes, to the Jew first and also to the Greek.

643 **2 Cor. 5:19** [He has entrusted] to us the message of reconciliation.

184. ***How do you receive this forgiveness of sins?***

I receive this forgiveness through faith, that is, by believing the Gospel.

644 **Gen. 15:6** [Abram] believed the Lord, and He counted it to him as righteousness.

645 **Ro 3.28** El hombre es justificado por la fe, sin las obras de la ley.
646 **Ro 4.5** Pero al que no trabaja, sino que cree en aquel que justifica al pecador, su fe se le toma en cuenta como justicia.
H.B. **Lc 18.9-14** El cobrador de impuestos aceptó el perdón.

185. ***¿Por qué puedo y debo estar seguro del perdón de mis pecados?***

Todo creyente puede y debe de estar seguro del perdón de sus pecados porque Dios cumple sus promesas en Cristo.

647 **Ro 8.38-39** Estoy seguro de que ni la muerte, ni la vida, ni los ángeles, ni los principados, ni las potestades, ni lo presente, ni lo por venir, ni lo alto, ni lo profundo, ni ninguna otra cosa creada nos podrá separar del amor que Dios nos ha mostrado en Cristo Jesús nuestro Señor.
648 **2 Ti 1.12** Pero no me avergüenzo, porque yo sé a quién he creído, y estoy seguro de que él es poderoso para guardar mi depósito para aquel día.

186. ***¿Por qué debemos mantener con toda firmeza esta doctrina de la justificación por gracia, a causa de Cristo, mediante la fe?***

Debemos mantener firmes esta doctrina porque

A. es el artículo principal de la doctrina cristiana;

649 **Hch 4.12** En ningún otro hay salvación, porque no se ha dado a la humanidad ningún otro nombre bajo el cielo mediante el cual podamos alcanzar la salvación.
650 **Hch 10.43** Acerca de él dicen los profetas que todos los que crean en su nombre recibirán el perdón de sus pecados.

B. distingue a la religión cristiana de todas las religiones falsas, las cuales enseñan la salvación por obras;

651 **Gl 5.4-5** Ustedes, los que por la ley se justifican, se han desligado de Cristo; han caído de la gracia. Pues nosotros por el Espíritu aguardamos, por fe, la esperanza de la justicia.
Nota: Ver **Miq 7.18-20**

C. trae consuelo permanente a los pobres pecadores;

652 **Hch 16.30-31, 34** "Señores, ¿qué debo hacer para salvarme?" Ellos le dijeron: "Cree en el Señor Jesucristo, y se salvarán tú y tu familia." ...él y toda su casa se alegraron mucho de haber creído en Dios.
653 **Mt 9.2** Ten ánimo, hijo; los pecados te son perdonados.

D. da toda la gloria a Dios por su gracia y misericordia en Cristo.

654 **Ap 1.5-6** Él nos amó; con su sangre nos lavó de nuestros pecados, y nos hizo reyes y sacerdotes para Dios, su Padre. Por eso, a él sea dada la gloria y el poder por los siglos de los siglos. Amén.

IV. La resurrección de la carne

187. ***¿Qué enseñan las Escrituras acerca de la resurrección del cuerpo?***

Ellas enseñan que en el último día Cristo me resucitará a mí y a todos los muertos. Los mismos cuerpos que murieron serán revivificados.

655 **Job 19.25-27** Yo sé que mi Redentor vive, y que al final se levantará del polvo. También sé que he de contemplar a Dios, aun cuando el sepulcro destruya mi cuerpo. Yo mismo seré quien lo vea, y lo veré con mis propios ojos, aun cuando por dentro ya estoy desfalleciendo.

645 **Rom. 3:28** One is justified by faith apart from works of the law.

646 **Rom. 4:5** To the one who does not work but believes in Him who justifies the ungodly, his faith is counted as righteousness.

Bible narrative: The tax collector in the temple (**Luke 18:9–14**).

185. *Why can and should I be sure of the forgiveness of my sins?*

I can and should be sure of the forgiveness of my sins because God keeps His promises in Christ.

647 **Rom. 8:38–39** I am sure that neither death nor life, nor angels nor rulers, nor things present nor things to come, nor powers, nor height nor depth, nor anything else in all creation, will be able to separate us from the love of God in Christ Jesus our Lord.

648 **2 Tim. 1:12** I know whom I have believed, and I am convinced that He is able to guard until that Day what has been entrusted to me.

186. *Why must we firmly hold to this teaching of justification by grace, for Christ's sake, through faith?*

We must firmly hold to this teaching because

A. it is the most important doctrine of the Christian religion;

649 **Acts 4:12** There is salvation in no one else, for there is no other name under heaven given among men by which we must be saved.

650 **Acts 10:43** To Him all the prophets bear witness that everyone who believes in Him receives forgiveness of sins through His name.

B. it distinguishes the Christian religion from false religions, all of which teach salvation by works;

651 **Gal. 5:4–5** You are severed from Christ, you who would be justified by the law; you have fallen away from grace. For through the Spirit, by faith, we ourselves eagerly wait for the hope of righteousness.

Note: See **Micah 7:18–20**.

C. it gives enduring comfort to the penitent sinner;

652 **Acts 16:30–31, 34** "Sirs, what must I do to be saved?" And they said, "Believe in the Lord Jesus, and you will be saved, you and your household."… He rejoiced along with his entire household that he had believed in God.

653 **Matt. 9:2** Take heart, My son; your sins are forgiven.

D. it gives all glory to God for His grace and mercy in Christ.

654 **Rev. 1:5–6** To Him who loves us and has freed us from our sins by His blood and has made us a kingdom, priests to His God and Father, to Him be glory and dominion forever and ever. Amen.

IV. The Resurrection of the Body

187. *What do the Scriptures teach about the resurrection of the body?*

They teach that on the Last Day Christ "will raise me and all the dead." The same bodies that have died shall be made alive.

655 **Job 19:25–27** I know that my Redeemer lives, and at the last He will stand upon the earth. And after my skin has been thus destroyed, yet in my flesh I shall see God, whom I shall see for myself, and my eyes shall behold, and not another.

656 **Jn 5.28-29** Vendrá el tiempo cuando todos los que están en los sepulcros oirán su voz; y los que hicieron lo bueno, saldrán a resurrección de vida; pero los que hicieron lo malo, a resurrección de condenación.

657 **1 Ts 4.16** Se oirá una voz de mando, la voz de un arcángel y el sonido de la trompeta de Dios, y el Señor mismo bajará del cielo. Y los que murieron creyendo en Cristo, resucitarán primero.

188. ***¿Podemos renacer de nuevo en diferentes cuerpos o formas?***

La reencarnación, la creencia de que cuando el ser humano muere, puede volver a nacer en otro cuerpo o en una serie de cuerpos; es una enseñanza contraria a las Escrituras.

658 **Heb 9.27-28** Y así como está establecido que los hombres mueran una sola vez, y después venga el juicio, así también Cristo fue ofrecido una sola vez para llevar los pecados de muchos; pero aparecerá por segunda vez, ya sin relación con el pecado, para salvar a los que lo esperan.

Nota: Ver **1 Co 15.**

189. ***¿Qué diferencia habrá entre los creyentes y los incrédulos en el día de la resurrección?***

A. Los creyentes resucitarán con cuerpos glorificados, y entrarán en la vida eterna en el cielo con Dios;

659 **Dn 12.2** Muchos de los que duermen en el polvo de la tierra serán despertados, unos para vida eterna, y otros para vergüenza y confusión perpetua.

660 **Jn 5.28-29** Vendrá el tiempo cuando todos los que están en los sepulcros oirán su voz; y los que hicieron lo bueno, saldrán a resurrección de vida; pero los que hicieron lo malo, a resurrección de condenación.

661 **1 Co 15.42-43** Así será también en la resurrección de los muertos: Lo que se siembra en corrupción, resucitará en incorrupción; lo que se siembra en deshonra, resucitará en gloria; lo que se siembra en debilidad, resucitará en poder.

662 **Fil 3.21** [Jesucristo]... transformará el cuerpo de nuestra humillación, para que sea semejante al cuerpo de su gloria.

B. los incrédulos resucitarán para muerte eterna, esto es, para vergüenza y tormento eternos en el infierno.

663 **Is 66.24** Porque sus gusanos nunca morirán, ni se apagará su fuego. Y todo el mundo los verá con repugnancia.

664 **Mt 10.28** No teman a los que matan el cuerpo, pero no pueden matar el alma. Más bien, teman a aquel que puede destruir alma y cuerpo en el infierno.

665 **Mt 25.41** Entonces dirá también a los de la izquierda: "¡Apártense de mí, malditos! ¡Vayan al fuego eterno, preparado para el diablo y sus ángeles!"

666 **Ap 1.7** ¡Miren! ¡Ya viene en las nubes! Y todos lo verán, aun los que lo traspasaron; y todas las naciones de la tierra harán lamentación por él. Sí, amén.

H.B. **Lc 16.19-31** La historia del hombre rico y el pobre Lázaro ilustra que hay solamente dos lugares después de la muerte.

656 **John 5:28–29** An hour is coming when all who are in the tombs will hear His voice and come out.

657 **1 Thess. 4:16** The Lord Himself will descend from heaven with a cry of command, with the voice of an archangel, and with the sound of the trumpet of God. And the dead in Christ will rise first.

188. *Are people reborn in bodies or forms?*

Reincarnation, the belief that when people die they are reborn in other bodies or in a series of other bodies, is contrary to Scripture.

658 **Heb. 9:27–28** Just as it is appointed for man to die once, and after that comes judgment, so Christ, having been offered once to bear the sins of many, will appear a second time, not to deal with sin but to save those who are eagerly waiting for Him.

Note: See **1 Corinthians 15**.

189. *What difference will there be between believers and unbelievers in the resurrection?*

A. The believers will rise with glorified bodies and enter everlasting life in heaven with God.

659 **Dan. 12:2** And many of those who sleep in the dust of the earth shall awake, some to everlasting life, and some to shame and everlasting contempt.

660 **John 5:28–29** All who are in the tombs will hear His voice and come out, those who have done good to the resurrection of life, and those who have done evil to the resurrection of judgment.

661 **1 Cor. 15:42–43** So it is with the resurrection of the dead. What is sown is perishable; what is raised is imperishable. It is sown in dishonor; it is raised in glory. It is sown in weakness; it is raised in power.

662 **Phil. 3:21** [Christ] will transform our lowly body to be like His glorious body.

B. The unbelievers will rise to eternal death, that is, to shame and torment in hell forever.

663 **Is. 66:24** Their worm shall not die, their fire shall not be quenched, and they shall be an abhorrence to all flesh.

664 **Matt. 10:28** Do not fear those who kill the body but cannot kill the soul. Rather fear Him who can destroy both soul and body in hell.

665 **Matt. 25:41** He will say to those on His left, "Depart from Me, you cursed, into the eternal fire prepared for the devil and his angels."

666 **Rev. 1:7** Behold, He is coming with the clouds, and every eye will see Him, even those who pierced Him, and all tribes of the earth will wail on account of Him. Even so. Amen.

Bible narrative: The story of the rich man and Lazarus illustrates that there are only two places (**Luke 16:19–31**).

V. La vida perdurable

190. ***¿A quién le da Dios la vida eterna?***

Dios dará la vida eterna a mí y a todos los creyentes en Cristo.

A. La vida eterna es una posesión presente.

667 **Jn 17.3** Y ésta es la vida eterna: que te conozcan a ti, el único Dios verdadero, y a Jesucristo, a quien has enviado.

668 **Jn 3.16** Porque de tal manera amó Dios al mundo, que ha dado a su Hijo unigénito, para que todo aquel que en él cree no se pierda, sino que tenga vida eterna.

669 **Ro 10.9** Si confiesas con tu boca que Jesús es el Señor, y crees en tu corazón que Dios lo levantó de los muertos, serás salvo.

670 **Jn 3.36** El que cree en el Hijo tiene vida eterna, pero el que se niega a creer en el Hijo no verá la vida, sino que la ira de Dios recae sobre él.

B. Al momento de la muerte, el alma del creyente está inmediatamente con Cristo en el cielo.

671 **Ec 12.7** Entonces el polvo volverá a la tierra, de donde fue tomado, y el espíritu volverá a Dios, que lo dio.

672 **Lc 23.43** De cierto te digo que hoy estarás conmigo en el paraíso.

673 **Jn 17.24** Padre, quiero que donde yo estoy también estén conmigo aquellos que me has dado, para que vean mi gloria, la cual me has dado; porque me has amado desde antes de la fundación del mundo.

674 **Fil 1.23-24** Por ambas cosas me encuentro en un dilema, pues tengo el deseo de partir y estar con Cristo, lo cual es muchísimo mejor; pero quedarme en la carne es más necesario por causa de ustedes.

675 **Ap 14.13** Entonces oí una voz que venía del cielo, la cual me decía: "Escribe: De aquí en adelante, bienaventurados sean los que mueren en el Señor." Y el Espíritu dice: "Sí, porque así descansarán de sus trabajos, pues sus obras los acompañan."

C. En el último día los creyentes, en cuerpo y alma, empezarán a gozar plenamente el estar eternamente con Cristo.

676 **1 Co 15.51-52** Presten atención, que les voy a contar un misterio: No todos moriremos, pero todos seremos transformados en un instante, en un abrir y cerrar de ojos, cuando suene la trompeta final. Pues la trompeta sonará, y los muertos serán resucitados incorruptibles, y nosotros seremos transformados.

677 **Mt 25.34** entonces el Rey dirá a los de su derecha: "Vengan, benditos de mi Padre, y hereden el reino preparado para ustedes desde la fundación del mundo."

678 **Sal 16.11** Con tu presencia me llenas de alegría; ¡estando a tu lado seré siempre dichoso!

679 **Ro 8.18** Pues no tengo dudas de que las aflicciones del tiempo presente en nada se comparan con la gloria venidera que habrá de revelarse en nosotros.

680 **1 Jn 3.2** Amados, ahora somos hijos de Dios, y aún no se ha manifestado lo que hemos de ser. Pero sabemos que, cuando él se manifieste, seremos semejantes a él porque lo veremos tal como él es.

V. The Life Everlasting

190. ***To whom does God give eternal life?***

God gives eternal life to me and all believers in Christ.

A. Eternal life is a present possession.

667 **John 17:3** This is eternal life, that they know You the only true God, and Jesus Christ whom You have sent.

668 **John 3:16** God so loved the world, that He gave His only Son, that whoever believes in Him should not perish but have eternal life.

669 **Rom. 10:9** If you confess with your mouth that Jesus is Lord and believe in your heart that God raised Him from the dead, you will be saved.

670 **John 3:36** Whoever believes in the Son has eternal life; whoever does not obey the Son shall not see life, but the wrath of God remains on him.

B. At the time of death, the soul of a believer is immediately with Christ in heaven.

671 **Eccl. 12:7** The dust returns to the earth as it was, and the spirit returns to God who gave it.

672 **Luke 23:43** Truly, I say to you, today you will be with Me in Paradise.

673 **John 17:24** Father, I desire that they also, whom You have given Me, may be with Me where I am, to see My glory that You have given Me because You loved Me before the foundation of the world.

674 **Phil. 1:23–24** My desire is to depart and be with Christ, for that is far better. But to remain in the flesh is more necessary on your account.

675 **Rev. 14:13** I heard a voice from heaven saying, "Write this: Blessed are the dead who die in the Lord from now on." "Blessed indeed," says the Spirit, "that they may rest from their labors, for their deeds follow them!"

C. At the Last Day the believers, in both body and soul, will begin the full enjoyment of being with Christ forever.

676 **1 Cor. 15:51–52** Behold! I tell you a mystery. We shall not all sleep, but we shall all be changed, in a moment, in the twinkling of an eye, at the last trumpet. For the trumpet will sound, and the dead will be raised imperishable, and we shall be changed.

677 **Matt. 25:34** Then the King [Jesus] will say to those on His right, "Come, you who are blessed by My Father, inherit the kingdom prepared for you from the foundation of the world."

678 **Ps. 16:11** In Your presence there is fullness of joy; at Your right hand are pleasures forevermore.

679 **Rom. 8:18** I consider that the sufferings of this present time are not worth comparing with the glory that is to be revealed to us.

680 **1 John 3:2** Beloved, we are God's children now, and what we will be has not yet appeared; but we know that when He appears we shall be like Him, because we shall see Him as He is.

191. ***¿Estás seguro de que tú también entrarás en la vida perdurable?***
Así como ahora creo en Cristo mi Salvador, así también sé que he sido elegido para la vida perdurable, de pura gracia en Cristo, sin ningún mérito de mi parte, y que nadie podrá arrebatarme de la mano de Dios (la eterna elección de gracia o predestinación).

681 **Jn 10.27-28** Las que son mis ovejas, oyen mi voz; y yo las conozco, y ellas me siguen. Y yo les doy vida eterna; y no perecerán jamás, ni nadie las arrebatará de mi mano.

682 **Ro 8.28-30** sabemos que Dios dispone todas las cosas para el bien de los que lo aman, es decir, de los que él ha llamado de acuerdo a su propósito. Porque a los que antes conoció, también los predestinó para que sean hechos conforme a la imagen de su Hijo, para que él sea el primogénito entre muchos hermanos. Y a los que predestinó, también los llamó; y a los que llamó, también los justificó; y a los que justificó, también los glorificó.

683 **Ef 1.3-6** Bendito sea el Dios y Padre de nuestro Señor Jesucristo, que en Cristo nos ha bendecido con toda bendición espiritual en los lugares celestiales. En él, Dios nos escogió antes de la fundación del mundo, para que en su presencia seamos santos e intachables. Por amor nos predestinó para que por medio de Jesucristo fuéramos adoptados como hijos suyos, según el beneplácito de su voluntad, para alabanza de la gloria de su gracia, con la cual nos hizo aceptos en el Amado.

192. ***¿Por qué concluyes este artículo con las palabras: "Esto es con toda certeza la verdad"?***
Porque todo lo que confieso en este artículo es enseñado claramente en la Biblia y por lo tanto lo creo firmemente.

191. ***Are you sure that you have eternal life?***

Even as I now believe in Christ my Savior, I also know that I have been chosen to eternal life out of pure grace in Christ without any merit of my own and that no one can pluck me out of His hand (eternal election of grace or predestination).

681 **John 10:27–28** My sheep hear My voice, and I know them, and they follow Me. I give them eternal life, and they will never perish, and no one will snatch them out of My hand.

682 **Rom. 8:28–30** We know that for those who love God all things work together for good, for those who are called according to His purpose. For those whom He foreknew He also predestined to be conformed to the image of His Son, in order that He might be the firstborn among many brothers. And those whom He predestined He also called, and those whom He called He also justified, and those whom He justified He also glorified.

683 **Eph. 1:3–6** Blessed be the God and Father of our Lord Jesus Christ, who has blessed us in Christ with every spiritual blessing in the heavenly places, even as He chose us in Him before the foundation of the world, that we should be holy and blameless before Him. In love He predestined us for adoption as sons through Jesus Christ, according to the purpose of His will, to the praise of His glorious grace, with which He has blessed us in the Beloved.

192. ***Why do you close this article with the words "This is most certainly true"?***

Because all that I confess in this article is plainly taught in the Bible and therefore I firmly believe it.

193. ***¿Qué privilegio y qué mandamiento ha dado Dios a los creyentes en Cristo Jesús?***

Dios ordena e invita a los creyentes en Cristo Jesús a orar.

684 **Mt 7.7-8** Pidan, y se les dará, busquen, y encontrarán, llamen, y se les abrirá. Porque todo aquel que pide, recibe, y el que busca, encuentra, y al que llama, se le abre.

685 **1 Ts 5.16-18** Estén siempre gozosos. Oren sin cesar. Den gracias a Dios en todo, porque ésta es su voluntad para ustedes en Cristo Jesús.

194. ***¿Qué es orar?***

Orar es hablar con Dios en palabras y pensamientos.

686 **Sal 19.14** Tú, Señor, eres mi roca y mi redentor; ¡agrádate de mis palabras y de mis pensamientos!

687 **Hch 7.59-60** Mientras lo apedreaban, Esteban rogaba: "Señor Jesús, recibe mi espíritu." Luego cayó de rodillas y clamó con fuerte voz: "Señor, no les tomes en cuenta este pecado." Y dicho esto, murió.

H.B. **Gn 18.22-23** Abrahán oró por Sodoma. **Mt 26.36-44** Jesús en Getsemaní. **Hch 4.23-31** Los creyentes dieron gracias cuando Pedro y Juan fueron liberados de la prisión.

195. ***¿A quién debemos orar?***

Debemos orar solamente al verdadero Dios: Padre, Hijo, y Espíritu Santo. No debemos orar a santos, ni a ídolos, ni a ninguna cosa creada por Dios.

688 **Sal 65.2** Tú escuchas nuestras oraciones. A ti acude todo el género humano.

689 **1 Jn 5.20-21** Estamos en el verdadero, en su Hijo Jesucristo. Éste es el verdadero Dios, y la vida eterna. Hijitos, manténganse apartados de los ídolos.

690 **Ap 22.8-9** Yo, Juan, soy quien vio y oyó estas cosas. Después de verlas y oírlas, me postré a los pies del ángel que me mostraba estas cosas, para adorarlo, pero él me dijo: "¡No lo hagas! Yo soy consiervo tuyo y de tus hermanos los profetas, y de los que obedecen las palabras de este libro. ¡Tú, adora a Dios!"

H.B. **1 R 18.25-29, 36-39** Elías y los sacerdotes de Baal. **Dn 6.1-23** Daniel en el foso de los leones. **Hch 14.8-18** Pablo en Listra. **Jn 17** La oración sumosacerdotal de Jesús.

196. ***¿Las oraciones de quienes son aceptables a Dios?***

Sólo los creyentes en Cristo pueden orar a Dios y esperar ser oídos.

691 **Jn 14.13-14** Y todo lo que pidan al Padre en mi nombre, lo haré, para que el Padre sea glorificado en el Hijo. Si algo piden en mi nombre, yo lo haré.

692 **Jn 15.7** Si permanecen en mí, y mis palabras permanecen en ustedes, pidan todo lo que quieran, y se les concederá.

197. ***¿Qué debemos pedir a Dios en nuestras oraciones?***

Debemos pedir a Dios todo lo que tienda a la gloria de Dios y al bienestar nuestro y de nuestro prójimo, tanto bendiciones espirituales como temporales. También debemos alabar y dar gracias a Dios por lo que él es y ha hecho.

693 **Fil 4.6** No se preocupen por nada. Que sus peticiones sean conocidas delante de Dios en toda oración y ruego, con acción de gracias.

193. ***What privilege and command does God give to those who believe in Jesus Christ?***
God commands and invites believers in Jesus Christ to pray.

684 **Matt. 7:7–8** Ask, and it will be given to you; seek, and you will find; knock, and it will be opened to you. For everyone who asks receives, and the one who seeks finds, and to the one who knocks it will be opened.

685 **1 Thess. 5:16–18** Rejoice always, pray without ceasing, give thanks in all circumstances; for this is the will of God in Christ Jesus for you.

194. ***What is prayer?***
Prayer is speaking to God in words and thoughts.

686 **Ps. 19:14** Let the words of my mouth and the meditation of my heart be acceptable in Your sight, O Lord, my Rock and my Redeemer.

687 **Acts 7:59–60** And as they were stoning Stephen, he called out, "Lord Jesus, receive my spirit." And falling to his knees he cried out with a loud voice, "Lord, do not hold this sin against them." And when he had said this, he fell asleep.

Bible narrative: Abraham prayed for Sodom (**Gen. 18:22–23**). Jesus in Gethsemane (**Matt. 26:36–44**). Thanksgiving for the release of Peter and John from prison (**Acts 4:23–31**).

195. ***To whom should we pray?***
We should pray to the true God only, Father, Son, and Holy Spirit, not to idols, saints, or anything God has created.

688 **Ps. 65:2** O You who hear prayer, to You shall all flesh come.

689 **1 John 5:20–21** We are in Him who is true, in His Son Jesus Christ. He is the true God and eternal life. Little children, keep yourselves from idols.

690 **Rev. 22:8–9** I, John, am the one who heard and saw these things. And when I heard and saw them, I fell down to worship at the feet of the angel who showed them to me, but he said to me, "You must not do that! I am a fellow servant with you and your brothers the prophets, and with those who keep the words of this book. Worship God."

Bible narrative: Elijah and the priests of Baal (**1 Kings 18:25–29, 36–39**). Daniel in the lions' den (**Dan. 6: 1–23**). Paul in Lystra (**Acts 14:8–18**). Jesus' High Priestly Prayer (**John 17**).

196. ***Whose prayers are acceptable to God?***
Only those who believe in Jesus Christ may pray to God and expect to be heard.

691 **John 14:13–14** Whatever you ask in My name, this I will do, that the Father may be glorified in the Son. If you ask Me anything in My name, I will do it.

692 **John 15:7** If you abide in Me, and My words abide in you, ask whatever you wish, and it will be done for you.

197. ***What should be the content of our prayers?***
In our prayers we should ask for everything that tends to the glory of God and to our own and our neighbor's welfare, both spiritual and bodily blessings. We should also praise and thank God for who He is and what He has done.

693 **Phil. 4:6** Do not be anxious about anything, but in everything by prayer and supplication with thanksgiving let your requests be made known to God.

694 **Sal 136.1** ¡Alabemos al Señor, porque él es bueno! ¡Su misericordia permanece para siempre!

198. ***¿Cómo debemos orar?***

Debemos orar

A. en el nombre de Jesús, esto es, con fe en él como nuestro Redentor;

695 **Jn 16.23** De cierto, de cierto les digo, que todo lo que pidan al Padre, en mi nombre, él se lo concederá.

B. con confianza, esto es, con la firme seguridad de que por los méritos de Cristo nuestras oraciones serán contestadas;

696 **Mt 21.22** Si ustedes creen, todo lo que pidan en oración lo recibirán.

697 **Stg 1.6-7** Pero tiene que pedir con fe y sin dudar nada, porque el que duda es como las olas del mar, que el viento agita y lleva de un lado a otro. Quien sea así, no piense que recibirá del Señor cosa alguna.

C. de acuerdo a la voluntad revelada de Dios.

698 **Lc 11.13** Pues si ustedes, que son malos, saben dar cosas buenas a sus hijos, ¡cuánto más el Padre celestial dará el Espíritu Santo a quienes se lo pidan!

699 **Lc 22.42** Padre, si quieres, haz que pase de mí esta copa; pero que no se haga mi voluntad, sino la tuya.

700 **Mt 8.2** Un leproso se le acercó, se arrodilló ante él y le dijo: "Señor, si quieres, puedes limpiarme."

701 **1 Jn 5.14** Y ésta es la confianza que tenemos en él: si pedimos algo según su voluntad, él nos oye.

199. ***¿Quién nos ayuda a orar?***

Dios el Espíritu Santo ora con nosotros y por nosotros.

702 **Ro 8.26** De igual manera, el Espíritu nos ayuda en nuestra debilidad, pues no sabemos qué nos conviene pedir, pero el Espíritu mismo intercede por nosotros con gemidos indecibles.

200. ***¿Cómo contesta Dios las oraciones?***

Dios escucha las oraciones de todos los cristianos y las contesta en su propia manera y a su propio tiempo.

703 **Is 65.24** Antes de que me pidan ayuda, yo les responderé; no habrán terminado de hablar cuando ya los habré escuchado.

704 **2 Co 12.8-9** Tres veces le he rogado al Señor que me lo quite, pero él me ha dicho: "Con mi gracia tienes más que suficiente, porque mi poder se perfecciona en la debilidad." Por eso, con mucho gusto habré de jactarme en mis debilidades, para que el poder de Cristo repose en mí.

H.B. **Mt 8.5-13** Jesús sanó al sirviente del centurión. **Mt 9.1-8** Jesús sanó al paralítico. **Ex 3.7-10** El Señor rescató a Israel de Egipto. **Lc 18.1-8** La parábola de la viuda persistente.

201. ***¿Por quién debemos orar?***

Debemos orar por nosotros mismos y por todas las demás personas, aún por nuestros enemigos, pero nunca por los muertos.

705 **1 Ti 2.1** Ante todo, exhorto a que se hagan rogativas, oraciones, peticiones y acciones de gracias por todos los hombres.

694 **Ps. 136:1** Give thanks to the Lord, for He is good, for His steadfast love endures forever.

198. *How should we pray?*

We should pray

A. in the name of Jesus, that is, with faith in Him as our Redeemer;

695 **John 16:23** Truly, truly, I say to you, whatever you ask of the Father in My name, He will give it to you.

B. with confidence, that is with firm trust that for Jesus' sake our prayers will be answered;

696 **Matt. 21:22** And whatever you ask in prayer, you will receive, if you have faith.

697 **James 1:6–7** Let him ask in faith, with no doubting, for the one who doubts is like a wave of the sea that is driven and tossed by the wind. For that person must not suppose that he will receive anything from the Lord.

C. according to God's revealed will.

698 **Luke 11:13** If you then, who are evil, know how to give good gifts to your children, how much more will the heavenly Father give the Holy Spirit to those who ask Him!

699 **Luke 22:42** Father, if You are willing, remove this cup from Me. Nevertheless, not My will, but Yours, be done.

700 **Matt. 8:2** Behold, a leper came to Him and knelt before Him, saying, "Lord, if You will, You can make me clean."

701 **1 John 5:14** This is the confidence that we have toward Him, that if we ask anything according to His will He hears us.

199. *Who helps us pray?*

God the Holy Spirit prays with and for us.

702 **Rom. 8:26** Likewise the Spirit helps us in our weakness. For we do not know what to pray for as we ought, but the Spirit Himself intercedes for us with groanings too deep for words.

200. *How does God answer prayer?*

God hears the prayers of all Christians and answers in His own way and at His own time.

703 **Is. 65:24** Before they call I will answer; while they are yet speaking I will hear.

704 **2 Cor. 12:8–9** Three times I pleaded with the Lord about this, that it should leave me. But He said to me, "My grace is sufficient for you, for My power is made perfect in weakness." Therefore I will boast all the more gladly of my weaknesses, so that the power of Christ may rest upon me.

Bible narrative: Jesus healed a centurion's servant (**Matt. 8:5–13**). Jesus healed a paralytic (**Matt. 9:1–8**). The Lord planned to rescue Israel from Egypt (**Ex. 3:7–10**). The parable of the persistent widow (**Luke 18:1–8**).

201. *For whom should we pray?*

We should pray for ourselves and for all other people, even for our enemies, but not for the souls of the dead.

705 **1 Tim. 2:1–2** First of all, then, I urge that supplications, prayers, intercessions, and thanksgivings be made for all people, for kings and all who are in high positions, that we may lead a peaceful and quiet life, godly and dignified in every way.

706 **Mt 5.44** Oren por quienes los persiguen.
707 **Heb 9.27** Está establecido que los hombres mueran una sola vez, y después venga el juicio.

H.B. **Lc 18.13** El cobrador de impuestos oró por sí mismo.**Gn 18.23-32** Abrahán intercedió por Sodoma. **Mt 15.22-28** La mujer cananea rogó por su hija.**Lc 23.34** Jesucristo pidió por sus enemigos. **Hch 7.60** Esteban oró por sus enemigos.

202. *¿Dónde debemos orar?*

Debemos orar en todo lugar, especialmente cuando estamos solos, con nuestras familias y en la iglesia.

708 **1 Ti 2.8** Por tanto, quiero que los hombres oren en todas partes, y levanten manos santas, sin ira ni contienda.
709 **Mt 6.6** Pero tú, cuando ores, entra en tu aposento, y con la puerta cerrada ora a tu Padre que está en secreto, y tu Padre que ve en lo secreto te recompensará en público.
710 **Lc 5.16** Jesús se retiraba a lugares apartados para orar.
711 **Hch 12.5** Mientras que Pedro era bien vigilado en la cárcel, en la iglesia se oraba constantemente a Dios por él.

203. *¿Cuándo debemos orar?*

Debemos orar regular y frecuentemente, y especialmente durante la aflicción.

712 **Sal 65.8** Tú haces que el sol grite de alegría al salir por la mañana, y al caer la tarde.
713 **Sal 119.164** Siete veces al día te alabo porque tus juicios son siempre justos.
714 **Dn 6.10** Y cuando Daniel supo que el edicto había sido firmado, entró en su casa, abrió las ventanas de su alcoba que daban hacia Jerusalén, y tres veces al día se arrodillaba y oraba a su Dios, dándole gracias como acostumbraba hacerlo.
715 **Lc 18.1** Jesús les contó una parábola en cuanto a la necesidad de orar siempre y de no desanimarse.
716 **1 Ts 5.17-18** Oren sin cesar. Den gracias a Dios en todo, porque ésta es su voluntad para ustedes en Cristo Jesús.
717 **Sal 50.15** Invócame en el día de la angustia; yo te libraré, y tú me honrarás.

H.B. **Hch 2.46-3.1; 10** Los primeros cristianos guardaban las acostumbradas horas de oración.

Nota: Véanse, las oraciones para la mañana, la noche y la hora de comer, sugeridas por Lutero en este catecismo.

204. *¿Qué oración nos dio Jesús para enseñarnos a orar?*

Jesús nos dio la oración del Padrenuestro.

H.B. **Mt 6.9-13; Lc 11.1-4** El Padrenuestro.

Introducción

Padre nuestro que estás en los cielos.

¿Qué quiere decir esto?

Con estas palabras Dios quiere atraernos cariñosamente para que creamos que él es nuestro verdadero Padre y nosotros sus verdaderos hijos, a fin de que le pidamos con valor y plena confianza, como hijos amados a su amoroso padre.

205. *¿En qué sentido nos alienta a orar la palabra "Padre" en el Padrenuestro?*

La palabra Padre nos dice que Dios nos ama y quiere que le oremos con plena confianza y sin temor.

706 **Matt. 5:44** Pray for those who persecute you.
707 **Heb. 9:27** It is appointed for man to die once, and after that comes judgment.
Bible narrative: The tax collector prayed for himself (**Luke 18:13**). Abraham prayed for Sodom (**Gen. 18:23–32**). The Canaanite woman prayed for her daughter (**Matt. 15:22–28**). Jesus prayed for His enemies (**Luke 23:34**). Stephen prayed for his enemies (**Acts 7:60**).

202. ***Where should we pray?***

We should pray everywhere, especially when we are alone, with our families, and in church.

708 **1 Tim. 2:8** I desire then that in every place the men should pray, lifting holy hands without anger or quarreling.
709 **Matt. 6:6** When you pray, go into your room and shut the door and pray to your Father who is in secret. And your Father who sees in secret will reward you.
710 **Luke 5:16** He would withdraw to desolate places and pray.
711 **Acts 12:5** Peter was kept in prison, but earnest prayer for him was made to God by the church.

203. ***When should we pray?***

We should pray regularly and frequently, especially in time of trouble.

712 **Ps. 65:8** You make the going out of the morning and the evening to shout for joy.
713 **Ps. 119:164** Seven times a day I praise You for Your righteous rules.
714 **Dan. 6:10** When Daniel knew that the document had been signed, he went to his house where he had windows in his upper chamber open toward Jerusalem. He got down on his knees three times a day and prayed and gave thanks before his God, as he had done previously.
715 **Luke 18:1** [Jesus] told them a parable to the effect that they ought always to pray and not lose heart.
716 **1 Thess. 5:17–18** Pray without ceasing, give thanks in all circumstances; for this is the will of God in Christ Jesus for you.
717 **Ps. 50:15** Call upon Me in the day of trouble; I will deliver you, and you shall glorify Me.

Bible narrative: The early Christians kept the customary hours of prayer (**Acts 2:46–3:1; 10**).
Note: See Luther's suggestions in this catechism for daily morning, evening, and mealtime prayers.

204. ***What prayer did Jesus give us to show us how to pray?***

Jesus gave us the Lord's Prayer.
Bible narrative: The Lord's Prayer (**Matt. 6:9–13**; **Luke 11:1–4**).

The Introduction

Our Father who art in heaven.
Our Father in heaven.

What does this mean?

With these words God tenderly invites us to believe that He is our true Father and that we are His true children, so that with all boldness and confidence we may ask Him as dear children ask their dear father.

205. ***In what way does the word Father in the Lord's Prayer encourage us to pray?***

The word Father tells us that God loves us and wants us to pray to Him confidently and without fear.

718 **1 Jn 3.1** Miren cuánto nos ama el Padre, que nos ha concedido ser llamados hijos de Dios. Y lo somos. El mundo no nos conoce, porque no lo conoció a él.
719 **Ro 8.15-16** Ustedes... han recibido el espíritu de adopción... El Espíritu mismo da testimonio a nuestro espíritu, de que somos hijos de Dios.
720 **2 Co 6.18** Y seré un Padre para ustedes, y ustedes serán mis hijos y mis hijas. Lo ha dicho el Señor Todopoderoso.
721 **Heb 4.16** Acerquémonos confiadamente al trono de la gracia, para alcanzar misericordia y hallar gracia para cuando necesitemos ayuda.
722 **Sal 103.13** El Señor se compadece de los que le honran con la misma compasión del padre por sus hijos.
H.B. **Lc 15.11-32** El hijo perdido.

206. *¿Qué nos indica la palabra "nuestro" cuando oramos Padre nuestro?*

En Cristo todos los creyentes son hijos del Padre y deben orar con otros y unos por otros.

723 **Ef 4.6** [Hay] un Dios y Padre de todos, el cual está por encima de todos, actúa por medio de todos, y está en todos.
724 **Gl 3.26** Todos ustedes son hijos de Dios por la fe en Cristo Jesús.
725 **Stg 5.16** Confiesen sus pecados unos a otros, y oren unos por otros, para que sean sanados. La oración del justo es muy poderosa y efectiva.

207. *¿Qué nos dicen acerca de Dios las palabras "que estás en los cielos"?*

Estas palabras nos aseguran que nuestro Padre celestial, como Señor de todo, tiene poder de concedernos lo que pedimos.

726 **Sal 124.8** Nuestra ayuda nos viene del Señor, creador del cielo y de la tierra.
727 **Lc 1.37** ¡Para Dios no hay nada imposible!
728 **Hch 17.24** El Dios que hizo el mundo y todo lo que en él hay, es el Señor del cielo y de la tierra.

La primera petición

Santificado sea tu nombre.

¿Qué quiere decir esto?

El nombre de Dios ya es santo en sí mismo; pero rogamos en esta petición que sea santificado también entre nosotros.

¿Cómo es santificado el nombre de Dios?

Se santifica el nombre de Dios cuando la palabra de Dios es enseñada en toda su verdad y pureza, y cuando también vivimos santamente conforme a ella, como hijos de Dios. ¡Ayúdanos a que esto sea así, amado Padre celestial! Pero quien enseña y vive de manera distinta de lo que enseña la palabra de Dios, profana entre nosotros el nombre de Dios. ¡Guárdanos de ello, Padre celestial!

208. *¿Cuál es la conexión entre esta petición y el segundo mandamiento?*

Ambos hablan acerca del nombre de Dios. "En esta petición pedimos precisamente lo que Dios exige en el segundo mandamiento: no abusar de su nombre... sino usarlo provechosamente para alabanza y gloria de Dios" (Catecismo Mayor III).

729 **Ex 20.7** No tomarás en vano el nombre del Señor tu Dios, porque yo, el Señor, no consideraré inocente al que tome en vano mi nombre.

718 **1 John 3:1** See what kind of love the Father has given to us, that we should be called children of God; and so we are. The reason why the world does not know us is that it did not know Him.

719 **Rom. 8:15–16** You have received the Spirit of adoption as sons.... The Spirit Himself bears witness with our spirit that we are children of God.

720 **2 Cor. 6:18** I will be a father to you, and you shall be sons and daughters to Me, says the Lord Almighty.

721 **Heb. 4:16** Let us then with confidence draw near to the throne of grace, that we may receive mercy and find grace to help in time of need.

722 **Ps. 103:13** As a father shows compassion to his children, so the Lord shows compassion to those who fear Him.

Bible narrative: The lost son (**Luke 15:11–32**).

206. ***What does the word our impress upon us when we pray, "Our Father"?***

In Jesus all believers are children of the one Father and should pray with and for one another.

723 **Eph. 4:6** [There is] one God and Father of all, who is over all and through all and in all.

724 **Gal. 3:26** For in Christ Jesus you are all sons of God, through faith.

725 **James 5:16** Confess your sins to one another and pray for one another, that you may be healed. The prayer of a righteous person has great power as it is working.

207. ***What do the words who art [are] in heaven say about God?***

These words assure us that our heavenly Father, as Lord over all, has the power to grant our prayers.

726 **Ps. 124:8** Our help is in the name of the Lord, who made heaven and earth.

727 **Luke 1:37** Nothing will be impossible with God.

728 **Acts 17:24** The God who made the world and everything in it [is] Lord of heaven and earth.

The First Petition

Hallowed be Thy name.

Hallowed be Your name.

What does this mean?

God's name is certainly holy in itself, but we pray in this petition that it may be kept holy among us also.

How is God's name kept holy?

God's name is kept holy when the Word of God is taught in its truth and purity, and we, as the children of God, also lead holy lives according to it. Help us to do this, dear Father in heaven! But anyone who teaches or lives contrary to God's Word profanes the name of God among us. Protect us from this, heavenly Father!

208. ***What is the connection between this petition and the Second Commandment?***

Both speak about the name of God. "In this petition we pray for exactly what God demands in the Second Commandment. We pray that His name not be taken in vain ... but be used well for God's praise and honor" (Large Catechism III 45).

729 **Ex. 20:7** You shall not take the name of the Lord your God in vain, for the Lord will not hold him guiltless who takes His name in vain.

209. ***¿Qué pedimos cuando oramos que el nombre de Dios sea santificado?***
Dado que el nombre de Dios es Dios mismo tal como él se nos ha revelado, no podemos hacer santo su nombre, pero pedimos que nos ayude a guardar santo su nombre en nuestras vidas.

730 **Sal 103.1** ¡Bendice, alma mía, al Señor! ¡Bendiga todo mi ser su santo nombre!

210. ***¿Cómo guardamos santo el nombre del Señor?***
Guardamos el nombre de Dios santo cuando

A. la Palabra de Dios es enseñada en toda su verdad y pureza;

731 **Jer 23.28** Pero si yo envío mi palabra a alguno de ellos, tiene que anunciar mi palabra verdadera.

732 **Jn 17.17** Santifícalos en tu verdad; tu palabra es verdad.

B. cuando vivimos de acuerdo con la palabra de Dios.

733 **Mt 5.16** Que la luz de ustedes alumbre delante de todos, para que todos vean sus buenas obras y glorifiquen a su Padre, que está en los cielos.

734 **Ef 4.1** Yo, que estoy preso por causa del Señor, les ruego que vivan como es digno del llamamiento que han recibido,

H.B. **Lc 19.1-9** Zaqueo tomó la decisión de vivir una vida cristiana.

211. ***¿Cómo se profana el nombre de Dios?***
El nombre de Dios es profanado, esto es, deshonrado cuando

A. se enseña una doctrina contraria a la Palabra de Dios;

735 **Jer 23.31** Yo estoy en contra de los profetas que hablan con dulzura, y luego afirman que yo he hablado.

B. cuando se vive de una manera contraria a la Palabra de Dios.

736 **Ro 2.23-24** Tú que te sientes orgulloso de la ley, ¿deshonras a Dios quebrantando la ley? Porque, como está escrito: "Por causa de ustedes el nombre de Dios es blasfemado entre los paganos."

La segunda petición

Venga a nos tu reino.

¿Qué quiere decir esto?
El reino de Dios viene en verdad por sí solo, aún sin nuestra oración. Pero rogamos en esta petición que venga también a nosotros.

¿Cómo sucede esto?
El reino de Dios viene cuando el Padre celestial nos da su Espíritu Santo, para que, por su gracia, creamos su santa Palabra y llevemos una vida de piedad, tanto aquí en este mundo temporal como allá en el otro, eternamente.

212. ***¿Qué es el reino de Dios?***
El reino de Dios es su gobierno como rey sobre todo el universo (reino de poder), sobre la iglesia en la tierra (reino de gracia) y sobre la iglesia y los ángeles en el cielo (reino de gloria).

737 **Sal 103.19** El Señor ha afirmado su trono en los cielos, y su reino domina sobre todos los reinos. (Reino de poder).

738 **Jn 3.5** Jesús le respondió: "De cierto, de cierto te digo, que el que no nace de agua y del Espíritu, no puede entrar en el reino de Dios." (Reino de gracia).

209. ***What are we asking when we pray that God's name be made holy?***
Since God's name is God as He has revealed Himself to us, we cannot make His name holy, but we do pray that He would help us keep His name holy in our lives.

730 **Ps. 103:1** Bless the Lord, O my soul, and all that is within me, bless His holy name!

210. ***How do we keep God's name holy?***
We keep God's name holy

A. when God's Word is taught among us in its truth and purity;

731 **Jer. 23:28** Let him who has My word speak My word faithfully.

732 **John 17:17** Sanctify them in the truth; Your word is truth.

B. when we live according to the Word of God.

733 **Matt. 5:16** Let your light shine before others, so that they may see your good works and give glory to your Father who is in heaven.

734 **Eph. 4:1** I therefore, a prisoner for the Lord, urge you to walk in a manner worthy of the calling to which you have been called.

Bible narrative: Zacchaeus resolved to live the Christian life **(Luke 19:1–9).**

211. ***How is God's name profaned?***
God's name is profaned, that is, dishonored,

A. when anyone teaches contrary to God's Word;

735 **Jer. 23:31** Behold, I am against the prophets, declares the Lord, who use their tongues and declare, "declares the Lord."

B. when anyone lives contrary to God's Word.

736 **Rom. 2:23–24** You who boast in the law dishonor God by breaking the law. For, as it is written, "The name of God is blasphemed among the Gentiles because of you."

The Second Petition

Thy kingdom come.
Your kingdom come.

What does this mean?
The kingdom of God certainly comes by itself without our prayer, but we pray in this petition that it may come to us also.

How does God's kingdom come?
God's kingdom comes when our heavenly Father gives us His Holy Spirit, so that by His grace we believe His holy Word and lead godly lives here in time and there in eternity.

212. ***What is the kingdom of God?***
The kingdom of God is His ruling as king over the whole universe (kingdom of power), the church on earth (kingdom of grace), and the church and angels in heaven (kingdom of glory).

737 **Ps. 103:19** The Lord has established His throne in the heavens, and His kingdom rules over all. (Kingdom of power)

738 **John 3:5** Jesus answered, "Truly, truly, I say to you, unless one is born of water and the Spirit, he cannot enter the kingdom of God." (Kingdom of grace)

739 **2 Ti 4.18** El Señor me librará de toda obra mala, y me preservará para su reino celestial. A él sea la gloria por los siglos de los siglos. Amén. (Reino de gloria).

213. *¿Qué rogamos en la segunda petición?*

No rogamos que venga el reino de poder de Dios, porque ya está presente en todas partes, sino pedimos que Dios:

A. envíe su Espíritu Santo para que creamos su Palabra y vivamos una vida piadosa como miembros de su reino de gracia;

740 **Mc 1.15** Decía: "El tiempo se ha cumplido, y el reino de Dios se ha acercado. ¡Arrepiéntanse, y crean en el evangelio!"

741 **Ro 14.17** El reino de Dios no es cuestión de comida ni de bebida, sino de justicia, paz y gozo en el Espíritu Santo.

742 **Col 1.13-14** [Dios] nos ha librado del poder de la oscuridad y nos ha trasladado al reino de su amado Hijo, en quien tenemos redención por su sangre, el perdón de los pecados.

B. traiga a muchos otros a su reino de gracia;

743 **Mt 9.38** Pidan al Señor de la mies que envíe segadores a cosechar la mies.

744 **2 Ts 3.1** Por lo demás, hermanos, oren por nosotros, para que la palabra del Señor corra y sea glorificada, tal como sucedió entre ustedes.

C. nos use para extender su reino de gracia.

745 **Hch 4.29** Ahora, Señor, mira sus amenazas, y concede a estos siervos tuyos proclamar tu palabra sin ningún temor.

746 **1 P 2.12** Mantengan una buena conducta entre los no creyentes para que, aunque los acusen de malhechores, al ver las buenas obras de ustedes glorifiquen a Dios el día que él nos visite.

D. apresure la venida de su reino de gloria.

747 **Fil 3.20** Nuestra ciudadanía está en los cielos, de donde también esperamos al Salvador, al Señor Jesucristo.

748 **Ap 22.20** El que da testimonio de estas cosas dice: "Ciertamente, vengo pronto." Amén. ¡Ven, Señor Jesús!

214. *¿Cómo podemos estar seguros de que el reino de Dios viene?*

El Señor garantiza que sus medios de gracia establecen y sostienen su reino.

749 **Is 55.11** Mi palabra... hace todo lo que yo quiero, y tiene éxito en todo aquello para lo cual la envié.

H.B. **Mc 4.26-29** La parábola de la semilla.

La tercera petición

Hágase tu voluntad, así en la tierra como en el cielo.

¿Qué quiere decir esto?

La buena y misericordiosa voluntad de Dios se hace, en verdad, sin nuestra oración; pero rogamos en esta petición que se haga también entre nosotros.

¿Cómo sucede esto?

Cuando Dios desbarata y estorba todo mal propósito y voluntad que tratan de impedir que santifiquemos el nombre de Dios y de obstaculizar la venida de su reino, tales como la voluntad del diablo, del mundo y de nuestra carne. Así también se hace la voluntad de Dios, cuando él nos fortalece y nos mantiene firmes en su

739 **2 Tim. 4:18** The Lord will rescue me from every evil deed and bring me safely into His heavenly kingdom. To Him be the glory forever and ever. Amen. (Kingdom of glory)

213. *For what do we pray in the Second Petition?*

We do not pray that God's kingdom of power would come, because that is already present everywhere, but we ask God to

A. give us His Holy Spirit so that we believe His Word and lead godly lives as members of His kingdom of grace;

740 **Mark 1:15** [Jesus said,] "The time is fulfilled, and the kingdom of God is at hand; repent and believe in the gospel."

741 **Rom. 14:17** The kingdom of God is not a matter of eating and drinking but of righteousness and peace and joy in the Holy Spirit.

742 **Col. 1:13–14** He has delivered us from the domain of darkness and transferred us to the kingdom of His beloved Son, in whom we have redemption, the forgiveness of sins.

B. bring many others into His kingdom of grace;

743 **Matt. 9:38** Therefore pray earnestly to the Lord of the harvest to send out laborers into His harvest.

744 **2 Thess. 3:1** Finally, brothers, pray for us, that the word of the Lord may speed ahead and be honored, as happened among you.

C. use us to extend His kingdom of grace;

745 **Acts 4:29** Now, Lord, look upon their threats and grant to Your servants to continue to speak Your word with all boldness.

746 **1 Peter 2:12** Keep your conduct among the Gentiles honorable, so that when they speak against you as evildoers, they may see your good deeds and glorify God on the day of visitation.

D. hasten the coming of His kingdom of glory.

747 **Phil. 3:20** Our citizenship is in heaven, and from it we await a Savior, the Lord Jesus Christ.

748 **Rev. 22:20** He who testifies to these things says, "Surely I am coming soon." Amen. Come, Lord Jesus!

214. *How can we be certain that the kingdom of God comes?*

The Lord guarantees that His means of grace establish and sustain His kingdom.

749 **Is. 55:11** My word ... shall accomplish that which I purpose, and shall succeed in the thing for which I sent it.

Bible narrative: The parable of the growing seed (**Mark 4:26–29**).

The Third Petition

Thy will be done on earth as it is in heaven.

Your will be done on earth as in heaven.

What does this mean?

The good and gracious will of God is done even without our prayer, but we pray in this petition that it may be done among us also.

How is God's will done?

God's will is done when He breaks and hinders every evil plan and purpose of the devil, the world, and our sinful nature, which do not want us to hallow God's

Palabra y en la fe hasta el fin de nuestros días. Esta es su misericordiosa y buena voluntad.

215. ***¿Cuál es la buena y misericordiosa voluntad de Dios?***

La voluntad de Dios es que su nombre sea santificado y que venga su reino, o sea, que se enseñe correctamente su Palabra y que los pecadores lleguen a la fe en Cristo y vivan una vida piadosa.

750 **Dt 4.2** No añadan ni quiten una sola palabra de lo que yo les mando, sino cumplan los mandamientos del Señor su Dios, que yo les ordeno observar.

751 **Jn 6.40** Y ésta es la voluntad de mi Padre: Que todo aquel que ve al Hijo, y cree en él, tenga vida eterna; y yo lo resucitaré en el día final.

752 **1 Ti 2.4** [Dios] quiere que todos los hombres sean salvos y lleguen a conocer la verdad.

753 **1 Ts 4.3** Lo que Dios quiere es que ustedes vivan consagrados a él.

216. ***¿Quiénes se oponen a la voluntad de Dios?***

El diablo, el mundo y nuestra propia naturaleza pecadora se oponen a la buena y misericordiosa voluntad de Dios.

754 **1 P 5.8** Sean prudentes y manténganse atentos, porque su enemigo es el diablo, y él anda como un león rugiente, buscando a quien devorar.

755 **1 Jn 2.15-17** No amen al mundo, ni las cosas que están en el mundo. Si alguno ama al mundo, el amor del Padre no está en él. Porque todo lo que hay en el mundo, es decir, los deseos de la carne, los deseos de los ojos, y la vanagloria de la vida, no proviene del Padre, sino del mundo. El mundo y sus deseos pasan; pero el que hace la voluntad de Dios permanece para siempre.

756 **Ro 7.18** Yo sé que en mí, esto es, en mi naturaleza humana, no habita el bien; porque el desear el bien está en mí, pero no el hacerlo.

H.B. **Gn 3.1-7** El diablo descarrió a la humanidad hacia el pecado. **Lc 22.54-62** Los enemigos de Jesús causaron la caída de Pedro. **Jos 7.18-22** La naturaleza pecadora de Acán lo llevó a robar.

217. ***¿Por qué pedimos que se haga la voluntad de Dios?***

Sabemos que la voluntad de Dios siempre se hará, pero pedimos que su buena y misericordiosa voluntad se haga en nuestras vidas. "Como también sin nuestras peticiones, se santificará su nombre y vendrá su reino, así también se hará su voluntad y se impondrá, aunque el diablo con todos sus adictos vociferen fuertemente contra ello, se encolericen y se agiten y traten de extirpar del todo el evangelio. Pero, por nosotros hemos de rogar que, pese al furor de ellos, la voluntad de Dios impere libremente entre nosotros para que nada puedan lograr y para que nosotros nos mantengamos firmes contra toda violencia y persecución y nos sometamos a la voluntad de Dios" (Catecismo Mayor III).

757 **Sal 115.3** Nuestro Dios está en los cielos, y él hace todo lo que quiere hacer.

758 **Sal 43.3** Envía tu luz y tu verdad; ellas me guiarán hasta tu santo monte, me conducirán hasta el templo donde habitas.

name or let His kingdom come; and when He strengthens and keeps us firm in His Word and faith until we die. This is His good and gracious will.

215. *What is the good and gracious will of God?*

It is God's will that His name be kept holy and that His kingdom come, that is, that His Word be taught correctly and that sinners be brought to faith in Christ and lead godly lives.

750 **Deut. 4:2** You shall not add to the word that I command you, nor take from it, that you may keep the commandments of the Lord your God that I command you.

751 **John 6:40** For this is the will of My Father, that everyone who looks on the Son and believes in Him should have eternal life, and I will raise him up at the last day.

752 **1 Tim. 2:4** [God] desires all people to be saved and to come to the knowledge of the truth.

753 **1 Thess. 4:3** For this is the will of God, your sanctification.

216. *Whose will and plans are opposed to the will of God?*

The devil, the world, and our own sinful nature oppose the good and gracious will of God.

754 **1 Peter 5:8** Be sober-minded; be watchful. Your adversary the devil prowls around like a roaring lion, seeking someone to devour.

755 **1 John 2:15–17** Do not love the world or the things in the world. If anyone loves the world, the love of the Father is not in him. For all that is in the world—the desires of the flesh and the desires of the eyes and pride in possessions—is not from the Father but is from the world. And the world is passing away along with its desires, but whoever does the will of God abides forever.

756 **Rom. 7:18** For I know that nothing good dwells in me, that is, in my flesh. For I have the desire to do what is right, but not the ability to carry it out.

Bible narrative: The devil misled humanity to sin (**Gen 3:1–7**). The enemies of Jesus brought about the fall of Peter (**Luke 22:54–62**). Achan's sinful nature led him to steal (**Joshua 7:18–22**).

217. *Why do we pray that the will of God be done?*

We know that the will of God will always be done, but we want God's good and gracious will to be done in our lives.

"As His name must be hallowed and His kingdom come whether we pray or not, so also His will must be done and succeed. This is true even though the devil with all his followers raise a great riot, are angry and rage against it, and try to exterminate the Gospel completely. But for our own sakes we must pray that, even against their fury, His will be done without hindrance among us also. We pray so that they may not be able to accomplish anything and that we may remain firm against all violence and persecution and submit to God's will" (Large Catechism III 68).

757 **Ps. 115:3** Our God is in the heavens; He does all that He pleases.

758 **Ps. 43:3** Send out Your light and Your truth; let them lead me; let them bring me to Your holy hill and to Your dwelling!

759 **Fil 1.21** Porque para mí el vivir es Cristo, y el morir es ganancia.
H.B. **Sal 2** La impotencia de los enemigos de Dios. **Hch 9.1-19** La conversión de Pablo.

218. ***¿Cómo se hace la voluntad de Dios en nuestras vidas?***

La voluntad de Dios se hace cuando

A. él quebranta e impide los planes del diablo, del mundo y de nuestra naturaleza pecadora, los cuales tratan de destruir nuestra fe en Jesucristo;

760 **Ro 16.20** Muy pronto el Dios de paz aplastará a Satanás bajo los pies de ustedes. Que la gracia de nuestro Señor Jesucristo sea con ustedes.

761 **2 Ti 1.12** Por eso mismo padezco esto. Pero no me avergüenzo, porque yo sé a quién he creído, y estoy seguro de que él es poderoso para guardar mi depósito para aquel día.

B. él nos fortalece y nos guarda firmes en su Palabra y en la fe y nos ayuda a vivir de una manera agradable a Dios;

762 **1 P 1.5** A ustedes, que por medio de la fe son protegidos por el poder de Dios, para que alcancen la salvación, lista ya para manifestarse cuando llegue el momento final.

763 **Sal 119.35** Encamíname hacia tus mandamientos, porque en ellos me deleito.

C. él nos sustenta en todas nuestras dificultades hasta que morimos.

764 **Ro 8.28** Ahora bien, sabemos que Dios dispone todas las cosas para el bien de los que lo aman, es decir, de los que él ha llamado de acuerdo a su propósito.

765 **2 Co 12.9** Él me ha dicho: "Con mi gracia tienes más que suficiente, porque mi poder se perfecciona en la debilidad."

H.B. **Gn 50.15-21** Dios obstaculizó la maldad de los hermanos de José y lo mantuvo fiel. **Job 1.1-2.6** Dios no dejó que el diablo destruyera a Job.

La cuarta petición

El pan nuestro de cada día, dánoslo hoy.

¿Qué quiere decir esto?

Dios da diariamente el pan, también sin nuestra súplica, aun a todos los malos; pero rogamos en esta petición que él nos haga reconocer esto y así recibamos nuestro pan cotidiano con gratitud.

¿Qué es el pan cotidiano?

El pan cotidiano incluye todo aquello que se necesita como alimento y para satisfacción de las necesidades de esta vida, como: comida, bebida, vestido, calzado, casa, hogar, tierras, ganado, dinero, bienes; piadoso cónyuge, piadosos hijos, piadosos criados, autoridades piadosas y fieles; buen gobierno, buen tiempo; paz, salud, buen orden, buena reputación, buenos amigos, fieles vecinos, y cosas semejantes a éstas.

219. ***¿Por qué pedimos a Dios por el pan cotidiano?***

Pedimos a Dios por el pan cotidiano, que incluye todo lo que tiene que ver con el sostén y las necesidades del cuerpo, porque Cristo quiere que

A. reconozcamos que toda nuestra vida, y la de todos los demás, depende de Dios;

766 **Sal 145.15-16** Todos fijan en ti su mirada, y tú les das su comida a su tiempo. Cuando abres tus manos, colmas de bendiciones a todos los seres.

759 **Phil. 1:21** For to me to live is Christ, and to die is gain.
Bible narrative: The helplessness of the enemies of God (**Psalm 2**). The conversion of Paul (**Acts 9:1–19**).

218. *How is God's will done in our lives?*

God's will is done when

A. He breaks and hinders the plans of the devil, the world, and our sinful nature, which try to destroy our faith in Christ Jesus;

760 **Rom. 16:20** The God of peace will soon crush Satan under your feet. The grace of our Lord Jesus Christ be with you.

761 **2 Tim. 1:12** I know whom I have believed, and I am convinced that He is able to guard until that Day what has been entrusted to me.

B. He strengthens and keeps us firm in His Word and faith and helps us lead God-pleasing lives;

762 **1 Peter 1:5** [You] who by God's power are being guarded through faith for a salvation ready to be revealed in the last time.

763 **Ps. 119:35** Lead me in the path of Your commandments, for I delight in it.

C. He supports us in all our troubles until we die.

764 **Rom. 8:28** We know that for those who love God all things work together for good, for those who are called according to His purpose.

765 **2 Cor. 12:9** He said to me, "My grace is sufficient for you, for My power is made perfect in weakness."

Bible narrative: God hindered the evil will of Joseph's brothers and kept him faithful (**Gen. 50:15–21**). God would not let the devil destroy Job (**Job 1:1–2:6**).

The Fourth Petition

Give us this day our daily bread.
Give us today our daily bread.

What does this mean?

God certainly gives daily bread to everyone without our prayers, even to all evil people, but we pray in this petition that God would lead us to realize this and to receive our daily bread with thanksgiving.

What is meant by daily bread?

Daily bread includes everything that has to do with the support and needs of the body, such as food, drink, clothing, shoes, house, home, land, animals, money, goods, a devout husband or wife, devout children, devout workers, devout and faithful rulers, good government, good weather, peace, health, self-control, good reputation, good friends, faithful neighbors, and the like.

219. *Why do we pray to God for daily bread?*

We pray to God for daily bread, which includes everything that has to do with the support and needs of the body, because Christ wants us to

A. realize that our entire life and that of everyone else depends on God;

766 **Ps. 145:15–16** The eyes of all look to You, and You give them their food in due season. You open Your hand; You satisfy the desire of every living thing.

767 **Mt 5.45** [Dios] hace salir su sol sobre malos y buenos, y... hace llover sobre justos e injustos.

768 **Hch 17.28** En él vivimos, y nos movemos, y somos.

769 **Stg 4.15** Lo que deben decir es: "Si el Señor quiere, viviremos y haremos esto o aquello."

B. recibamos nuestras bendiciones físicas con gratitud;

770 **Sal 106.1** ¡Alabemos al Señor, porque él es bueno, porque su misericordia permanece para siempre!

771 **Ef 5.19-20** Hablen entre ustedes con salmos, himnos y cánticos espirituales; canten y alaben al Señor con el corazón, y den siempre gracias por todo al Dios y Padre, en el nombre de nuestro Señor Jesucristo.

772 **1 Ti 4.4-5** Porque todo lo que Dios creó es bueno, y nada es desechable, si se toma con acción de gracias, pues por la palabra de Dios y por la oración es santificado.

C. esperemos de Dios tanto bendiciones físicas como espirituales.

773 **Sal 91.15** Él me invocará, y yo le responderé; estaré con él en medio de la angustia. Yo lo pondré a salvo y lo glorificaré.

774 **Mt 6.33** Busquen primeramente el reino de Dios y su justicia, y todas estas cosas les serán añadidas.

775 **Lc 7.3** Cuando el centurión oyó hablar de Jesús, envió a unos ancianos de los judíos para que le rogaran que fuera a sanar a su siervo.

H.B. **Mc 10.46-52** Jesús sanó al ciego Bartimeo. **Lc 17.11-19** Jesús sanó a diez leprosos.

220. ***¿Cómo nos provee Dios de nuestro pan cotidiano?***

Él hace producir la tierra y nos bendice con la habilidad de trabajar por las cosas que necesitamos.

776 **Sal 104.14** Haces crecer la hierba para los ganados, y las plantas que el hombre cultiva para sacar de la tierra el pan que come.

777 **2 Ts 3.10-12** Cuando estábamos con ustedes, también les ordenamos esto: "Si alguno no quiere trabajar, que tampoco coma." Y es que nos hemos enterado de que algunos de ustedes viven desordenadamente, y no trabajan en nada, y se entrometen en lo ajeno. A tales personas les ordenamos y exhortamos, por nuestro Señor Jesucristo, que simplemente se pongan a trabajar y se ganen su propio pan.

221. ***¿Qué quiere Dios que hagamos por aquellos que no pueden trabajar por el pan de cada día?***

Dios no quiere que seamos egoístas sino que compartamos con los que no pueden trabajar y que los incluyamos en nuestras oraciones por el pan de cada día.

778 **1 Ti 5.8** Si alguno no provee para los suyos, y especialmente para los de su casa, niega la fe y es peor que un incrédulo.

779 **Heb 13.16** No se olviden de hacer bien ni de la ayuda mutua, porque éstos son los sacrificios que agradan a Dios.

780 **1 Jn 3.17-18** Pero ¿cómo puede habitar el amor de Dios en aquel que tiene bienes de este mundo y ve a su hermano pasar necesidad, y le cierra su corazón? Hijitos míos, no amemos de palabra ni de lengua, sino de hecho y en verdad.

767 **Matt. 5:45** He makes His sun rise on the evil and on the good, and sends rain on the just and on the unjust.

768 **Acts 17:28** In Him we live and move and have our being.

769 **James 4:15** You ought to say, "If the Lord wills, we will live and do this or that."

B. receive all our physical blessings with thanksgiving;

770 **Ps. 106:1** Oh give thanks to the Lord, for He is good, for His steadfast love endures forever!

771 **Eph. 5:19–20** [Address] one another in psalms and hymns and spiritual songs, singing and making melody to the Lord with your heart, giving thanks always and for everything to God the Father in the name of our Lord Jesus Christ.

772 **1 Tim. 4:4–5** For everything created by God is good, and nothing is to be rejected if it is received with thanksgiving, for it is made holy by the word of God and prayer.

C. look to God for physical as well as spiritual blessings.

773 **Ps. 91:15** When he calls to Me, I will answer him; I will be with him in trouble; I will rescue him and honor him.

774 **Matt. 6:33** Seek first the kingdom of God and His righteousness, and all these things will be added to you.

775 **Luke 7:3** When the centurion heard about Jesus, he sent to Him elders of the Jews, asking Him to come and heal his servant.

Bible narrative: Jesus healed blind Bartimaeus (**Mark 10:46–52**). Jesus healed 10 lepers (**Luke 17:11–19**).

220. *How does God provide our daily bread?*

He makes the earth fruitful and blesses us with the ability to work for the things we need.

776 **Ps. 104:14** You cause the grass to grow for the livestock and plants for man to cultivate, that he may bring forth food from the earth.

777 **2 Thess. 3:10–12** Even when we were with you, we would give you this command: If anyone is not willing to work, let him not eat. For we hear that some among you walk in idleness, not busy at work, but busybodies. Now such persons we command and encourage in the Lord Jesus Christ to do their work quietly and to earn their own living.

221. *What does God want us to do for those who are unable to work for daily food?*

God does not want us to be selfish but to share with those who are unable to work and to include them in our prayers for daily bread.

778 **1 Tim. 5:8** If anyone does not provide for his relatives, and especially for members of his household, he has denied the faith and is worse than an unbeliever.

779 **Heb. 13:16** Do not neglect to do good and to share what you have, for such sacrifices are pleasing to God.

780 **1 John 3:17–18** If anyone has the world's goods and sees his brother in need, yet closes his heart against him, how does God's love abide in him? Little children, let us not love in word or talk but in deed and in truth.

222. ***¿Por qué nos enseña Jesús a decir: "de cada día" y "dánoslo hoy"?***
Estas palabras nos enseñan a no ser avaros o derrochadores o a preocuparnos acerca del futuro, sino a vivir contentos en la confianza de que Dios proveerá todo lo que necesitamos.

781 **Pr 30.8-9** No me des pobreza ni riquezas. Dame sólo el pan necesario, no sea que, una vez satisfecho, te niegue y diga: "¿Y quién es el Señor?" O que, por ser pobre, llegue yo a robar y ofenda el nombre de mi Dios.

782 **Mt 6.34** No se preocupen por el día de mañana, porque el día de mañana traerá sus propias preocupaciones. ¡Ya bastante tiene cada día con su propio mal!

783 **Jn 6.12** Cuando quedaron saciados, les dijo a sus discípulos: "Recojan los pedazos que sobraron, para que no se pierda nada."

784 **1 Ti 6.8** Si tenemos sustento y abrigo, contentémonos con eso.

785 **1 P 5.7** Descarguen en él todas sus angustias, porque él tiene cuidado de ustedes.

H.B. **Lc 12.15-21** La parábola del rico insensato.

La quinta petición

Y perdónanos nuestras deudas, así como nosotros perdonamos a nuestros deudores.

¿Qué quiere decir esto?

Con esta petición rogamos al Padre celestial que no tome en cuenta nuestros pecados, ni por causa de ellos nos niegue lo que pedimos. En efecto, nosotros no somos dignos de recibir nada de lo que imploramos, ni tampoco lo hemos merecido. Pero quiera Dios dárnoslo todo por su gracia, pues diariamente pecamos mucho y sólo merecemos el castigo. Así, por cierto, también por nuestra parte perdonemos de corazón, y con agrado hagamos bien a los que contra nosotros pecaren.

223. ***¿Qué confesamos cuando oramos esta petición?***
Confesamos que pecamos diariamente y que no merecemos otra cosa que castigo.

786 **Pr 28.13** El que encubre sus pecados no prospera; el que los confiesa y se aparta de ellos alcanza la misericordia divina.

224. ***¿Qué rogamos en la quinta petición?***
Rogamos que el Padre en el cielo, por los méritos de Cristo, y por su gracia, nos perdone nuestros pecados.

787 **Sal 19.12** ¿Acaso hay quien reconozca sus propios errores? ¡Perdóname por los que no puedo recordar!

788 **Sal 51.1-2** Dios mío, por tu gran misericordia, ¡ten piedad de mí!; por tu infinita bondad, ¡borra mis rebeliones! Lávame más y más de mi maldad; ¡límpiame de mi pecado!

789 **Sal 130.3-4** Señor, Señor, si tuvieras en cuenta la maldad, ¿quién podría mantenerse en pie? Pero en ti encontramos perdón, para que te honremos.

790 **Lc 18.13** Dios mío, ten misericordia de mí, porque soy un pecador.

222. ***Why does Jesus have us say "this day" and "daily"?***
These words teach us not to be greedy or wasteful or to worry about the future but to live contentedly in the confidence that the Lord will give us what we need.

781 **Prov. 30:8–9** Give me neither poverty nor riches; feed me with the food that is needful for me, lest I be full and deny You and say, "Who is the Lord?" or lest I be poor and steal and profane the name of my God.

782 **Matt. 6:34** Do not be anxious about tomorrow, for tomorrow will be anxious for itself. Sufficient for the day is its own trouble.

783 **John 6:12** When they had eaten their fill, He told His disciples, "Gather up the leftover fragments, that nothing may be lost."

784 **1 Tim. 6:8** If we have food and clothing, with these we will be content.

785 **1 Peter 5:7** Casting all your anxieties on Him, because He cares for you.

Bible narrative: The parable of the rich fool (**Luke 12:15–21**).

The Fifth Petition

And forgive us our trespasses as we forgive those who trespass against us.
Forgive us our sins as we forgive those who sin against us.

What does this mean?
We pray in this petition that our Father in heaven would not look at our sins, or deny our prayer because of them. We are neither worthy of the things for which we pray, nor have we deserved them, but we ask that He would give them all to us by grace, for we daily sin much and surely deserve nothing but punishment. So we too will sincerely forgive and gladly do good to those who sin against us.

223. ***What do we confess when we pray this petition?***
We confess that we sin every day and deserve nothing but punishment.

786 **Prov. 28:13** Whoever conceals his transgressions will not prosper, but he who confesses and forsakes them will obtain mercy.

224. ***What do we ask for in this petition?***
We ask that our Father in heaven would for Christ's sake graciously forgive our sins.

787 **Ps. 19:12** Who can discern his errors? Declare me innocent from hidden faults.

788 **Ps. 51:1–2** Have mercy on me, O God, according to Your steadfast love; according to Your abundant mercy blot out my transgressions. Wash me thoroughly from my iniquity, and cleanse me from my sin!

789 **Ps. 130:3–4** If You, O Lord, should mark iniquities, O Lord, who could stand? But with You there is forgiveness, that You may be feared.

790 **Luke 18:13** God, be merciful to me, a sinner!

225. ***¿Por qué incluimos una oración para el perdón de los pecados en estas peticiones a nuestro Padre celestial?***
Nosotros no hemos merecido ni somos dignos de las cosas por las cuales oramos. Por eso necesitamos el perdón de Dios para que podamos orar con confianza y con una buena conciencia.
"Cuando el corazón no está en la recta relación con Dios... jamás se atreverá a orar. Semejante confianza y tal corazón feliz no pueden venir de ninguna parte, a menos que se sepa que nuestros pecados nos han sido perdonados" (Catecismo Mayor III).
791 **Gn 32.10** Yo soy menor que todas las misericordias y que toda la verdad con que has tratado a este siervo tuyo.
792 **Sal 32.5** Me dije: "Confesaré al Señor mi rebeldía", y tú perdonaste la maldad de mi pecado.

226. ***¿Qué quiere Dios que hagamos a aquellos que pecan contra nosotros?***
Nuestro Padre celestial quiere que perdonemos y que hagamos bien a los que pecan contra nosotros.
793 **Mt 6.12** Perdónanos nuestras deudas, como también nosotros perdonamos a nuestros deudores.
794 **Mt 18.21-22** Entonces se le acercó Pedro y le dijo: "Señor, si mi hermano peca contra mí, ¿cuántas veces debo perdonarlo? ¿Hasta siete veces?" Jesús le dijo: "No te digo que hasta siete veces, sino hasta setenta veces siete."
795 **Ef 4.32** Sean bondadosos y misericordiosos, y perdónense unos a otros, así como también Dios los perdonó a ustedes en Cristo.

227. ***¿Qué se demuestra cuando perdonamos a otros?***
Se demuestra que verdaderamente creemos que Dios nos ha perdonado.
"Todos los días nos endeudamos mucho con Dios y, no obstante, nos remite todo por gracia. En la misma forma debemos perdonar siempre también a nuestro prójimo que nos inflige daño, violencia e injusticia y nos muestra una malignidad pérfida, etc. Si tú no perdonas, no pienses que Dios te perdonará" (Catecismo Mayor III 94).
796 **Mt 6.14-15** Si ustedes perdonan a los otros sus ofensas, también su Padre celestial los perdonará a ustedes. Pero si ustedes no perdonan a los otros sus ofensas, tampoco el Padre de ustedes les perdonará sus ofensas.
H.B. **Gn 50.15-21** José perdonó a sus hermanos. **Mt 18.23-35** La parábola del siervo que no quiso perdonar.

La sexta petición

Y no nos dejes caer en la tentación.

¿Qué quiere decir esto?

Dios, en verdad, no tienta a nadie; pero con esta petición le rogamos que nos guarde y preserve, a fin de que el diablo, el mundo y nuestra carne, no nos engañen y seduzcan, llevándonos a una fe errónea, a la desesperación y a otras grandes vergüenzas y vicios. Y aun cuando fuéremos tentados a ello, que al fin logremos vencer y retener la victoria.

228. ***¿Qué significa*** *tentar* ***y*** *tentación* ***en las Escrituras?***
Estas palabras tienen dos significados en las Escrituras:

A. Cuando Dios tienta o pone a prueba nuestra fe, lo cual hace para acercarnos más a él.

225. *Why do we include a prayer for forgiveness of sins in these petitions to our heavenly Father?*

We are not worthy of the things for which we pray and have not deserved them. We therefore need God's forgiveness so that we may pray to Him confidently and in good conscience.

"Where the heart is not in a right relationship with God ... it will not dare to pray.... A confident and joyful heart can spring from nothing else than the certain knowledge of the forgiveness of sin" (Large Catechism III 92).

791 **Gen. 32:10** I am not worthy of the least of all the deed of steadfast love and all the faithfulness that You have shown to Your servant.

792 **Ps. 32:5** I said, "I will confess my transgressions to the Lord," and You forgave the iniquity of my sin.

226. *What does God want us to do for those who sin against us?*

Our heavenly Father wants us to forgive and to do good to those who sin against us.

793 **Matt. 6:12** Forgive us our debts, as we also have forgiven our debtors.

794 **Matt. 18:21–22** Peter came up and said to Him, "Lord, how often will my brother sin against me, and I forgive him? As many as seven times?" Jesus said to him, "I do not say to you seven times, but seventy times seven."

795 **Eph. 4:32** Be kind to one another, tenderhearted, forgiving one another, as God in Christ forgave you.

227. *What does it show when we forgive others?*

It shows that we truly believe that God has forgiven us.

"Just as we daily sin much against God, and yet He forgives everything through grace, so we, too, must ever forgive our neighbor who does us injury, violence, and wrong, shows malice toward us, and so on. If, therefore, you do not forgive, then do not think that God forgives you" (Large Catechism III 94–95).

796 **Matt. 6:14–15** If you forgive others their trespasses, your heavenly Father will also forgive you, but if you do not forgive others their trespasses, neither will your Father forgive your trespasses.

Bible narrative: Joseph forgave his brothers (**Gen. 50:15–21**). The parable of the unmerciful servant (**Matt. 18:23–35**).

The Sixth Petition

And lead us not into temptation.

Lead us not into temptation.

What does this mean?

God tempts no one. We pray in this petition that God would guard and keep us so that the devil, the world, and our sinful nature may not deceive us or mislead us into false belief, despair, and other great shame and vice. Although we are attacked by these things, we pray that we may finally overcome them and win the victory.

228. *What do* tempt *and* temptation *mean in the Scriptures?*

In the Scriptures these words have two meanings:

A. The testing of our faith, which God uses to bring us closer to Himself.

797 **Jn 6.5-6** Cuando Jesús alzó la vista y vio que una gran multitud se acercaba a él, le dijo a Felipe: "¿Dónde compraremos pan, para que éstos coman?" Pero decía esto para ponerlo a prueba, pues él ya sabía lo que estaba por hacer.

798 **Stg 1.2-3** Hermanos míos, considérense muy dichosos cuando estén pasando por diversas pruebas. Bien saben que, cuando su fe es puesta a prueba, produce paciencia.

H.B. **Gn 22.1-19** El Señor tentó a Abrahán al ordenarle que sacrificara a Isaac. **Mt 15.21-28** Cristo probó la fe de la mujer cananea.

B. Los intentos de nuestros enemigos espirituales para alejarnos de Dios y de sus caminos.

799 **Mc 14.38** Manténganse despiertos, y oren, para que no caigan en tentación. A decir verdad, el espíritu está dispuesto, pero la carne es débil.

800 **Stg 1.13-14** Cuando alguien sea tentado, no diga que ha sido tentado por Dios, porque Dios no tienta a nadie, ni tampoco el mal puede tentar a Dios. Al contrario, cada uno es tentado cuando se deja llevar y seducir por sus propios malos deseos.

229. ***¿A qué clases de maldad tratan de descarriarnos nuestros enemigos espirituales?***

El diablo, el mundo y nuestra naturaleza pecadora tratan de descarriarnos a la incredulidad, a la desesperación y a otros graves pecados.

801 **1 P 5.8-9** Sean prudentes y manténganse atentos, porque su enemigo es el diablo, y él anda como un león rugiente, buscando a quien devorar. Pero ustedes, manténganse firmes y háganle frente. Sepan que en todo el mundo sus hermanos están enfrentando los mismos sufrimientos.

802 **Pr 1.10** Hijo mío, si los pecadores quisieran engañarte, no te dejes llevar por ellos.

803 **Mt 18.7** ¡Ay del mundo por los tropiezos! Es necesario que vengan tropiezos, pero ¡ay de aquél por quien viene el tropiezo!

804 **Gl 5.17** Porque el deseo de la carne se opone al Espíritu, y el del Espíritu se opone a la carne.

805 **2 Co 4.8** Estamos atribulados en todo, pero no angustiados; en apuros, pero no desesperados.

H.B. **Gn 3** El diablo tentó a Eva a que dudara y desobedeciera a Dios. **Jn 13.2** El diablo tentó a Judas a que traicionara a Cristo**Mt 27.4-5** Judas, desesperado, se ahorcó. **Lc 22.54-60** Estando entre los enemigos de Cristo, Pedro negó a su Salvador. **2 S 12.9** La naturaleza pecadora del rey David lo indujo a cometer adulterio y asesinato.

230. ***¿Qué rogamos a Dios en esta petición?***

Pedimos a nuestro Padre en los cielos que nos dé fuerza para resistir y vencer las tentaciones.

806 **Lc 22.31-32** Simón, Simón, Satanás ha pedido sacudirlos a ustedes como si fueran trigo; pero yo he rogado por ti, para que no te falte la fe.

807 **Ro 13.14** Revistámonos del Señor Jesucristo, y no busquemos satisfacer los deseos de la carne.

808 **1 Co 10.12-13** Así que, el que crea estar firme, tenga cuidado de no caer. A ustedes no les ha sobrevenido ninguna tentación que no sea humana; pero Dios es fiel y no permitirá que ustedes sean sometidos a una prueba más allá de lo que puedan resistir, sino que junto con la prueba les dará la salida, para que puedan sobrellevarla.

797 **John 6:5–6** Lifting up His eyes, then, and seeing that a large crowd was coming toward Him, Jesus said to Philip, "Where are we to buy bread, so that these people may eat?" He said this to test him, for He himself knew what He would do.

798 **James 1:2–3** Count it all joy, my brothers, when you meet trials of various kinds, for you know that the testing of your faith produces steadfastness.

Bible narrative: The Lord tested Abraham by commanding him to sacrifice Isaac (**Gen. 22:1–19**). Jesus tested the faith of the Canaanite woman (**Matt. 15:21–28**).

B. The attempts of our spiritual enemies to lure us away from God and His ways.

799 **Mark 14:38** Watch and pray that you may not enter into temptation. The spirit is indeed willing, but the flesh is weak.

800 **James 1:13–14** Let no one say when he is tempted, "I am being tempted by God," for God cannot be tempted with evil, and He Himself tempts no one. But each person is tempted when he is lured and enticed by his own desire.

229. *Into what kinds of evil do our spiritual enemies try to mislead us?*

The devil, the world, and our sinful nature try to mislead us into false belief, despair, and other great sins.

801 **1 Peter 5:8–9** Be sober-minded; be watchful. Your adversary the devil prowls around like a roaring lion, seeking someone to devour. Resist him, firm in your faith, knowing that the same kinds of suffering are being experienced by your brotherhood throughout the world.

802 **Prov. 1:10** My son, if sinners entice you, do not consent.

803 **Matt. 18:7** Woe to the world for temptations to sin! For it is necessary that temptations come, but woe to the one by whom the temptation comes!

804 **Gal. 5:17** For the desires of the flesh are against the Spirit, and the desires of the Spirit are against the flesh.

805 **2 Cor. 4:8** We are afflicted in every way, but not crushed; perplexed, but not driven to despair.

Bible narrative: The devil tempted Eve to doubt and disobey God (**Genesis 3**). The devil tempted Judas to betray Christ (**John 13:2**) and to despair (**Matt. 27:4–5**). Among enemies of Christ, Peter denied his Savior (**Luke 22:54–60**). King David's sinful nature tempted him to commit adultery and murder (**2 Sam. 12:9**).

230. *What do we ask God to do for us when we pray this petition?*

We ask our Father in heaven to give us strength to resist and overcome temptations.

806 **Luke 22:31–32** Simon, Simon, behold, Satan demanded to have you, that he might sift you like wheat, But I have prayed for you, that your faith may not fail.

807 **Rom. 13:14** Put on the Lord Jesus Christ, and make no provision for the flesh, to gratify its desires.

808 **1 Cor. 10:12–13** Therefore let anyone who thinks that he stands take heed lest he fall. No temptation has overtaken you that is not common to man. God is faithful, and He will not let you be tempted beyond your ability, but with the temptation He will also provide the way of escape, that you may be able to endure it.

809 **Ef 6.11, 17** Revístanse de toda la armadura de Dios, para que puedan hacer frente a las asechanzas del diablo... Cúbranse con el casco de la salvación, y esgriman la espada del Espíritu, que es la palabra de Dios.

H.B. **Gn 39.1-20** José resistió a la tentación de la esposa de Potifar. **Mt 4.1-11** Jesús fue tentado por Satanás y ganó la victoria por nosotros.

La séptima petición

Mas líbranos del mal.

¿Qué quiere decir esto?

Con esta petición rogamos, como en resumen, que el Padre celestial nos libre de todo lo que puede perjudicar nuestro cuerpo y alma, nuestros bienes y honra, y que al fin, cuando llegue nuestra última hora, nos conceda un fin bienaventurado, y, por su gracia, nos lleve de este valle de lágrimas al cielo, para morar con él.

231. *¿Qué clase de oración es la séptima petición?*

La séptima petición es una oración en la que, en resumen, pedimos a nuestro Padre celestial que nos rescate del diablo y de toda la maldad que ha venido al mundo a causa del pecado.

810 **Sal 121.7-8** El Señor te librará de todo mal; el Señor protegerá tu vida. El Señor te estará vigilando cuando salgas y cuando regreses, desde ahora y hasta siempre.

811 **2 Ts 3.3** El Señor es fiel, y él los fortalecerá y guardará del mal.

232. *¿Cómo nos rescata el Señor de toda maldad de alma y cuerpo, posesiones y reputación?*

En un mundo arruinado por el pecado, el Señor nos guarda del mal y nos ayuda a soportar las tribulaciones que él permite lleguen a nuestras vidas.

812 **Hch 14.22** Para entrar en el reino de Dios nos es necesario pasar por muchas tribulaciones.

813 **Sal 91.9-10** Por haber puesto al Señor por tu esperanza, por poner al Altísimo como tu protector, no te sobrevendrá ningún mal, ni plaga alguna tocará tu casa.

814 **2 Co 12.9** Con mi gracia tienes más que suficiente, porque mi poder se perfecciona en la debilidad.

815 **Pr 3.11-12** Hijo mío, no desdeñes la corrección del Señor; no te sientas mal cuando te reprenda. El Señor corrige al que ama como lo hace el padre con su hijo amado.

H.B. **Dn 3** Los tres hombres en el horno de fuego. **Dn 6** Daniel en el foso de los leones.

233. *¿Cuál es el último rescate del mal que pedimos nos conceda el Señor?*

Queremos que nuestro Padre celestial nos guarde fieles a él y que cuando nos llegue la muerte nos saque de este mundo de dolores y nos lleve a sí mismo en el cielo.

816 **Lc 2.29-32** Señor, ahora despides a este siervo tuyo, y lo despides en paz, de acuerdo a tu palabra. Mis ojos han visto ya tu salvación, que has preparado a la vista de todos los pueblos: luz reveladora para las naciones, y gloria para tu pueblo Israel.

817 **2 Ti 4.18** El Señor me librará de toda obra mala, y me preservará para su reino celestial. A él sea la gloria por los siglos de los siglos. Amén.

809 **Eph. 6:11, 17** Put on the whole armor of God, that you may be able to stand against the schemes of the devil. . . . Take the helmet of salvation, and the sword of the Spirit, which is the word of God.

Bible narrative: Joseph withstood the temptation of Potiphar's wife (**Gen. 39:1–20**). Jesus was tempted by Satan and won the victory for us (**Matt. 4:1–11**).

The Seventh Petition

But deliver us from evil.

But deliver us from evil.

What does this mean?

We pray in this petition, in summary, that our Father in heaven would rescue us from every evil of body and soul, possessions and reputation, and finally, when our last hour comes, give us a blessed end, and graciously take us from this valley of sorrow to Himself in heaven.

231. *What kind of prayer is the Seventh Petition?*

The seventh petition is a summary petition in which we ask our Father in heaven to rescue us from the devil and all evil which has come into the world because of sin.

810 **Ps. 121:7–8** The Lord will keep you from all evil; He will keep your life. The Lord will keep your going out and your coming in from this time forth and forevermore.

811 **2 Thess. 3:3** The Lord is faithful. He will establish you and guard you against the evil one.

232. *How does the Lord rescue us from every evil of body and soul, possessions and reputation?*

In a world ruined by sin, the Lord keeps us from harm and helps us to endure the troubles that He allows to come into our lives.

812 **Acts 14:22** Through many tribulations we must enter the kingdom of God.

813 **Ps. 91:9–10** Because you have made the Lord your dwelling place—the Most High, who is my refuge—no evil shall be allowed to befall you, no plague come near your tent.

814 **2 Cor. 12:9** My grace is sufficient for you, for My power is made perfect in weakness.

815 **Prov. 3:11–12** My son, do not despise the Lord's discipline or be weary of His reproof, for the Lord reproves him whom He loves, as a father the son in whom He delights.

Bible narrative: The three men in the fiery furnace (**Daniel 3**). Daniel in the lions' den (**Daniel 6**).

233. *What final deliverance from evil do we ask the Lord to bring to us?*

We want our Father in heaven to keep us faithful to Him and when we die to take us from this sorrowful world to Himself in heaven.

816 **Luke 2:29–32** Lord, now you are letting your servant depart in peace, according to Your word; for my eyes have seen Your salvation that You have prepared in the presence of all peoples, a light for revelation to the Gentiles, and for glory to Your people Israel.

818 **Ap 14.13** De aquí en adelante, bienaventurados sean los que mueren en el Señor.

819 **Ap 21.4** Dios enjugará las lágrimas de los ojos de ellos, y ya no habrá muerte, ni más llanto, ni lamento ni dolor; porque las primeras cosas habrán dejado de existir.

Conclusión

Porque tuyo es el reino, el poder y la gloria por los siglos de los siglos. Amén.

¿Qué quiere decir esto?

Que debo estar en la certeza de que el Padre celestial acepta estas peticiones y las atiende; pues él mismo nos ha ordenado a orar así y ha prometido atendernos. Amén, amén, quiere decir: Sí, sí, que así sea.

234. ***¿Por qué terminamos el Padrenuestro con la palabra* amén?**

La palabra *amén* significa "así sea" y enfatiza que Dios, el cual nos ha mandado a orar, escuchará nuestras oraciones y las contestará como lo ha prometido.

820 **Sal 50.15** Invócame en el día de la angustia; yo te libraré, y tú me honrarás.

821 **Pr 15.8** El Señor aborrece las ofrendas de los impíos, pero recibe con agrado la oración de los rectos.

822 **Pr 15.29** El Señor está lejos de los impíos, pero oye la oración de los justos.

235. ***¿Cómo sé que Dios es capaz de responder las oraciones de su pueblo en Cristo Jesús?***

A. Él solo es el rey que tiene todos los buenos dones bajo su control.

823 **Stg 1.17** Toda buena dádiva y todo don perfecto descienden de lo alto, del Padre de las luces, en quien no hay cambio ni sombra de variación.

824 **Sal 103.2-3** ¡Bendice, alma mía, al Señor, y no olvides ninguna de sus bendiciones! El Señor perdona todas tus maldades, y sana todas tus dolencias.

B. Sólo él tiene el poder de concedernos nuestras peticiones.

825 **Sal 33.6** Con su palabra, el Señor hizo los cielos; todo lo creado lo hizo con un soplo de su boca.

826 **Ef 3.20-21** Y a Aquel que es poderoso para hacer que todas las cosas excedan a lo que pedimos o entendemos, según el poder que actúa en nosotros, a él sea dada la gloria en la iglesia en Cristo Jesús por todas las generaciones, por los siglos de los siglos. Amén.

C. Él tiene toda la gloria y es digno de nuestra alabanza.

827 **Sal 113.4-5** El Señor está por encima de todas las naciones; ¡su gloria sobrepasa las alturas de los cielos! ¿Quién como el Señor nuestro Dios? El Señor tiene su trono en las alturas.

828 **1 Ti 1.17** Al Rey de los siglos, al inmortal e invisible, al único y sabio Dios, sean el honor y la gloria por los siglos de los siglos. Amén.

817 **2 Tim. 4:18** The Lord will rescue me from every evil deed and bring me safely into His heavenly kingdom. To Him be the glory forever and ever. Amen.

818 **Rev. 14:13** Blessed are the dead who die in the Lord.

819 **Rev. 21:4** He will wipe away every tear from their eyes, and death shall be no more, neither shall there be mourning, nor crying, nor pain anymore, for the former things have passed away.

The Conclusion

For Thine is the kingdom and the power and the glory forever and ever. Amen.
For the kingdom, the power, and the glory are Yours now and forever. Amen.

What does this mean?

This means that I should be certain that these petitions are pleasing to our Father in heaven, and are heard by Him; for He Himself has commanded us to pray in this way and has promised to hear us. Amen, amen, which means "yes, yes, it shall be so."

234. *Why do we end the Lord's Prayer with the word amen?*

The word amen means "so shall it be" and emphasizes that God, who has commanded us to pray, will hear our prayers and answer them as He has promised.

820 **Ps. 50:15** Call upon Me in the day of trouble; I will deliver you, and you shall glorify Me.

821 **Prov. 15:8** The sacrifice of the wicked is an abomination to the Lord, but the prayer of the upright is acceptable to him.

822 **Prov. 15:29** The Lord is far from the wicked, but He hears the prayer of the righteous.

235. *How do I know God is able to answer the prayers of His people in Christ Jesus?*

A. He alone is the King who has all good gifts in His control.

823 **James 1:17** Every good gift and every perfect gift is from above, coming down from the Father of lights with whom there is no variation or shadow due to change.

824 **Ps. 103:2–3** Bless the Lord, O my soul, and forget not all His benefits, who forgives all your iniquity, who heals all your diseases.

B. He alone has the power to grant our petitions.

825 **Ps. 33:6** By the word of the Lord the heavens were made, and by the breath of His mouth all their host.

826 **Eph. 3:20–21** To Him who is able to do far more abundantly than all that we ask or think, according to the power at work within us, to Him be glory in the church and in Christ Jesus throughout all generations, forever and ever. Amen.

C. He has all glory and is worthy of our praise.

827 **Ps. 113:4–5** The Lord is high above all nations, and His glory above the heavens! Who is like the Lord our God, who is seated on high?

828 **1 Tim. 1:17** To the King of ages, immortal, invisible, the only God, be honor and glory forever and ever. Amen.

236. ***¿Qué es un sacramento?***

Un sacramento es un acto sagrado

A. ordenado por Dios,

B. en el cual Dios mismo ha unido su Palabra de promesa a un elemento visible,

C. y por medio del cual, Dios nos ofrece, da y sella el perdón de los pecados logrado por Cristo.

Nota: La palabra *sacramento* viene a nosotros de la Biblia en latín, como traducción de la palabra griega *misterio*. Primero esta palabra describía todas las verdades salvadoras de la fe, como la Trinidad, la encarnación, la redención, la iglesia (ver por ejemplo **1 Co 4.1**; **Ef 5.32** y **1 Ti 3.16**). Luego se limitó su significado al que tiene ahora.

237. ***¿Cuántos sacramentos hay?***

De acuerdo con esta definición hay dos sacramentos: el Santo Bautismo y la Cena del Señor.

Nota: A veces la santa absolución es contada como un tercer sacramento, aunque no tiene un elemento visible instituido divinamente (Catecismo Mayor IV; Apología XIII).

829 **Hch 2.38** Y Pedro les dijo: "Arrepiéntanse, y bautícense todos ustedes en el nombre de Jesucristo, para que sus pecados les sean perdonados. Entonces recibirán el don del Espíritu Santo."

830 **1 Co 10.16** La copa de bendición por la cual damos gracias, ¿no es la comunión de la sangre de Cristo? Y el pan que partimos, ¿no es la comunión del cuerpo de Cristo?

238. ***¿Por qué hemos de apreciar los sacramentos cuando el agua, el pan y el vino son elementos tan comunes?***

"Por esta razón, nosotros siempre hemos enseñado que no se deba considerar los sacramentos y todas las cosas externas, ordenados e instituidos por Dios conforme a su apariencia basta y externa, tal como se ve solamente la cáscara de la nuez; sino que, al contrario, hay que ver cómo la palabra de Dios está encerrada en ellas" (Catecismo Mayor IV).

831 **1 Co 1.28** Dios escogió lo vil del mundo y lo menospreciado, y lo que no es, para deshacer lo que es.

H.B. **2 R 5.1-14** Por la promesa de Dios, el río Jordán tuvo el poder de curar la lepra de Naamán.

236. ***What is a sacrament?***

A sacrament is a sacred act

A. instituted by God,

B. in which God Himself has joined His Word of promise to a visible element,

C. and by which He offers, gives, and seals the forgiveness of sins earned by Christ.

Note: The word sacrament comes to us from the Latin Bible, where it translates the Greek word mystery. At first this word described all the saving truths of the faith, such as the Trinity, the incarnation, the redemption, the church (see for instance **1 Cor. 4:1**; **Eph. 5:32**; and **1 Tim. 3:16**). Later it was narrowed down to our present sense.

237. ***How many such sacraments are there?***

By this definition there are two sacraments: Holy Baptism and the Lord's Supper.

Note: Sometimes Holy Absolution is counted as a third sacrament, even though it has no divinely instituted visible element (Large Catechism IV 74; Apology XIII 4).

829 **Acts 2:38** Peter said to them, "Repent and be baptized every one of you in the name of Jesus Christ for the forgiveness of your sins, and you will receive the gift of the Holy Spirit."

830 **1 Cor. 10:16** The cup of blessing that we bless, is it not a participation in the blood of Christ? The bread that we break, is it not a participation in the body of Christ?

238. ***Why are we to treasure the sacraments, when water, bread, and wine are such common elements?***

"The Sacraments and all outward things that God ordains and institutes should not be considered according to the coarse, outward mask, the way we look at a nutshell. But we respect them because God's Word is included in them" (Large Catechism IV 19).

831 **1 Cor. 1:28** God chose what is low and despised in the world, even things that are not, to bring to nothing things that are.

Bible narrative: By God's promise the plain Jordan River had the power to cure Naaman's leprosy (**2 Kings 5:1–14**).

I. La naturaleza del Bautismo

Primero

¿Qué es el Bautismo?

El Bautismo no es simple agua solamente, sino que es agua comprendida en el mandato divino y ligada con la palabra de Dios.

¿Qué palabra de Dios es ésta?

Nuestro Señor Jesucristo dice en el último capítulo del Evangelio según San Mateo: "Vayan, pues, a las gentes de todas las naciones, y háganlas mis discípulos; bautícenlas en el nombre del Padre, del Hijo y del Espíritu Santo." [Mt 28.19]

239. *¿Qué significa la palabra bautizar?*

Bautizar significa aplicar agua sumergiendo, lavando, derramando, o rociando.

832 Mc 7.4 Cuando vuelven del mercado, no comen si antes no se lavan. Y conservan también muchas otras tradiciones, como el lavar [bautizar] los vasos en que beben, los jarros, los utensilios de metal, y las camas.

Nota: El bautismo en el Espíritu Santo consiste en el derramamiento del Espíritu de Dios (Mt 3.11; Hch 1.5; Hch 2.17-18).

240. *¿Qué hay de especial con el agua del Bautismo?*

"No es otra cosa que un agua de Dios; no que esta agua sea en ella misma más noble que otra agua, sino porque la palabra y el mandamiento de Dios se le agregan" (Catecismo Mayor IV).

241. *¿Quién instituyó el Santo Bautismo?*

Dios mismo instituyó el Santo Bautismo, pues nuestro Señor Jesucristo, en el último capítulo de San Mateo, ordenó a su iglesia bautizar a todas las naciones.

833 Mt 28.18-20 Jesús se acercó y les dijo: "Toda autoridad me ha sido dada en el cielo y en la tierra. Por tanto, vayan y hagan discípulos en todas las naciones, y bautícenlos en el nombre del Padre, y del Hijo, y del Espíritu Santo. Enséñenles a cumplir todas las cosas que les he mandado."

242. *¿Qué significa bautizar en el nombre del Padre, y del Hijo y del Espíritu Santo?*

Significa que en el Bautismo Dios me recibe a mí en la comunión de la Santa Trinidad.

243. *¿Quién debe administrar el Bautismo?*

Por lo regular deben administrar el Bautismo los ministros debidamente llamados de Cristo, pero en casos de emergencia o cuando no se consiga pastor, cualquier cristiano puede hacerlo.

834 1 Co 4.1 Todos deben considerarnos servidores de Cristo y administradores de los misterios de Dios.

Nota: Ver Orden para el Bautismo de emergencia al final de esta sección.

244. *¿Quién debe ser bautizado?*

Deben bautizarse a "todas las naciones", esto es, todos los seres humanos, niños y adultos.

245. *¿Qué distinción debe hacerse al bautizar?*

A. Los que pueden recibir instrucción deben ser bautizados después de haber sido enseñados en las partes principales de la fe cristiana.

I. The Nature of Baptism

First

What is Baptism?

Baptism is not just plain water, but it is the water included in God's command and combined with God's word.

Which is that word of God?

Christ our Lord says in the last chapter of Matthew: "Therefore go and make disciples of all nations, baptizing them in the name of the Father and of the Son and of the Holy Spirit." [**Matt. 28:19**]

239. *What does the word baptize mean?*

Baptize means to apply water by immersing, washing, pouring, and the like.

832 **Mark 7:4** When they [the Pharisees] come from the marketplace, they do not eat unless they wash. And there are many other traditions that they observe, such as the washing [baptizing] of cups and pots and copper vessels and dining couches.

Note: To baptize with the Holy Spirit (**Matt. 3:11**) means to "pour out" the Spirit (**Acts 1:5** and **Acts 2:17–18**).

240. *What is so special about the water of Baptism?*

"It is nothing other than a divine water. Not that the water in itself is nobler than other water, but that God's Word and command are added to it" (Large Catechism IV 14).

241. *Who instituted Holy Baptism?*

God Himself instituted Baptism, for our Lord Jesus Christ commanded His church to baptize all nations.

833 **Matt. 28:19–20** Go therefore and make disciples of all nations, baptizing them in the name of the Father and of the Son and of the Holy Spirit, teaching them to observe all that I have commanded you.

242. *What does it mean to baptize "in the name of the Father and of the Son and of the Holy Spirit"?*

It means that in Baptism, God, the Holy Trinity, receives me into communion or fellowship with Himself.

243. *Who is to baptize?*

Normally the called ministers of Christ are to baptize, but in cases of emergency and when no pastor is available, any Christian should baptize.

834 **1 Cor. 4:1** This is how one should regard us, as servants of Christ and stewards of the mysteries of God.

Note: For a short form of Baptism in cases of emergency, see the end of this section.

244. *Who is to be baptized?*

"All nations" are to be baptized, that is, all people, young and old.

245. *What distinction is to be made in baptizing?*

A. Those who can receive instruction are to be baptized after they have been instructed in the main articles of the Christian faith.

835 **Hch 2.38-39** Y Pedro les dijo: "Arrepiéntanse, y bautícense todos ustedes en el nombre de Jesucristo, para que sus pecados les sean perdonados. Entonces recibirán el don del Espíritu Santo. Porque la promesa es para ustedes y para sus hijos, para todos los que están lejos, y para todos aquellos a quienes el Señor nuestro Dios llame."

836 **Hch 2.41** Los que recibieron su palabra fueron bautizados.

H.B. **Hch 8.26-39** El Etíope fue instruido antes de ser bautizado. **Hch 16.25-33** El carcelero fue instruido antes de ser bautizado.

B. Los niños pequeños deben ser bautizados cuando sean traídos por los que tienen autoridad sobre ellos.

837 **Mc 10.13-15** Llevaron unos niños a Jesús para que los tocara, pero los discípulos reprendieron a quienes los habían llevado. Al ver esto, Jesús se indignó y les dijo: "Dejen que los niños se acerquen a mí. No se lo impidan, porque el reino de Dios es de los que son como ellos. De cierto les digo que el que no reciba el reino de Dios como un niño, no entrará en él."

246. ***¿Por qué debe bautizarse a los bebés?***

Se debe bautizar a los bebés porque:

A. ellos están incluidos en las palabras: todas las naciones;

838 **Mt 28.19** Por tanto, vayan y hagan discípulos en todas las naciones, y bautícenlos en el nombre del Padre, y del Hijo, y del Espíritu Santo.

839 **Hch 2.38-39** Arrepiéntanse, y bautícense todos ustedes en el nombre de Jesucristo, para que sus pecados les sean perdonados. Entonces recibirán el don del Espíritu Santo. Porque la promesa es para ustedes y para sus hijos.

B. Jesús invita especialmente a los niños pequeños a venir a él;

840 **Lc 18.15-17** La gente llevaba los niños a Jesús, para que él los tocara. Cuando los discípulos vieron esto, los reprendieron; pero Jesús los llamó y les dijo: "Dejen que los niños se acerquen a mí. No se lo impidan, porque el reino de los cielos es de los que son como ellos. De cierto les digo: el que no recibe el reino de Dios como un niño, no entrará en él."

C. los niños son pecadores y necesitan lo que el Bautismo ofrece;

841 **Jn 3.5-6** De cierto, de cierto te digo, que el que no nace de agua y del Espíritu, no puede entrar en el reino de Dios. Lo que nace de la carne, carne es; y lo que nace del Espíritu, espíritu es.

842 **Ef 2.3** Éramos por naturaleza objetos de ira, como los demás.

D. los niños también pueden creer.

843 **Mt 18.6** A cualquiera que haga tropezar a alguno de estos pequeños que creen en mí, más le valdría que le colgaran al cuello una piedra de molino, y que lo hundieran en el fondo del mar.

H.B. **Lc 1.15** Juan Bautista estaba lleno del Espíritu Santo desde el vientre de su madre,**1.41-44** y aun antes de nacer.

247. ***¿Por qué anima la iglesia el uso de padrinos en el Bautismo?***

Los padrinos testifican que los que fueron bautizados han sido bautizados debidamente; también oran por ellos, y en el caso de los niños, cuidan de la educación cristiana de sus ahijados, especialmente si ellos llegasen a perder a sus padres. Sólo los que confiesan la misma fe debieran ser padrinos.

844 **Mt 18.16** Que todo lo que se diga conste en labios de dos o tres testigos.

835 **Acts 2:38–39** Peter said, "Repent and be baptized every one of you in the name of Jesus Christ for the forgiveness of your sins, and you will receive the gift of the Holy Spirit. For the promise is for you and for your children and for all who are far off, everyone whom the Lord our God calls to Himself."

836 **Acts 2:41** Those who received His word were baptized.

Bible narrative: The Ethiopian was instructed before he was baptized (**Acts 8:26–39**). The jailer was instructed before he was baptized (**Acts 16:25–33**).

B. Little children should be baptized when they are brought to Baptism by those who have authority over them.

837 **Mark 10:13–15** And they were bringing children to Him that He might touch them, and the disciples rebuked them. But when Jesus saw it, He was indignant and said to them, "Let the children come to Me; do not hinder them, for to such belongs the kingdom of God. Truly, I say to you, whoever does not receive the kingdom of God like a child shall not enter it."

246. *Why are babies to be baptized?*

Babies are to be baptized because

A. they are included in the words "all nations";

838 **Matt. 28:19** Go therefore and make disciples of all nations, baptizing them in the name of the Father and of the Son and of the Holy Spirit.

839 **Acts 2:38–39** Repent and be baptized every one of you in the name of Jesus Christ for the forgiveness of your sins, and you will receive the gift of the Holy Spirit. For the promise is for you and for your children.

B. Jesus especially invites little children to come to Him;

840 **Luke 18:15–17** Now they were bringing even infants to him that he might touch them. And when the disciples saw it, they rebuked them. But Jesus called them to him, saying, "Let the children come to me, and do not hinder them, for to such belongs the kingdom of God. Truly, I say to you, whoever does not receive the kingdom of God like a child shall not enter it."

C. as sinners, babies need what Baptism offers;

841 **John 3:5–6** Unless one is born of water and the Spirit, he cannot enter the kingdom of God. That which is born of the flesh is flesh, and that which is born of the Spirit is spirit.

842 **Eph. 2:3** [We] were by nature children of wrath, like the rest of mankind.

D. babies also are able to have faith.

843 **Matt. 18:6** Whoever causes one of these little ones who believe in Me to sin, it would be better for him to have a great millstone fastened around his neck and to be drowned in the depth of the sea.

Bible narrative: John the Baptist was "filled with the Holy Spirit even from birth" (**Luke 1:15**), and even before birth (**1:41–44**).

247. *Why does the church encourage the use of sponsors at Baptisms?*

Sponsors witness that those who receive this sacrament have been properly baptized. They also pray for them and in the case of children, help with their Christian upbringing, especially if they should lose their parents. Only those of the same confession of faith should be sponsors.

844 **Matt. 18:16** Every charge may be established by the evidence of two or three witnesses.

845 **Ef 4.16** De quien [Cristo] todo el cuerpo, bien concertado y unido entre sí por todas las coyunturas que se ayudan mutuamente, según la actividad propia de cada miembro, recibe su crecimiento para ir edificándose en amor.

II. Las bendiciones del Bautismo

Segundo

¿Qué beneficios confiere el Bautismo?

El Bautismo obra el perdón de los pecados, rescata de la muerte y del diablo y da salvación eterna a todos los que creen esto, como lo declaran las palabras y promesas de Dios.

¿Cuáles son esas promesas y palabras de Dios?

Nuestro Señor Jesucristo dice en el último capítulo de Marcos: "El que crea y sea bautizado, se salvará; pero el que no crea, será condenado." [**Mc 16.16**]

248. ***¿Qué grandes y preciosas cosas se nos dan en el Bautismo?***

El Bautismo:

A. obra el perdón de los pecados;

846 **Hch 2.38** Arrepiéntanse, y bautícense todos ustedes en el nombre de Jesucristo, para que sus pecados les sean perdonados.

847 **Hch 22.16** ¡Levántate y bautízate, e invoca su nombre, para que quedes limpio de tus pecados!

B. rescata de la muerte y del diablo;

848 **Ro 6.3, 5** ¿No saben ustedes que todos los que fuimos bautizados en Cristo Jesús, fuimos bautizados en su muerte?... Porque si nos hemos unido a Cristo en su muerte, así también nos uniremos a él en su resurrección.

849 **Gl 3.27** Porque todos ustedes, los que han sido bautizados en Cristo, están revestidos de Cristo.

850 **Col 1.13-14** También nos ha librado del poder de la oscuridad y nos ha trasladado al reino de su amado Hijo, en quien tenemos redención por su sangre, el perdón de los pecados (comparar con **Col 2.11-12**).

C. da salvación eterna.

851 **Mc 16.16** El que crea y sea bautizado, se salvará.

852 **1 P 3.21** Todo esto es símbolo del bautismo... que ahora nos salva por la resurrección de Jesucristo.

853 **Tit 3.5** Nos salvó, y no por obras de justicia que nosotros hubiéramos hecho, sino por su misericordia, por el lavamiento de la regeneración y por la renovación en el Espíritu Santo.

249. ***Si Cristo ya ha ganado el perdón y la salvación por nosotros y nos otorga esas bendiciones por gracia, ¿por qué todavía necesitamos el Bautismo?***

Ciertamente Cristo ha ganado perdón completo y salvación para toda la raza humana por medio de su vida perfecta, sufrimiento, muerte y resurrección. Él distribuye ese mismo perdón por medio del Bautismo (el Bautismo es un medio de gracia).

854 **1 Co 6.11** Ya han sido lavados, ya han sido santificados, ya han sido justificados en el nombre del Señor Jesús, y por el Espíritu de nuestro Dios.

845 **Eph. 4:16** [Christ] from whom the whole body, joined and held together by every joint with which it is equipped, when each part is working properly, makes the body grow so that it builds itself up in love.

II. The Blessings of Baptism

Second

What benefits does Baptism give?

It works forgiveness of sins, rescues from death and the devil, and gives eternal salvation to all who believe this, as the words and promises of God declare.

Which are these words and promises of God?

Christ our Lord says in the last chapter of Mark: "Whoever believes and is baptized will be saved, but whoever does not believe will be condemned." [**Mark 16:16**]

248. ***What great and precious things are given in Baptism?***

Baptism

A. works forgiveness of sins;

846 **Acts 2:38** Repent and be baptized every one of you in the name of Jesus Christ for the forgiveness of your sins.

847 **Acts 22:16** Rise and be baptized and wash away your sins.

B. rescues from death and the devil;

848 **Rom. 6:3**, 5 Do you not know that all of us who have been baptized into Christ Jesus were baptized into His death? . . . If we have been united with Him in a death like His, we shall certainly be united with Him in a resurrection like His.

849 **Gal. 3:27** For as many of you as were baptized into Christ have put on Christ.

850 **Col. 1:13–14** He has delivered us from the domain of darkness and transferred us to the kingdom of His beloved Son, in whom we have redemption, the forgiveness of sins. (Compare **Col. 2:11–12.**)

C. gives eternal salvation.

851 **Mark 16:16** Whoever believes and is baptized will be saved.

852 **1 Peter 3:21** Baptism, which corresponds to this [waters of Noah's flood], now saves you . . . through the resurrection of Jesus Christ.

853 **Titus 3:5** He saved us . . . by the washing of regeneration and renewal of the Holy Spirit.

249. ***If Christ has already won forgiveness and salvation for us and gives us all this by grace alone, why do we still need Baptism?***

Christ has indeed won full forgiveness and salvation for the whole human race with His perfect life, suffering, death, and resurrection. He distributes this same forgiveness in Baptism. (Baptism is a means of grace.)

854 **1 Cor. 6:11** You were washed, you were sanctified, you were justified in the name of the Lord Jesus Christ and by the Spirit of our God.

855 **Tit 3.5-7** Nos salvó, y no por obras de justicia que nosotros hubiéramos hecho, sino por su misericordia, por el lavamiento de la regeneración y por la renovación en el Espíritu Santo, el cual derramó en nosotros abundantemente por Jesucristo, nuestro Salvador, para que al ser justificados por su gracia viniéramos a ser herederos conforme a la esperanza de la vida eterna.

250. ***¿A quién concede el santo Bautismo todas estas bendiciones?***

El Bautismo concede estas bendiciones a todos los que creen las promesas salvadoras de Dios.

856 **Mc 16.16** El que crea y sea bautizado, se salvará; pero el que no crea, será condenado.

251. ***¿Es posible que se salve una persona no bautizada?***

Sólo la falta de fe condena. No puede haber fe en la persona que a sabiendas desprecia y rechaza el Bautismo. Pero los que creen en el evangelio y mueren sin haber tenido la oportunidad de ser bautizados, no son condenados.

857 **Mc 16.16** El que no crea, será condenado.

H.B. **Lc 7.30** Los fariseos y expertos en la ley, en incredulidad rechazaron el bautismo de Juan.**Lc 23.39-43** El ladrón en la cruz fue salvado sin el Bautismo.

252. ***¿Por qué no debemos buscar el "bautismo en el Espíritu Santo" además del sacramento del Santo Bautismo?***

No debemos buscar otro "bautismo" aparte del Bautismo sacramental porque

A. hoy no hay otro bautismo dado por Dios aparte del sacramento del santo Bautismo;

858 **Ef 4.5** Un Señor, una fe, un bautismo.

Nota: La "doctrina acerca de bautismos" (**Heb 6.2**) no significa de que hay muchos bautismos cristianos, pero que el único y verdadero Bautismo debe distinguirse claramente de los muchos lavamientos religiosos que eran bastante comunes en el mundo antiguo (ver por ejemplo **Mc 7.4**).

B. el sacramento no es un bautismo de solamente agua o de solamente Espíritu, sino es un Bautismo de agua y del Espíritu;

859 **Jn 3.5** El que no nace de agua y del Espíritu, no puede entrar en el reino de Dios.

860 **Tit 3.5** Nos salvó, y no por obras de justicia que nosotros hubiéramos hecho, sino por su misericordia, por el lavamiento de la regeneración y por la renovación en el Espíritu Santo.

*Nota:***Mat 3.11** habla del bautismo "en agua" y "en el Espíritu Santo y fuego." La diferencia aquí no es entre el Bautismo sacramental y alguna especie de "bautismo en el Espíritu," sino entre la misión preparatoria y el bautismo de Juan el Bautista y la completa y permanente misión y bautismo de Jesucristo. Mientras el bautismo de Juan también confería el perdón de los pecados, era diferente en que señalaba hacia la obra redentora del Salvador.

C. las señales especiales dadas por el Espíritu Santo no fueron otro "bautismo," sino confirmaban la verdad y el poder de la predicación de los apóstoles.

861 **Hch 19.6** Cuando Pablo les impuso las manos sobre la cabeza, el Espíritu Santo vino sobre ellos, y empezaron a hablar en lenguas y a profetizar.

862 **2 Co 12.12** Con todo, las señales de apóstol se han realizado entre ustedes con toda paciencia, por medio de señales, prodigios y milagros.

Nota: Ver la pregunta 164.

855 **Titus 3:5–7** He saved us . . . by the washing of regeneration and renewal of the Holy Spirit, whom He poured out on us richly through Jesus Christ our Savior, so that being justified by His grace we might become heirs according to the hope of eternal life.

250. ***To whom does Baptism give all these blessings?***

Baptism gives these blessings to all who believe God's saving promises.

856 **Mark 16:16** Whoever believes and is baptized will be saved, but whoever does not believe will be condemned.

251. ***Is it possible for an unbaptized person to be saved?***

It is only unbelief that condemns. Faith cannot exist in the heart of a person who despises and rejects Baptism against better knowledge. But those who believe the Gospel, yet die before they have opportunity to be baptized, are not condemned.

857 **Mark 16:16** Whoever does not believe will be condemned.

Bible narratives: The Pharisees and experts in the Law in unbelief rejected John's baptism (**Luke 7:30**). The thief on the cross was saved without Baptism (**Luke 23:39–43**).

252. ***Why are we not to seek a "baptism with the Holy Spirit" in addition to the Sacrament of Holy Baptism?***

Beyond sacramental Baptism we are to seek no other "baptism" because

A. there is no other God-given Baptism today beside the Sacrament of Holy Baptism;

858 **Eph. 4:5** One Lord, one faith, one baptism.

Note: The "instruction about washings" (**Heb. 6:2**) does not mean that there are several Christian baptisms, but that the one true Baptism must be clearly distinguished from the many religious washings which were common in the ancient world (see for instance **Mark 7:4**).

B. the sacrament is not a water-only or a Spirit-only baptism, but a water-and-Spirit Baptism;

859 **John 3:5** Unless one is born of water and the Spirit, he cannot enter the kingdom of God.

860 **Titus 3:5** He saved us . . . by the washing of regeneration and renewal of the Holy Spirit.

Note: **Matt. 3:11** speaks of baptizing "with water" and "with the Holy Spirit and with fire." The difference here is not between sacramental Baptism and some sort of "Spirit baptism," but between the preparatory mission and baptism of John the Baptist and the full, permanent mission and Baptism of Jesus Christ. While John's baptism also gave the forgiveness of sins, it was different in that it pointed forward to the redemptive work of the Savior.

C. the special signs granted by the Holy Spirit were not another "baptism," but they proved the truth and power of the apostles' preaching.

861 **Acts 19:6** When Paul had laid his hands on them, the Holy Spirit came on them, and they began speaking in tongues and prophesying.

862 **2 Cor. 12:12** The signs of a true apostle were performed among you with utmost patience, with signs and wonders and mighty works.

Note: See question 164.

III. El poder del Bautismo

Tercero

¿Cómo puede el agua hacer cosas tan grandes?

El agua en verdad no las hace, sino la palabra de Dios que está con el agua y unida a ella, y la fe que confía en dicha palabra de Dios ligada con el agua, porque, sin la palabra de Dios, el agua es simple agua, y no es Bautismo; pero con la palabra de Dios, sí es Bautismo, es decir, es un agua de vida, llena de gracia, y un lavamiento de regeneración en el Espíritu Santo, como San Pablo dice a Tito en el tercer capítulo: "Nos salvó, y no por obras de justicia que nosotros hubiéramos hecho, sino por su misericordia, por el lavamiento de la regeneración y por la renovación en el Espíritu Santo, el cual derramó en nosotros abundantemente por Jesucristo, nuestro Salvador, para que al ser justificados por su gracia viniéramos a ser herederos conforme a la esperanza de la vida eterna. Ésta es palabra fiel." (**Tit 3.5-8**).

253. ***¿Cómo puede el agua bautismal obrar perdón de pecados, rescatar de la muerte y del diablo y dar salvación eterna?***

Las palabras de institución de Dios ponen estas grandes bendiciones en el Bautismo. La fe, que confía en esta palabra de Dios ligada con el agua, toma esas bendiciones y se las apropia.

863 **Ef 5.25-26** Cristo amó a la iglesia, y se entregó a sí mismo por ella, para santificarla. Él la purificó en el lavamiento del agua por la palabra.

864 **Gl 3.26-27** Todos ustedes son hijos de Dios por la fe en Cristo Jesús. Porque todos ustedes, los que han sido bautizados en Cristo, están revestidos de Cristo.

254. ***¿Por qué llaman las Sagradas Escrituras al Bautismo el lavamiento de la regeneración y de la renovación en el Espíritu Santo?***

En el Bautismo el Espíritu Santo produce la fe y así crea en nosotros una nueva vida espiritual con el poder de vencer al pecado.

865 **Ro 6.6** Sabemos que nuestro antiguo yo fue crucificado juntamente con él, para que el cuerpo del pecado sea destruido, a fin de que no sirvamos más al pecado.

866 **Tit 3.5-8** Nos salvó, y no por obras de justicia que nosotros hubiéramos hecho, sino por su misericordia, por el lavamiento de la regeneración y por la renovación en el Espíritu Santo, el cual derramó en nosotros abundantemente por Jesucristo, nuestro Salvador, para que al ser justificados por su gracia viniéramos a ser herederos conforme a la esperanza de la vida eterna. Ésta es palabra fiel.

III. The Power of Baptism

Third

How can water do such great things?

Certainly not just water, but the word of God in and with the water does these things, along with the faith which trusts this word of God in the water. For without God's word the water is plain water and no Baptism. But with the word of God it is a Baptism, that is, a life-giving water, rich in grace, and a washing of the new birth in the Holy Spirit, as St. Paul says in Titus chapter three:

"He saved us through the washing of rebirth and renewal by the Holy Spirit, whom He poured out on us generously through Jesus Christ our Savior, so that, having been justified by His grace, we might become heirs having the hope of eternal life. This is a trustworthy saying." [**Titus 3:5–8**]

253. *How does baptismal water work forgiveness of sins, rescue from death and the devil, and give eternal salvation?*

God's words of institution put these great blessings into Baptism. Faith, which trusts this word of God in the water, takes the blessings out and makes them our own.

863 **Eph. 5:25b–26** Christ loved the church and gave Himself up for her, that He might sanctify her, having cleansed her by the washing of water with the word.

864 **Gal. 3:26–27** You are all sons of God, through faith. For as many of you as were baptized into Christ have put on Christ.

254. *Why do the Scriptures call Baptism the washing of rebirth and renewal of the Holy Spirit?*

In Baptism, the Holy Spirit works faith and so creates in us new spiritual life with the power to overcome sin.

865 **Rom. 6:6** Our old self was crucified with Him in order that the body of sin might be brought to nothing, so that we would no longer be enslaved to sin.

866 **Titus 3:5–8** He saved us … by the washing of regeneration and renewal of the Holy Spirit, whom He poured out on us richly through Jesus Christ our Savior, so that, being justified by His grace we might become heirs according to the hope of eternal life. The saying is trustworthy.

IV. Lo que el Bautismo significa

Cuarto

¿Qué significa este bautizar con agua?

Significa que el viejo Adán en nosotros debe ser ahogado por pesar y arrepentimiento diarios, y que debe morir con todos sus pecados y malos deseos; asimismo, cada día debe surgir y resucitar un nuevo hombre, que ha de vivir eternamente delante de Dios en justicia y pureza.

¿Dónde está escrito esto?

San Pablo dice en Romanos, capítulo seis:

"Porque por el bautismo fuimos sepultados con él en su muerte, para que así como Cristo resucitó de los muertos por la gloria del Padre" [**Ro 6.4**]

255. *¿Qué es el viejo Adán?*

El viejo Adán es la naturaleza corrompida y mala que heredamos a causa de la caída en pecado de Adán.

867 Ef 4.22 En cuanto a su pasada manera de vivir, despójense de su vieja naturaleza, la cual está corrompida por los deseos engañosos.

256. *¿Cómo debe ser ahogado el viejo Adán en nosotros?*

El viejo Adán debe ser ahogado en nosotros por medio de la contrición diaria (pesar por el pecado) y el arrepentimiento (fe). Así podemos resistir y vencer los malos deseos.

868 Lc 9.23 Si alguno quiere seguirme, niéguese a sí mismo, tome su cruz cada día, y sígame.

869 Gl 5.24 Y los que son de Cristo han crucificado la carne con sus pasiones y deseos.

257. *¿Qué es el nuevo hombre?*

El nuevo hombre es la nueva vida y naturaleza espiritual, creada en nosotros por medio de lavamiento de la regeneración.

870 2 Co 5.17 Si alguno está en Cristo, ya es una nueva creación.

258. *¿Cómo surge y resucita en nosotros este nuevo hombre?*

El nuevo hombre surge y resucita en nosotros cuando cada día vivimos y crecemos delante de Dios en verdadera fe y buenas obras.

871 Ef 4.24 Revístanse de la nueva naturaleza, creada en conformidad con Dios en la justicia y santidad de la verdad.

259. *¿Cómo significa el Bautismo el diario ahogar del viejo Adán y el surgimiento del nuevo hombre?*

Por nuestro Bautismo hemos sido partícipes de la muerte y la resurrección de Cristo. Así como él sepultó nuestros pecados, así también nosotros diariamente podemos y debemos vencerlos y sepultarlos; y así como él resucitó de entre los muertos y vive, así también nosotros diariamente podemos y debemos andar en vida nueva delante de él.

872 Ro 6.3-4 ¿No saben ustedes que todos los que fuimos bautizados en Cristo Jesús, fuimos bautizados en su muerte? Porque por el bautismo fuimos sepultados con él en su muerte, para que así como Cristo resucitó de los muertos por la gloria del Padre, así también nosotros vivamos una vida nueva.

IV. What Baptism Indicates

Fourth

What does such baptizing with water indicate?

It indicates that the Old Adam in us should by daily contrition and repentance be drowned and die with all sins and evil desires, and that a new man should daily emerge and arise to live before God in righteousness and purity forever.

Where is this written?

St. Paul writes in Romans chapter six:

"We were therefore buried with Him through baptism into death in order that, just as Christ was raised from the dead through the glory of the Father, we too may live a new life." [**Rom. 6:4**]

255. *What is the Old Adam?*

The Old Adam is the corrupt and evil nature that we inherit because of Adam's fall into sin.

867 **Eph. 4:22** Put off your old self, which belongs to your former manner of life and is corrupt through deceitful desires.

256. *How is this Old Adam to be drowned in us?*

The Old Adam is to be drowned by daily contrition (sorrow for sins) and repentance (faith), by which we resist and overcome evil desires.

868 **Luke 9:23** If anyone would come after Me, let him deny himself and take up his cross daily and follow Me.

869 **Gal. 5:24** Those who belong to Christ Jesus have crucified the flesh with its passions and desires.

257. *What is the new man?*

The new man is the new spiritual life and nature, created in us by the washing of rebirth.

870 **2 Cor. 5:17** If anyone is in Christ, he is a new creation.

258. *How is this new man to emerge and arise?*

The new man emerges and arises as we daily live and grow before God in true faith and good works.

871 **Eph. 4:24** Put on the new self, created after the likeness of God in true righteousness and holiness.

259. *How does Baptism indicate the daily drowning of the Old Adam and the emergence of the new man?*

By Baptism we have been made to share in Christ's death and resurrection. As He has buried our sin, so we too can and must daily overcome and bury it. And as He is risen from the dead and lives, so we too can and must daily live a new life in Him.

872 **Rom. 6:3–4** Do you not know that all of us who have been baptized into Christ Jesus were baptized into His death? We were buried therefore with Him by baptism into death, in order that, just as Christ was raised from the dead by the glory of the Father, we too might walk in newness of life.

260. ***¿Con qué palabras recordamos regularmente nuestro Bautismo?***

Las palabras "en el nombre del Padre, del Hijo y del Espíritu Santo" vienen de la institución del Bautismo (**Mt 28.19**) y se las conoce como la invocación trinitaria. Al repetir esas palabras en la iglesia, o por nosotros mismos, recordamos, proclamamos y confesamos ante el cielo, la tierra y el infierno, todo lo que Dios, la Santa Trinidad, nos ha dado en nuestro Bautismo.

873 **Ro 8.38-39** estoy seguro de que ni la muerte, ni la vida, ni los ángeles, ni los principados, ni las potestades, ni lo presente, ni lo por venir, ni lo alto, ni lo profundo, ni ninguna otra cosa creada nos podrá separar del amor que Dios nos ha mostrado en Cristo Jesús nuestro Señor.

H.B. **Lc 3.21-22** Las tres personas de la Santísima Trinidad se revelaron en el Bautismo de nuestro Señor.

Nota: La invocación trinitaria puede ser acompañada por la señal de la cruz, hecha en nuestro Bautismo sobre nuestras frentes y corazones para señalarnos como "redimidos por Cristo, el crucificado."

Forma breve para el Bautismo de emergencia

En caso de necesidad, en ausencia del pastor, cualquier cristiano puede administrar el Santo Bautismo. Tome agua, llame a la persona por su nombre y aplique el agua diciendo: "Yo te bautizo en el nombre del Padre, y del Hijo y del Espíritu Santo. Amén." Si hay suficiente tiempo, antes del Bautismo se puede decir el Credo Apostólico y orar el Padrenuestro.

260. *With which words do we regularly remember our Baptism?*

The words "in the name of the Father and of the Son and of the Holy Spirit" come from the baptismal command (**Matt. 28:19**) and are known as the Trinitarian Invocation. By repeating these words, in church or by ourselves, we recall, claim, and confess before heaven, earth, and hell all that God the Holy Trinity has given us in our Baptism.

873 Rom. 8:38–39 I am sure that neither death nor life, nor angels nor rulers, nor things present nor things to come, nor powers, nor height nor depth, nor anything else in all creation, will be able to separate us from the love of God in Christ Jesus our Lord.

Bible narrative: The three persons of the blessed Trinity revealed themselves at the Baptism of our Lord (**Luke 3:21–22**).

Note: The Trinitarian Invocation may be accompanied by the sign of the cross, made at our Baptism upon our foreheads and hearts to mark us as "redeemed by Christ the crucified."

A Short Form for Holy Baptism in Cases of Emergency

In urgent cases, in the absence of a pastor, any Christian may administer Holy Baptism. Take water, call the person by name, and apply the water, saying: "I baptize you in the name of the Father and of the Son and of the Holy Spirit. Amen." If there is time, Baptism may be preceded by the Apostles' Creed and the Lord's Prayer.

LA CONFESIÓN

"Al exhortar a confesarse, no hago otra cosa que exhortar a ser cristianos."
(Catecismo Mayor, Breve Exhortación a la Confesión)

¿Qué es la confesión?

La confesión contiene dos partes. La primera, es la confesión de los pecados, y, la segunda, el recibir la absolución del confesor como de Dios mismo, no dudando de ella en lo más mínimo, sino creyendo firmemente que por ella los pecados son perdonados ante Dios en el cielo.

¿Qué pecados hay que confesar?

Ante Dios uno debe declararse culpable de todos los pecados, aún de aquellos que ignoramos, tal como lo hacemos en el Padrenuestro. Pero, ante el confesor, debemos confesar solamente los pecados que conocemos y sentimos en nuestro corazón.

¿Cuáles son tales pecados?

Considera tu estado basándote en los Diez Mandamientos, seas padre, madre, hijo, hija, esposo, esposa o servidor; si has sido desobediente, infiel, perezoso, violento, insolente, reñidor; si hiciste mal a alguno con palabras u obras; si hurtaste, fuiste negligente, derrochador, o causaste algún otro daño.

261. ***¿Cuál es la primer parte de la confesión?***

La primera parte es cuando confesamos o reconocemos nuestros pecados.

874 **Sal 32.3, 5** Mientras callé, mis huesos envejecieron, pues todo el día me quejaba... Te confesé mi pecado; no oculté mi maldad. Me dije: "Confesaré al Señor mi rebeldía", y tú perdonaste la maldad de mi pecado.

875 **Sal 51.1-4** Dios mío, por tu gran misericordia, ¡ten piedad de mí!; por tu infinita bondad, ¡borra mis rebeliones! Lávame más y más de mi maldad; ¡límpiame de mi pecado! Reconozco que he sido rebelde; ¡mi pecado está siempre ante mis ojos! Contra ti, y sólo contra ti, he pecado; ¡ante tus propios ojos he hecho lo malo! Eso justifica plenamente tu sentencia, y demuestra que tu juicio es impecable.

262. ***¿Qué pecados debemos confesar ante Dios?***

Ante Dios debemos reconocernos culpables de todos los pecados, aún de aquellos que ignoramos, como lo hacemos en el Padrenuestro.

876 **Sal 19.12** ¿Acaso hay quien reconozca sus propios errores? ¡Perdóname por los que no puedo recordar!

877 **Pr 28.13** El que encubre sus pecados no prospera; el que los confiesa y se aparta de ellos alcanza la misericordia divina.

878 **1 Jn 1.8-9** Si decimos que no tenemos pecado, nos engañamos a nosotros mismos, y la verdad no está en nosotros. Si confesamos nuestros pecados, él es fiel y justo para perdonar nuestros pecados y limpiarnos de toda maldad.

263. ***¿Qué pecados debemos confesar también ante nuestro prójimo?***

Ante nuestro prójimo debemos confesar todos los pecados que hemos cometido contra él.

879 **Stg 5.16** Confiesen sus pecados unos a otros.

CONFESSION

"When I urge you to go to Confession, I am doing nothing else than urging you to be a Christian."
(Large Catechism, Brief Exhortation)

What is confession?

Confession has two parts. First that we confess our sins, and second, that we receive absolution, that is, forgiveness, from the pastor as from God Himself, not doubting, but firmly believing that by it our sins are forgiven before God in heaven.

What sins should we confess?

Before God we should plead guilty of all sins, even those we are not aware of, as we do in the Lord's Prayer; but before the pastor we should confess only those sins which we know and feel in our hearts.

Which are these?

Consider your place in life according to the Ten Commandments: Are you a father, mother, son, daughter, husband, wife, or worker? Have you been disobedient, unfaithful, or lazy? Have you been hot-tempered, rude, or quarrelsome? Have you hurt someone by your words or deeds? Have you stolen, been negligent, wasted anything, or done any harm?

261. *What is the first part of confession?*

The first part of confession is that we confess, or acknowledge, our sins.

874 **Ps. 32:3,** 5 When I kept silent, my bones wasted away through my groaning all day long.... I acknowledged my sin to You, and I did not cover my iniquity; I said, "I will confess my transgressions to the Lord,"and You forgave the iniquity of my sin.

875 **Ps. 51:1–4** Have mercy on me, O God, according to Your steadfast love; according to Your abundant mercy blot out my transgressions. Wash me thoroughly from my iniquity, and cleanse me from my sin! For I know my transgressions, and my sin is ever before me. Against You, You only, have I sinned and done what is evil in Your sight, so that You may be justified in Your words.

262. *What sins should we confess before God?*

Before God we should plead guilty of all sins, even those we are not aware of, as we do in the Lord's Prayer.

876 **Ps. 19:12** Who can discern his errors? Declare me innocent from hidden faults.

877 **Prov. 28:13** Whoever conceals his transgressions will not prosper, but he who confesses and forsakes them will obtain mercy.

878 **1 John 1:8–9** If we say we have no sin, we deceive ourselves, and the truth is not in us. If we confess our sins, He is faithful and just to forgive us our sins and to cleanse us from all unrighteousness.

263. *What sins should we confess before our neighbor?*

Before our neighbor we should confess all sins we have committed against him or her.

879 **James 5:16** Confess your sins to one another.

880 **Mt 5.23-24** Si traes tu ofrenda al altar, y allí te acuerdas de que tu hermano tiene algo contra ti, deja allí tu ofrenda delante del altar, y ve y reconcíliate primero con tu hermano, y después de eso vuelve y presenta tu ofrenda.

264. *¿Qué pecados se nos anima a confesar privadamente ante nuestro pastor o confesor?*

Ante el pastor o confesor confesamos aquellos pecados que conocemos y sentimos en nuestro corazón, especialmente los que nos atormentan.

881 **2 S 12.13** David le respondió a Natán: "Reconozco que he pecado contra el Señor." Y Natán le dijo: "El Señor ha perdonado tu pecado, y no vas a morir."

882 **Stg 5.16** Confiesen sus pecados unos a otros, y oren unos por otros, para que sean sanados.

Nota: Nadie debe ser obligado a la confesión privada.

265. *¿Cuál es la segunda parte de la confesión?*

La segunda parte de la confesión es cuando recibimos la absolución, o sea, el perdón de los pecados.

883 **Is 1.18** El Señor dice: "Vengan ahora, y pongamos las cosas en claro. Si sus pecados son como la grana, se pondrán blancos como la nieve. Si son rojos como el carmesí, se pondrán blancos como la lana."

266. *¿Cómo debemos considerar la absolución (perdón) pronunciada por el pastor?*

Debemos recibir la absolución del pastor como de Dios mismo, sin dudar, sino creyendo firmemente que por ella nuestros pecados son perdonados ante Dios en el cielo.

884 **Mt 18.18** Todo lo que desaten en la tierra, será desatado en el cielo.

885 **Lc 10.16** El que los escucha a ustedes, me escucha a mí.

886 **Jn 20.23** A quienes ustedes perdonen los pecados, les quedarán perdonados.

267. *¿Qué seguridad puedo tener de que mi confesión privada al pastor permanecerá confidencial?*

El pastor se compromete a no contar a nadie acerca de los pecados que le contaste en tu confesión privada, porque tales pecados han sido removidos.

887 **Sal 103.12** Tan lejos como está el oriente del occidente, alejó de nosotros nuestras rebeliones.

888 **Pr 11.13** Quien es chismoso da a conocer el secreto; quien es ecuánime es también reservado.

889 **1 Ti 3.1-2** Ésta es palabra fiel: Si alguno anhela ser obispo, desea una buena obra. Pero es necesario que el obispo sea irreprensible y que tenga una sola esposa; que sea sobrio, prudente, decoroso, hospedador, apto para enseñar.

268. *¿Cuál es el beneficio de la confesión y absolución privadas?*

En la confesión y absolución privadas, Dios mismo a través del pastor perdona al creyente los pecados que éste confesó.

"Cuando un corazón sintiere sus pecados y ansiare consolación, tendrá en esto un refugio seguro donde halla y oye la palabra de Dios, por medio de un hombre que lo libera y lo absuelve de los pecados" (Catecismo Mayor, Breve Exhortación a la Confesión).

880 **Matt. 5:23–24** If you are offering your gift at the altar and there remember that your brother has something against you, leave your gift there before the altar and go. First be reconciled to your brother, and then come and offer your gift.

264. ***What sins are we encouraged to confess privately before our pastor or confessor?***

Before the pastor or confessor we confess those sins which we know and feel in our hearts, especially those that trouble us.

881 **2 Sam. 12:13** David said to Nathan, "I have sinned against the Lord." And Nathan said to David, "The Lord also has put away your sin."

882 **James 5:16** Confess your sins to one another and pray for one another, that you may be healed.

Note: No one may be forced to make private confession.

265. ***What is the second part of confession?***

The second part of confession is that we receive absolution, that is, forgiveness of sins.

883 **Is. 1:18** "Come now, let us reason together, says the Lord: though your sins are like scarlet, they shall be as white as snow; though they are red like crimson, they shall become like wool."

266. ***How should we regard the absolution (forgiveness) spoken by the pastor?***

We should receive the pastor's absolution as from God Himself, not doubting, but firmly believing that by it our sins are forgiven before God in heaven.

"Our people are taught that they should highly prize the Absolution as being God's voice and pronounced by God's command" (Augsburg Confession XXV 3).

884 **Matt. 18:18** Whatever you loose on earth shall be loosed in heaven.

885 **Luke 10:16** The one who hears you hears Me.

886 **John 20:23** If you forgive the sins of any, they are forgiven.

267. ***What assurance do I have that my private confession to the pastor will remain confidential?***

The pastor is pledged not to tell anyone else of sins told him in private confession, for those sins have been removed.

887 **Ps. 103:12** As far as the east is from the west, so far does He remove our transgressions from us.

888 **Prov. 11:13** Whoever goes about slandering reveals secrets, but he who is trustworthy in spirit keeps a thing covered.

889 **1 Tim. 3:1–2** The saying is trustworthy: If anyone aspires to the office of overseer [pastor], he desires a noble task. Therefore an overseer must be above reproach.

268. ***What is the benefit of private confession and absolution?***

In private confession and absolution, God Himself through the pastor forgives each individual the sins that are confessed.

"So any heart that feels its sinfulness and desires consolation has here a sure refuge when he hears God's Word and makes the discovery that God through a human being looses and absolves him from his sins" (Large Catechism, Brief Exhortation).

890 **Sal 32.2** Dichoso aquél a quien el Señor ya no acusa de impiedad, y en el que no hay engaño.

891 **2 S 12.13** Y Natán le dijo: "El Señor ha perdonado tu pecado, y no vas a morir."

892 **Mt 9.2** Ten ánimo, hijo; los pecados te son perdonados.

Forma de confesión

[La intención de Lutero era que la siguiente forma sirviera sólo como un ejemplo de confesión privada para los cristianos de su tiempo.]

El penitente dice:

Honorable y estimado señor, le pido que tenga a bien escuchar mi confesión y declarar el perdón de mis pecados por Dios.

Yo, pobre pecador, me confieso ante Dios que soy culpable de todos los pecados; especialmente me confieso ante su presencia que siendo sirviente, sirvienta, etc., sirvo lamentablemente en forma infiel a mi amo, pues aquí y allí no he hecho lo que me ha sido encomendado, habiéndolo movido a encolerizarse o a maldecir; he descuidado algunas cosas y he permitido que ocurran daños. He sido también impúdico en palabras y obras; me he irritado con mis semejantes y he murmurado y maldecido contra mi amo, etc. Todo esto lo lamento y solicito su gracia; quiero corregirme.

Un amo o ama debe decir así:

En especial confieso ante su presencia que no eduqué fielmente para gloria de Dios a mi hijo, sirviente, mujer. He maldecido; he dado malos ejemplos con palabras y obras impúdicas; he hecho mal a mi vecino, hablando mal de él, vendiéndole muy caro, dándole mala mercadería y no toda la cantidad que corresponde.

[En general, deberá confesarse todo lo que uno ha hecho en contra de los Diez Mandamientos, lo que corresponde según su estado, etc.]

Si alguien no se siente cargado de tales o aun mayores pecados, entonces no debe preocuparse o buscar más pecados ni inventarlos, haciendo con ello un martirio de la confesión, sino que debe contar uno o dos, tal como él lo sabe, de esta manera: En especial confieso que he maldecido una vez; del mismo modo, que he sido desconsiderado una vez con palabras, que he descuidado esto, etc. Considera esto como suficiente.

Si no sientes ninguno (lo que no debería ser posible), entonces no debes decir nada en particular, sino recibir el perdón de la confesión general, así como lo haces ante Dios en presencia del confesor.

A ello debe responder el confesor:

Dios sea contigo misericordioso y fortalezca tu fe, Amén.

Dime:

¿Crees tú también que mi perdón sea el perdón de Dios?

Sí, venerable señor.

Entonces dirá:

Así como has creído, de la misma forma acontezca en ti. Y yo, por mandato de nuestro Señor Jesucristo, te perdono tus pecados en el nombre del Padre y del Hijo y del Espíritu Santo. Amén. Ve en paz.

Aquellos que tengan gran carga de conciencia o estén afligidos o atribulados los sabrá consolar e impulsar hacia la fe un confesor con más pasajes bíblicos. Ésta debe ser sólo una manera usual de confesión para la gente sencilla.

890 **Ps. 32:2** Blessed is the man against whom the Lord counts no iniquity.
891 **2 Sam. 12:13** And Nathan said to David, "The Lord also has put away your sin."
892 **Matt. 9:2** Take heart, my son; your sins are forgiven.

A Short Form of Confession

[Luther intended the following form to serve only as an example of private confession for Christians of his time.]

The penitent says:

Dear confessor, I ask you please to hear my confession and to pronounce forgiveness in order to fulfill God's will.

I, a poor sinner, plead guilty before God of all sins. In particular I confess before you that as a servant, maid, etc., I, sad to say, serve my master unfaithfully, for in this and that I have not done what I was told to do. I have made him angry and caused him to curse. I have been negligent and allowed damage to be done. I have also been offensive in words and deeds. I have quarreled with my peers. I have grumbled about the lady of the house and cursed her. I am sorry for all of this and I ask for grace. I want to do better.

A master or lady of the house may say:

In particular I confess before you that I have not faithfully guided my children, servants, and wife to the glory of God. I have cursed. I have set a bad example by indecent words and deeds. I have hurt my neighbor and spoken evil of him. I have overcharged, sold inferior merchandise, and given less than was paid for.

[Let the penitent confess whatever else he has done against God's commandments and his own position.]

If, however, someone does not find himself burdened with these or greater sins, he should not trouble himself or search for or invent other sins, and thereby make confession a torture. Instead, he should mention one or two that he knows: In particular I confess that I have cursed; I have used improper words; I have neglected this or that, etc. Let that be enough.

But if you know of none at all (which hardly seems possible), then mention none in particular, but receive the forgiveness upon the general confession which you make to God before the confessor.

Then the confessor shall say:

God be merciful to you and strengthen your faith. Amen.

Furthermore:

Do you believe that my forgiveness is God's forgiveness?

Yes, dear confessor.

Then let him say:

Let it be done for you as you believe. And I, by the command of our Lord Jesus Christ, forgive you your sins in the name of the Father and of the Son and of the Holy Spirit. Amen. Go in peace.

A confessor will know additional passages with which to comfort and to strengthen the faith of those who have great burdens of conscience or are sorrowful and distressed. This is intended only as a general form of confession.

El oficio de las llaves

¿Qué es el oficio de las llaves?

El oficio de las llaves es el poder especial que nuestro Señor Jesucristo ha dado a su iglesia en la tierra de perdonar los pecados a los penitentes, y de no perdonar a los impenitentes mientras no se arrepientan.

¿Dónde está escrito esto?

Así escribe el evangelista San Juan en el capítulo veinte: Reciban el Espíritu Santo. A quienes ustedes perdonen los pecados, les quedarán perdonados; y a quienes no se los perdonen, les quedarán sin perdonar (**Juan 20.22-23**).

¿Qué crees según estas palabras?

Cuando los ministros debidamente llamados de Cristo, por su mandato divino, tratan con nosotros, especialmente cuando excluyen a los pecadores manifiestos e impenitentes de la congregación cristiana, y cuando absuelven a los que se arrepienten de sus pecados y prometen enmendarse, creo que esto es tan válido y cierto, también en el cielo, como si nuestro Señor Jesucristo mismo tratase con nosotros.

269. *¿Qué autoridad especial ha dado Cristo a su iglesia en la tierra?*

Cristo ha dado a su iglesia la autoridad de perdonar los pecados y de retener el perdón.

893 **Mt 18.18** De cierto les digo que todo lo que aten en la tierra, será atado en el cielo; y todo lo que desaten en la tierra, será desatado en el cielo.

894 **Jn 20.22-23** [Jesús] sopló y les dijo: "Reciban el Espíritu Santo. A quienes ustedes perdonen los pecados, les serán perdonados; y a quienes no se los perdonen, no les serán perdonados."

270. *¿Por qué se llama esta autoridad el oficio de las llaves?*

Esta autoridad funciona como una llave que abre el cielo por medio del perdón de los pecados, o lo cierra por medio de la retención del perdón.

895 **Mt 16.19** A ti te daré las llaves del reino de los cielos.

271. *¿Cómo se relaciona el oficio de las llaves con la proclamación del evangelio?*

El oficio de las llaves es una manera especial, dada por Dios de aplicar el evangelio al creyente. "Dios es superabundante en dar su gracia. Primero, por la palabra oral, en la cual es predicada la remisión de los pecados en todo el mundo, lo cual constituye el oficio propio del evangelio. En segundo término, mediante el bautismo. En tercer lugar, por medio del santo sacramento del altar. En cuarto, por medio del poder de las llaves y también por medio de la conversación y consolación mutua entre los hermanos." (Artículos de Esmalcalda III Sobre el Evangelio).

896 **Mt 18.20** Porque donde dos o tres se reúnen en mi nombre, allí estoy yo, en medio de ellos.

897 **Mt 28.18-20** Jesús se acercó y les dijo: "Toda autoridad me ha sido dada en el cielo y en la tierra. Por tanto, vayan y hagan discípulos en todas las naciones, y bautícenlos en el nombre del Padre, y del Hijo, y del Espíritu Santo. Enséñenles a cumplir todas las cosas que les he mandado. Y yo estaré con ustedes todos los días, hasta el fin del mundo."

898 **1 P 2.9** Ustedes son linaje escogido, real sacerdocio, nación santa, pueblo adquirido por Dios, para que anuncien los hechos maravillosos de aquel que los llamó de las tinieblas a su luz admirable.

The Office of the Keys

What is the Office of the Keys?

The Office of the Keys is that special authority which Christ has given to His church on earth to forgive the sins of repentant sinners, but to withhold forgiveness from the unrepentant as long as they do not repent.

Where is this written?

This is what St. John the Evangelist writes in chapter twenty: The Lord Jesus breathed on His disciples and said, "Receive the Holy Spirit. If you forgive anyone his sins, they are forgiven; if you do not forgive them, they are not forgiven." [**John 20:22–23**]

What do you believe according to these words?

I believe that when the called ministers of Christ deal with us by His divine command, in particular when they exclude openly unrepentant sinners from the Christian congregation and absolve those who repent of their sins and want to do better, this is just as valid and certain, even in heaven, as if Christ our dear Lord dealt with us Himself.

269. *What special authority has Christ given to His church on earth?*

Christ has given to His church the authority to forgive sins or to withhold forgiveness.

893 **Matt. 18:18** Truly, I say to you, whatever you bind on earth shall be bound in heaven, and whatever you loose on earth shall be loosed in heaven.

894 **John 20:22–23** [Jesus] breathed on them and said to them, "Receive the Holy Spirit. If you forgive the sins of any, they are forgiven them; if you withhold forgiveness from any, it is withheld."

270. *Why is this authority called the Office of the Keys?*

This authority works like a key to open heaven by forgiving sins, or to close heaven by not forgiving them.

895 **Matt. 16:19** I will give you the keys of the kingdom of heaven.

271. *How is the Office of the Keys related to the proclamation of the Gospel?*

The Office of the Keys is a special God-given way of applying the Gospel to the individual. "God is superabundantly generous in His grace: First, through the spoken Word, by which the forgiveness of sins is preached in the whole world. This is the particular office of the Gospel. Second, through Baptism. Third, through the holy Sacrament of the Altar. Fourth, through the Power of the Keys. Also through the mutual conversation and consolation of brethren" (Smalcald Articles III IV).

896 **Matt. 18:20** Where two or three are gathered in My name, there am I among them.

897 **Matt. 28:18–20** Jesus came and said to them, "All authority in heaven and on earth has been given to Me. Go therefore and make disciples of all nations, baptizing them in the name of the Father and of the Son and of the Holy Spirit, teaching them to observe all that I have commanded you. And behold, I am with you always, to the end of the age."

898 **1 Peter 2:9** You are a chosen race, a royal priesthood, a holy nation, a people for his own possession, that you may proclaim the excellencies of Him who called you out of darkness into His marvelous light.

272. ***¿Quiénes deben ser perdonados?***

Aquellos que se arrepienten y piden perdón deben ser perdonados.

899 **Hch 3.19** Por lo tanto, arrepiéntanse y vuélvanse a Dios, para que sus pecados les sean perdonados.

273. ***¿Quién recibe el perdón dado en la absolución?***

Solamente los creyentes arrepentidos reciben el perdón.

900 **Sal 32.5** Te confesé mi pecado; no oculté mi maldad. Me dije: "Confesaré al Señor mi rebeldía", y tú perdonaste la maldad de mi pecado.

274. ***¿Quiénes son creyentes penitentes?***

Creyentes penitentes son los que sienten pesar por sus pecados (contrición) y creen en el Señor Jesucristo como su Salvador (fe).

901 **Sal 51.17** Los sacrificios que tú quieres son el espíritu quebrantado; tú, Dios mío, no desprecias al corazón contrito y humillado.

902 **Hch 16.31** Cree en el Señor Jesucristo, y se salvarán tú y tu familia.

Nota: Los pecadores que secretamente no se arrepienten (hipócritas) rechazan el perdón que verdaderamente les ofrece la absolución.

275. ***¿A quiénes no se debe perdonar?***

No se debe perdonar a los pecadores no arrepentidos, esto es, los que no sienten pesar por sus pecados y no creen en Jesucristo, en tanto no se arrepientan.

903 **Mt 18.17** Si tampoco a ellos les hace caso, hazlo saber a la iglesia; y si tampoco a la iglesia le hace caso, ténganlo entonces por gentil y cobrador de impuestos.

276. ***¿Cuál es el resultado que debe seguir al arrepentimiento?***

"Después deben seguir la corrección y el abandono del pecado, pues éstos deben ser los frutos del arrepentimiento" (Confesión de Augsburgo XII).

904 **Mt 3.8** Produzcan frutos dignos de arrepentimiento.

905 **Jn 8.11** Vete, y no peques más.

H.B. **Lc 19.1-10** Zaqueo el cobrador de impuestos.

277. ***¿Cómo administran públicamente las congregaciones cristianas el oficio de las llaves?***

Las congregaciones cristianas, por mandato de Cristo, llaman pastores para que ejerzan el oficio de las llaves públicamente en su nombre y en representación de la congregación. El oficio pastoral es una institución divina.

906 **Ef 4.11** Y él mismo constituyó a unos, apóstoles; a otros, profetas; a otros, evangelistas; a otros, pastores y maestros.

907 **Hch 20.28** Yo les ruego que piensen en ustedes mismos, y que velen por el rebaño sobre el cual el Espíritu Santo los ha puesto como obispos.

908 **1 Co 4.1** Todos deben considerarnos servidores de Cristo y administradores de los misterios de Dios.

909 **2 Co 2.10** Y se lo perdono... por consideración a ustedes en la presencia de Cristo.

272. *Who are to be forgiven (absolved)?*

Those who repent and ask for forgiveness are to be forgiven.

899 **Acts 3:19–20**a Repent therefore, and turn again, that your sins may be blotted out, that times of refreshing may come from the presence of the Lord.

273. *Who receives the forgiveness given in absolution?*

Only repentant believers receive the forgiveness.

900 **Ps. 32:5** I acknowledged my sin to You, and I did not cover my iniquity; I said, "I will confess my transgressions to the Lord," and You forgave the iniquity of my sin.

274. *Who are repentant believers?*

Repentant believers are those who are sorry for their sins (contrition) and believe in the Lord Jesus Christ as their Savior (faith).

901 **Ps. 51:17** The sacrifices of God are a broken spirit; a broken and contrite heart, O God, You will not despise.

902 **Acts 16:31** Believe in the Lord Jesus, and you will be saved.

Note: Secretly unrepentant sinners (hypocrites) reject the forgiveness which the absolution truly offers them.

275. *Who are not to be forgiven?*

Unrepentant sinners, that is, those who are not sorry for their sins and do not believe in Jesus Christ, are not to be forgiven as long as they do not repent.

903 **Matt. 18:17** If he refuses to listen to them, tell it to the church. And if he refuses to listen even to the church, let him be to you as a Gentile and a tax collector.

276. *What is the necessary result of repentance?*

"Then good works are bound to follow, which are the fruit of repentance" (Augsburg Confession XII 6).

904 **Matt. 3:8** Bear fruit in keeping with repentance.

905 **John 8:11** Go, and from now on sin no more.

Bible narrative: Zacchaeus the tax collector (**Luke 19:1–10**).

277. *How does the church publicly exercise the Office of the Keys?*

The Christian congregation by the command of Christ calls pastors to carry out the Office of the Keys publicly in His name and on behalf of the congregation. The pastoral office is a divine institution.

906 **Eph. 4:11** And He [Christ] gave the apostles, the prophets, the evangelists, the shepherds and teachers.

907 **Acts 20:28** Pay careful attention to yourselves and to all the flock, in which the Holy Spirit has made you overseers.

908 **1 Cor. 4:1** This is how one should regard us, as servants of Christ and stewards of the mysteries of God.

909 **2 Cor. 2:10** What I have forgiven … has been for your sake in the presence of Christ.

278. ***¿Quién puede ser considerado para el oficio pastoral?***

Las congregaciones deben llamar a hombres que, personal y espiritualmente, estén bien calificados para ser sus pastores. "Respecto al gobierno eclesiástico se enseña que nadie debe enseñar públicamente en la iglesia ni predicar ni administrar los sacramentos sin llamamiento legítimo" (Confesión de Augsburgo XIV).

910 **1 Ti 3.1-2** Si alguno anhela ser obispo, desea una buena obra. Pero es necesario que el obispo sea irreprensible y que tenga una sola esposa; que sea sobrio, prudente, decoroso, hospedador, apto para enseñar.

911 **2 Ti 2.2** Lo que has oído de mí ante muchos testigos, encárgaselo a hombres fieles que sean idóneos para enseñar también a otros.

912 **2 Ti 2.15** Procura con diligencia presentarte ante Dios aprobado, como obrero que no tiene de qué avergonzarse y que usa bien la palabra de verdad.

913 **1 Co 14.33-34** Como en todas las iglesias de los santos, 34 en la congregación las esposas deben guardar silencio, porque no les está permitido hablar, sino que estén sujetas, como también la ley lo dice.

Nota: Ver **1 Ti 2.11-14**

La disciplina eclesiástica y la excomunión

279. ***¿Qué se debe hacer con los que abiertamente no se arrepienten?***

La congregación cristiana debe ejercer la disciplina eclesiástica en amor y paciencia. "Si tu hermano te hace algo malo, habla con él a solas y hazle reconocer su falta. Si te hace caso, ya has ganado a tu hermano. Si no te hace caso, llama a una o dos personas más, para que toda acusación se base en el testimonio de dos o tres testigos. Si tampoco les hace caso a ellos, díselo a la congregación; y si tampoco hace caso a la congregación, entonces habrás de considerarlo como un pagano o como uno de esos que cobran impuestos para Roma" (**Mt 18.15-17**).

914 **Gl 6.1-2** Hermanos, si alguno es sorprendido en alguna falta, ustedes, que son espirituales, restáurenlo con espíritu de mansedumbre. Piensa en ti mismo, no sea que también tú seas tentado. Sobrelleven los unos las cargas de los otros, y cumplan así la ley de Cristo.

915 **Ef 4.2-3** Sean humildes y mansos, y tolerantes y pacientes unos con otros, en amor. Procuren mantener la unidad del Espíritu en el vínculo de la paz.

280. ***¿Qué debe hacer finalmente la congregación con los pecadores abiertamente no arrepentidos?***

La congregación cristiana debe excluir a los pecadores abiertamente no arrepentidos (excomunión).

916 **1 Co 5.13** A los de afuera, ya Dios los juzgará. Así que, ¡saquen de entre ustedes a ese perverso!

281. ***¿Con qué autoridad excomulga la congregación a los pecadores abiertamente no arrepentidos?***

La excomunión es autorizada por Cristo y es tan válida y cierta, aún en el cielo, como si nuestro querido Señor Jesucristo mismo tratase con nosotros.

917 **Mt 18.18** De cierto les digo que todo lo que aten en la tierra, será atado en el cielo.

278. *Who should be considered for the office of pastor?*

Congregations are to call men who are well qualified personally and spiritually to be their pastors.

"Our churches teach that no one should publicly teach in the Church, or administer the Sacraments, without a rightly ordered call" (Augsburg Confession XIV).

910 **1 Tim. 3:1–2** If anyone aspires to the office of overseer [pastor], he desires a noble task. Therefore an overseer must be above reproach, the husband of one wife, sober-minded, self-controlled, respectable, hospitable, able to teach.

911 **2 Tim. 2:2** What you have heard from me in the presence of many witnesses entrust to faithful men who will be able to teach others also.

912 **2 Tim. 2:15** Do your best to present yourself to God as one approved, a worker who has no need to be ashamed, rightfully handling the word of truth.

913 **1 Cor. 14:33–34** As in all the churches of the saints, the women should keep silent in the churches. For they are not permitted to speak, but should be in submission, as the Law also says.

Note: See also **1 Tim. 2:11–14**.

Church Discipline and Excommunication

279. *What great care must be taken in dealing with an openly unrepentant sinner?*

The Christian congregation must carry out church discipline in love and patience.

"If your brother sins against you, go and tell him his fault, between you and him alone. If he listens to you, you have gained your brother. But if he does not listen, take one or two others along with you, that every charge may be established by the evidence of two or three witnesses. If he refuses to listen to them, tell it to the church. And if he refuses to listen even to the church, let him be to you as a Gentile and a tax collector" (**Matt. 18:15–17**).

914 **Gal. 6:1–2** Brothers, if anyone is caught in any transgression, you who are spiritual should restore him in a spirit of gentleness. Keep watch on yourself, lest you too be tempted. Bear one another's burdens, and so fulfill the law of Christ.

915 **Eph. 4:2–3** With all humility and gentleness, with patience, bearing with one another in love, eager to maintain the unity of the Spirit in the bond of peace.

280. *What must the congregation finally do with openly unrepentant sinners?*

The Christian congregation must exclude openly unrepentant sinners (excommunication).

916 **1 Cor. 5:13** God judges those outside. "Purge the evil person from among you."

281. *By what authority does the congregation excommunicate openly unrepentant sinners?*

Excommunication is authorized by Christ and is just as valid and certain, even in heaven, as if Christ our dear Lord dealt with us Himself.

917 **Matt. 18:18** Truly, I say to you, whatever you bind on earth shall be bound in heaven.

282. *¿Cuál es el deber del ministro llamado por Cristo cuando la congregación ha excomulgado a un pecador?*

El pastor debe llevar a cabo la decisión de la congregación, esto es, debe excluir al excomulgado de los derechos y privilegios de un cristiano.

283. *¿Cuál es el propósito de la excomunión?*

La excomunión no tiene el propósito de castigar al pecador, sino de

A. llevarlo al arrepentimiento y a la fe;

918 Mt 12.20 No quebrará la caña cascada, ni apagará la mecha humeante.

919 Hch 3.19 Por lo tanto, arrepiéntanse y vuélvanse a Dios, para que sus pecados les sean perdonados.

B. prevenir que lleve a otros al pecado.

920 Mt 18.6 A cualquiera que haga tropezar a alguno de estos pequeños que creen en mí, más le valdría que le colgaran al cuello una piedra de molino, y que lo hundieran en el fondo del mar.

921 1 Co 5.6 No está bien que ustedes se jacten. ¿No saben que un poco de levadura hace fermentar toda la masa?

284. *¿Cuál es el deber de una congregación para con un excomulgado que se arrepiente?*

La congregación debe perdonar a toda persona excomulgada que se arrepiente, y recibirla de vuelta en plena comunión.

922 2 Co 2.7-8 Ahora deben perdonarlo y consolarlo, pues de lo contrario podría consumirlo la tristeza. Por tanto, les ruego que confirmen su amor hacia él.

282. *What is the duty of the called minister of Christ when the congregation has excommunicated a sinner?*

The called minister of Christ must carry out the resolution of the congregation, that is, he must exclude the excommunicated person from the rights and privileges of a Christian.

283. *What is the purpose of excommunication?*

Excommunication is not intended to punish the sinner, but to

A. lead him or her to repentance and faith;

918 **Matt. 12:20** A bruised reed He will not break, and a smoldering wick He will not quench.

919 **Acts 3:19** Repent therefore, and turn again, that your sins may be blotted out.

B. prevent him or her from leading others into sin.

920 **Matt. 18:6** Whoever causes one of these little ones who believe in Me to sin, it would be better for him to have a great millstone fastened around his neck and to be drowned in the depth of the sea.

921 **1 Cor. 5:6** Your boasting is not good. Do you not know that a little leaven leavens the whole lump?

284. *What is the duty of a congregation toward an excommunicated sinner who repents?*

The congregation must forgive any excommunicated person who repents and receive him or her back into full fellowship.

922 **2 Cor. 2:7–8** You should rather turn to forgive and comfort him, or he may be overwhelmed by excessive sorrow. So I beg you to reaffirm your love for him.

I. La naturaleza del Sacramento del Altar

¿Qué es el Sacramento del Altar?

Es el verdadero cuerpo y la verdadera sangre de nuestro Señor Jesucristo bajo el pan y el vino, instituido por Cristo mismo para que los cristianos comamos y bebamos.

¿Dónde está escrito esto?

Así escriben los santos evangelistas Mateo, Marcos y Lucas, y también San Pablo: "Nuestro Señor Jesucristo, la noche en que fue entregado, tomó el pan; y habiendo dado gracias, lo partió y dio a sus discípulos, diciendo: Tomen, coman; esto es mi cuerpo que por ustedes es dado. Hagan esto en memoria de mí. Asimismo tomó también la copa, después de haber cenado, y habiendo dado gracias, la dio a ellos, diciendo: Tomen, y beban de ella todos; esta copa es el nuevo pacto en mi sangre, que es derramada por ustedes para remisión de los pecados. Hagan esto, todas las veces que beban, en memoria mía"

285. *¿Cuáles son algunos otros nombres para el Sacramento del Altar?*

El sacramento se llama también la Cena del Señor, la Mesa del Señor, Santa Comunión, el Partimiento del Pan y la Eucaristía.

923 **1 Co 11.20** Cuando ustedes se reúnen, en realidad ya no lo hacen para participar en la cena del Señor.

924 **1 Co 10.21** Ustedes no pueden beber de la copa del Señor, y también de la copa de los demonios.

925 **1 Co 10.16** La copa de bendición por la cual damos gracias, ¿no es la comunión de la sangre de Cristo? Y el pan que partimos, ¿no es la comunión del cuerpo de Cristo?

926 **Hch 2.42** Se mantenían fieles a las enseñanzas de los apóstoles y en el mutuo compañerismo, en el partimiento del pan y en las oraciones.

927 **Mt 26.26** Mientras comían, Jesús tomó el pan y lo bendijo; luego lo partió y se lo dio a sus discípulos, y les dijo: "Tomen, coman; esto es mi cuerpo."

Nota: La palabra eucaristía viene del griego "dar gracias."

286. *¿Quién instituyó el Sacramento del Altar?*

Jesucristo, verdadero Dios y verdadero hombre, instituyó este sacramento.

928 **1 Co 11.23-24** Yo recibí del Señor lo mismo que les he enseñado a ustedes: Que la noche que fue entregado, el Señor Jesús tomó pan, y que luego de dar gracias, lo partió y dijo: "Tomen y coman. Esto es mi cuerpo, que por ustedes es partido; hagan esto en mi memoria."

287. *¿Qué nos da Cristo en este sacramento?*

En este sacramento Cristo nos da su propio cuerpo y sangre para el perdón de los pecados.

929 **Mt 26.26, 28** Esto es mi cuerpo... esto es mi sangre.

288. *¿Cómo indica la Biblia que estas palabras de Cristo no son lenguaje figurado?*

Las palabras de Cristo en el sacramento se deben tomar literalmente especialmente porque:

A. estas palabras son las palabras de un testamento, y aún el testamento de una persona común no ha de cambiarse una vez que tal persona haya muerto;

I. The Nature of the Sacrament of the Altar

What is the Sacrament of the Altar?

It is the true body and blood of our Lord Jesus Christ under the bread and wine, instituted by Christ Himself for us Christians to eat and to drink.

Where is this written?

The holy Evangelists Matthew, Mark, Luke, and St. Paul write:

Our Lord Jesus Christ, on the night when He was betrayed, took bread, and when He had given thanks, He broke it and gave it to the disciples and said: "Take, eat; this is My body, which is given for you. This do in remembrance of Me."

In the same way also He took the cup after supper, and when He had given thanks, He gave it to them, saying, "Drink of it, all of you; this cup is the new testament in My blood, which is shed for you for the forgiveness of sins. This do, as often as you drink it, in remembrance of Me."

285. *What are some other names for the Sacrament of the Altar?*

This sacrament is also called the Lord's Supper, the Lord's Table, Holy Communion, the Breaking of Bread, and the Eucharist.

923 **1 Cor. 11:20** When you come together, it is not the Lord's Supper that you eat.

924 **1 Cor. 10:21** You cannot drink the cup of the Lord and the cup of demons.

925 **1 Cor. 10:16** The cup of blessing that we bless, is it not a participation in the blood of Christ? The bread that we break, is it not a participation in the body of Christ?

926 **Acts 2:42** They devoted themselves to the apostles' teaching and the fellowship, to the breaking of bread and the prayers.

927 **Matt. 26:26** Jesus took bread, and after blessing it broke it and gave it to the disciples, and said, "Take, eat; this is My body."

Note: Eucharist comes from the Greek word for "giving thanks."

286. *Who instituted the Sacrament of the Altar?*

Jesus Christ, who is true God and true man, instituted this sacrament.

928 **1 Cor. 11:23–24** I received from the Lord what I also delivered to you, that the Lord Jesus on the night when He was betrayed took bread, and when He had given thanks, He broke it, and said, "This is My body which is for you. Do this in remembrance of Me."

287. *What does Christ give us in this sacrament?*

In this sacrament Christ gives us His own true body and blood for the forgiveness of sins.

929 **Matt. 26:26**, 28 "This is My body. . . . This is My blood."

288. *How does the Bible make it clear that these words of Christ are not picture language?*

Christ's words in the Sacrament must be taken at face value especially because

A. these words are the words of a testament, and even an ordinary person's last will and testament may not be changed once that person has died;

930 **1 Co 11.25** "Esta copa es el nuevo pacto (testamento) en mi sangre."

931 **Gl 3.15** Hermanos, hablo en términos humanos: Un pacto (testamento) nadie puede invalidarlo, ni tampoco se le puede añadir nada, aunque sea un pacto humano.

Nota: Comparar también con **Heb 9.15-22**

B. la palabra de Dios enseña claramente que en el sacramento el pan y el vino son una comunión o participación en el cuerpo y la sangre de Cristo;

932 **1 Co 10.16** La copa de bendición por la cual damos gracias, ¿no es la comunión de la sangre de Cristo? Y el pan que partimos, ¿no es la comunión del cuerpo de Cristo?

C. la palabra de Dios enseña claramente que los que abusan del sacramento pecan, no contra el pan y el vino, sino contra el cuerpo y la sangre de Cristo.

933 **1 Co 11.27, 29** Así que cualquiera que coma este pan o beba esta copa del Señor de manera indigna, será culpado del cuerpo y de la sangre del Señor. Porque el que come y bebe de manera indigna, y sin discernir el cuerpo del Señor, come y bebe para su propio castigo.

289. ***¿Cuáles son los elementos visibles en este sacramento?***

Los elementos visibles son pan, y vino.

934 **Mt 26.26-27** [Jesús] tomó el pan... tomó la copa.

Nota: "El fruto de la vid" (**Lc 22.18**) en la Biblia significa vino, no jugo de uva. Ver también **1 Co 11.21.**

290. ***¿Reemplazan el cuerpo y la sangre de Cristo al pan y vino en el sacramento de tal manera que el pan y el vino no están más allí?***

No, el pan y el vino permanecen pan y vino en el sacramento.

935 **1 Co 11.26** Siempre que coman este pan, y beban esta copa, proclaman la muerte del Señor, hasta que él venga.

291. ***¿Cómo es entonces que en este sacramento el pan y el vino son el cuerpo y la sangre de Cristo?***

En este sacramento el pan y el vino son el cuerpo y la sangre de Cristo por la unión sacramental. Por el poder de su palabra, Cristo da su cuerpo y sangre en, con y bajo el pan y vino consagrados (bendecidos).

936 **1 Co 10.16** La copa de bendición por la cual damos gracias, ¿no es la comunión de la sangre de Cristo? Y el pan que partimos, ¿no es la comunión del cuerpo de Cristo?

292. ***¿Reciben todos los comulgantes en este sacramento el cuerpo y la sangre, crean o no?***

Sí, porque el sacramento depende de las palabras de Cristo, no de nuestra fe.

937 **1 Co 11.27** Así que cualquiera que coma este pan o beba esta copa del Señor de manera indigna, será culpado del cuerpo y de la sangre del Señor.

Nota: Todos los comulgantes deben recibir ambas partes del sacramento, porque Cristo dijo: "Coman, esto es mi cuerpo... Beban todos ustedes" (**Mt 26.26-27**).

293. ***¿Son sacrificados nuevamente a Dios en el sacramento el cuerpo y la sangre de Cristo por los pecados de los vivos y de los muertos?***

No, el cuerpo y la sangre de Cristo en el sacramento son el perfecto sacrificio ofrecido a Dios una vez y para siempre en la cruz, y ahora se nos distribuyen en el sacramento junto con todos los beneficios y bendiciones que este sacrificio nos ha ganado.

930 **1 Cor. 11:25** "This cup is the new covenant [testament] in My blood."

931 **Gal. 3:15** Even with a man-made covenant [will], no one annuls it or adds to it once it has been ratified.

Note: Compare also **Heb. 9:15–22.**

B. God's Word clearly teaches that in the Sacrament the bread and wine are a communion or participation in the body and blood of Christ;

932 **1 Cor. 10:16** The cup of blessing that we bless, is it not a participation in the blood of Christ? The bread that we break, is it not a participation in the body of Christ?

C. God's Word clearly teaches that those who misuse the Sacrament sin not against bread and wine but against Christ's body and blood.

933 **1 Cor. 11:27**, 29 Whoever, therefore, eats the bread or drinks the cup of the Lord in an unworthy manner will be guilty concerning the body and blood of the Lord… . For anyone who eats and drinks without discerning the body eats and drinks judgment on himself.

289. ***What are the visible elements in the Sacrament?***

The visible elements are bread and wine.

934 **Matt. 26:26–27** Jesus took bread… . And He took a cup.

Note: "The fruit of the vine" (**Luke 22:18**) in the Bible means wine, not grape juice. See also **1 Cor. 11:21.**

290. ***Do Christ's body and blood in the Sacrament replace the bread and wine, so that the bread and wine are no longer there?***

No, bread and wine remain in the Sacrament.

935 **1 Cor. 11:26** For as often as you eat this bread and drink the cup, you proclaim the Lord's death until He comes.

291. ***How then are the bread and wine in the Sacrament the body and blood of Christ?***

The bread and wine in the Sacrament are Christ's body and blood by sacramental union. By the power of His word, Christ gives His body and blood in, with, and under the consecrated (blessed) bread and wine.

936 **1 Cor. 10:16** The cup of blessing that we bless, is it not a participation in the blood of Christ? The bread that we break, is it not a participation of the body of Christ?

292. ***Do all communicants receive the body and blood in the Sacrament, whether or not they believe?***

Yes, because the Sacrament depends on Christ's word, not on our faith.

937 **1 Cor. 11:27** Whoever, therefore, eats the bread or drinks the cup of the Lord in an unworthy manner will be guilty concerning the body and blood of the Lord.

Note: All communicants should receive both parts of the Sacrament, since Christ said, "Take, eat; this is my body… . Drink of it, all of you" (**Matt. 26:26–27**).

293. ***Are the body and blood of Christ in the Sacrament sacrificed again to God for the sins of the living and the dead?***

No, the body and blood of Christ in the Sacrament are the one perfect sacrifice offered to God once and for all on the cross and are now distributed to us in the Sacrament together with all the blessings and benefits which this sacrifice has won for us.

938 1 Co 5.7 Nuestra pascua, que es Cristo, ya ha sido sacrificada por nosotros.

939 **Heb 10.14** Él, por medio de una sola ofrenda, hizo perfectos para siempre a los santificados.

940 **Heb 10.18** Cuando los pecados ya han sido perdonados, no hay más necesidad de presentar ofrendas por el pecado.

Nota: Hablamos del "Sacramento del Altar" porque un altar es un lugar de sacrificio. Jesús sacrificó su cuerpo y su sangre en la cruz por los pecados del mundo una vez y para siempre. En el Sacramento del Altar él distribuye este mismo cuerpo y sangre hasta el final de los tiempos.

294. ***¿Qué ordena nuestro Señor Jesucristo cuando dice: "Hagan esto en memoria de mí"?***

Con estas palabras Cristo ordena que se celebre su sacramento en la iglesia hasta el fin de los tiempos como una proclamación y distribución vivientes de su muerte salvadora y de todas sus bendiciones.

941 1 Co 11.26 Por lo tanto, siempre que coman este pan, y beban esta copa, proclaman la muerte del Señor, hasta que él venga.

295. ***¿Por qué debemos recibir frecuentemente este sacramento?***

Debemos recibir este sacramento con frecuencia porque:

A. Cristo nos ordena o invita encarecidamente, diciendo: "Hagan esto en memoria de mí";

B. sus palabras "dado y derramada por ustedes para remisión de los pecados", nos prometen y ofrecen grandes bendiciones;

942 **Mt 11.28** Vengan a mí todos ustedes, los agotados de tanto trabajar, que yo los haré descansar.

C. necesitamos el perdón de nuestros pecados y el fortalecimiento para llevar una vida nueva y santa.

943 **Jn 15.5** Yo soy la vid y ustedes los pámpanos; el que permanece en mí, y yo en él, éste lleva mucho fruto; porque separados de mí ustedes nada pueden hacer.

Nota: En el Nuevo Testamento, el sacramento era un rasgo regular y principal de la adoración congregacional, y no algo ocasional (**Hch 2.42; 20.7; 1 Co 11.20, 33**). En los tiempos de la Reforma nuestras iglesias celebraban el sacramento "todos los domingos y en otros días de fiestas" (Apología XXIV).

II. El beneficio del Sacramento del Altar

¿Qué beneficios confiere este comer y beber?

Los beneficios los indican estas palabras: "Por ustedes dado" y "derramada por ustedes para perdón de los pecados". O sea, por estas palabras se nos da en el sacramento perdón de pecados, vida y salvación; porque donde hay perdón de pecados, allí también hay vida y salvación.

296. ***¿Qué beneficios se ofrecen en este sacramento?***

A. La mayor bendición de este sacramento es el perdón de los pecados ganado por nosotros por el cuerpo y la sangre de Cristo en la cruz (la Cena del Señor es un medio de gracia).

944 **Mt 26.28** Esto es mi sangre del nuevo pacto, que es derramada por muchos, para perdón de los pecados.

938 **1 Cor. 5:7** Christ, our Passover lamb, has been sacrificed.

939 **Heb. 10:14** By a single offering He has perfected for all time those who are being sanctified.

940 **Heb. 10:18** Where there is forgiveness of these, there is no longer any offering for sin.

Note: We speak of the "Sacrament of the Altar" because an altar is a place of sacrifice. Jesus sacrificed His body and blood on the cross for the sins of the world once and for all. In the Sacrament of the Altar, He distributes this same body and blood until the end of time.

294. ***What does Christ command when He says, "This do in remembrance of Me"?***

Christ commands in these words that His Sacrament be celebrated in the church till the end of time as a living proclamation and distribution of His saving death and all its blessings.

941 **1 Cor. 11:26** For as often as you eat this bread and drink the cup, you proclaim the Lord's death until He comes.

295. ***Why are we to receive the Sacrament often?***

We are to receive the Sacrament often because

A. Christ commands, or urgently invites, us, saying, "This do in remembrance of Me";

B. His words, "Given and shed for you for the forgiveness of sins" promise and offer us great blessings;

942 **Matt. 11:28** Come to Me, all who labor and are heavy laden, and I will give you rest.

C. we need the forgiveness of our sins and the strength for a new and holy life.

943 **John 15:5** I am the vine; you are the branches. Whoever abides in Me and I in him, he it is that bears much fruit, for apart from Me you can do nothing.

Note: In the New Testament, the Sacrament was a regular and major feature of congregational worship, not an occasional extra (**Acts 2:42; 20:7; 1 Cor. 11:20, 33**). In Reformation times our churches celebrated the Sacrament "every Lord's Day and on the other festivals" (Apology XXIV 1).

II. The Benefit of the Sacrament of the Altar

What is the benefit of this eating and drinking?

These words, "Given and shed for you for the forgiveness of sins," show us that in the Sacrament forgiveness of sins, life, and salvation are given us through these words. For where there is forgiveness of sins, there is also life and salvation.

296. ***What is the benefit offered in the sacrament?***

A. The chief blessing of the Sacrament is the forgiveness of sins which Christ's body and blood have won for us on the cross. (The Lord's Supper is a means of grace.)

944 **Matt. 26:28** This is My blood of the covenant, which is poured out for many for the forgiveness of sins.

945 **1 P 1.18-19** Ustedes saben que fueron rescatados de una vida sin sentido, la cual heredaron de sus padres; y que ese rescate no se pagó con cosas corruptibles, como el oro y la plata, sino con la sangre preciosa de Cristo, sin mancha y sin contaminación, como la de un cordero.

946 **Col 1.21-22** [Dios] los ha reconciliado completamente en su cuerpo físico, por medio de la muerte, para presentárselos a sí mismo santos, sin mancha e irreprensibles.

947 **1 Jn 1.7** La sangre de Jesús, su Hijo, nos limpia de todo pecado.

B. Junto con el perdón de los pecados Dios nos da también todas las demás bendiciones, esto es, "vida y salvación."

"No se debe considerar el sacramento nunca como cosa perjudicial, que deba rehuirse, sino como medicina saludable y consoladora, que te ayudará y te vivificará tanto en el alma como en el cuerpo. Porque donde el alma está sanada, también está socorrido el cuerpo" (Catecismo Mayor V).

"Y hablamos de la presencia del Cristo viviente; pues sabemos que la muerte no se enseñorea más de él" (**Ro 6.9**) (Apología X).

948 **Ro 6.8-9** Así que, si morimos con Cristo, creemos que también viviremos con él. Sabemos que Cristo resucitó y que no volverá a morir, pues la muerte ya no tiene poder sobre él.

949 **Ro 8.31-32** ¿Qué más podemos decir? Que si Dios está a nuestro favor, nadie podrá estar en contra de nosotros. El que no escatimó ni a su propio Hijo, sino que lo entregó por todos nosotros, ¿cómo no nos dará también con él todas las cosas?

C. En este sacramento Cristo nos da la victoria sobre el pecado y el infierno, y poder para la nueva vida en él.

950 **Ro 8.10** Si Cristo está en ustedes, el cuerpo está en verdad muerto a causa del pecado, pero el espíritu vive a causa de la justicia.

951 **1 P 2.24** Él mismo llevó en su cuerpo nuestros pecados al madero, para que nosotros, muertos ya al pecado, vivamos para la justicia. Por sus heridas fueron ustedes sanados.

D. En tanto los cristianos participan juntos de este sacramento, hacen una solemne confesión pública de Cristo y de unidad en la verdad de su evangelio.

952 **1 Co 10.17** Hay un solo pan, del cual todos participamos; por eso, aunque somos muchos, conformamos un solo cuerpo.

953 **1 Co 11.26** Por lo tanto, siempre que coman este pan, y beban esta copa, proclaman la muerte del Señor, hasta que él venga.

Nota: Ver **Heb 12.22-24**.

III. El poder del Sacramento del Altar

¿Cómo puede el comer y beber corporal hacer cosas tan grandes?

Ciertamente, el comer y beber no es lo que las hace, sino las palabras que están aquí escritas: "Por vosotros dado" y "derramada por ustedes para remisión de los pecados." Estas palabras son, junto con el comer y beber corporal, lo principal en el sacramento. Y el que cree dichas palabras, tiene lo que ellas dicen y expresan, a saber, "la remisión de los pecados."

945 **1 Peter 1:18–19** Knowing that you were ransomed from the futile ways inherited from your forefathers, not with perishable things such as silver or gold, but with the precious blood of Christ, like that of a lamb without blemish or spot.

946 **Col. 1:22** He has now reconciled in His body of flesh by His death, in order to present you holy and blameless and above reproach before Him.

947 **1 John 1:7** The blood of Jesus His Son cleanses us from all sin.

B. Together with forgiveness, God gives all other blessings as well, that is, "life and salvation."

"We must never think of the Sacrament as something harmful from which we had better flee, but as a pure, wholesome, comforting remedy that grants salvation and comfort. It will cure you and give you life both in soul and body. For where the soul has recovered, the body also is relieved" (Large Catechism V 68).

"We speak of the presence of the living Christ, for we know that 'death no longer has dominion over Him' " [**Rom. 6:9**] (Apology X 57).

948 **Rom. 6:8–9** If we have died with Christ, we believe that we will also live with Him. We know that Christ, being raised from the dead, will never die again; death no longer has dominion over Him.

949 **Rom. 8:31–32** If God is for us, who can be against us? He who did not spare His own Son but gave Him up for us all, how will He not also with Him graciously give us all things?

C. In the Sacrament Christ gives victory over sin and hell and strength for the new life in Him.

950 **Rom. 8:10** If Christ is in you, although the body is dead because of sin, the Spirit is life because of righteousness.

951 **1 Peter 2:24** He Himself bore our sins in His body on the tree, that we might die to sin and live to righteousness. By His wounds you have been healed.

D. As Christians partake of this sacrament together, they make a solemn public confession of Christ and of unity in the truth of His Gospel.

952 **1 Cor. 10:17** Because there is one bread, we who are many are one body, for we all partake of the one bread.

953 **1 Cor. 11:26** For as often as you eat this bread and drink the cup, you proclaim the Lord's death until He comes.

Note: See also **Heb. 12:22–24**.

III. The Power of the Sacrament of the Altar

How can bodily eating and drinking do such great things?

Certainly not just eating and drinking do these things, but the words written here: "Given and shed for you for the forgiveness of sins." These words, along with the bodily eating and drinking, are the main thing in the Sacrament. Whoever believes these words has exactly what they say: "forgiveness of sins."

297. ***¿Cómo se puede obtener perdón de pecados, vida y salvación mediante el comer y beber corporal?***
No es simplemente el comer y beber, sino las palabras de Cristo, junto con su cuerpo y su sangre, bajo el pan y el vino, son la forma por medio de la cual se dan estas bendiciones. "Nosotros no afirmamos cosa semejante acerca del pan y del vino por el mero hecho de serlo, sino que nos referimos únicamente al pan y vino que son el cuerpo y la sangre de Cristo y que van unidos a la palabra. Esto, decimos, y ninguna otra cosa es el tesoro mediante el cual se adquiere tal perdón de los pecados" (Catecismo Mayor V). Las palabras de Cristo han puesto estos dones en el sacramento, y el creyente los recibe por medio de la fe.

298. ***¿Recibe cada comulgante los beneficios de perdón, vida y salvación?***
Perdón, vida y salvación se ofrecen verdaderamente a todos los que comen y beben el cuerpo y la sangre del Señor en el sacramento, pero sólo por fe podemos recibir las bendiciones que allí se ofrecen.

954 **Lc 1.45** ¡Dichosa tú, que has creído, porque se cumplirá lo que el Señor te ha anunciado!

955 **Lc 11.27-28** "¡Dichoso el vientre que te dio a luz, y los senos que te amamantaron!" Jesús respondió: "Más bien, dichosos los que escuchan la palabra de Dios, y la obedecen."

Nota: El guardar o el obedecer las promesas de la palabra de Dios es simplemente creer y confiar en ella. "Pues este mensaje nos muestra de qué manera Dios nos libra de culpa: es por fe y solamente por fe. Así lo dicen las Escrituras: 'El justo por la fe vivirá' " (**Ro 1.17**).

956 **1 Co 10.3-5** También todos ellos comieron el mismo alimento espiritual, y todos bebieron la misma bebida espiritual, porque bebían de la roca espiritual que los seguía, la cual era Cristo. Pero la mayoría de ellos no agradó a Dios, y por eso quedaron tendidos en el desierto.

H.B. **Mt 9.20-22, 27-29** Había una bendición en tocar a Jesús o en el ser tocado por él, y por medio de la fe se lo recibía.

IV. Cómo se recibe este sacramento dignamente

¿Quién recibe este sacramento dignamente?

El ayunar y prepararse corporalmente es, por cierto, una buena disciplina externa; pero es verdaderamente digno y está bien preparado aquél que tiene fe en las palabras: "Por ustedes dado" y "derramada por ustedes para remisión de los pecados." Mas el que no cree estas palabras, o duda de ellas, no es digno, ni está preparado, porque las palabras "por ustedes" exigen corazones enteramente creyentes.

299. ***¿Por qué es importante recibir este sacramento dignamente?***
Es muy importante porque San Pablo claramente enseña: "Así que cualquiera que coma este pan o beba esta copa del Señor de manera indigna, será culpado del cuerpo y de la sangre del Señor. Por tanto, cada uno de ustedes debe examinarse a sí mismo antes de comer el pan y de beber de la copa. Porque el que come y bebe de manera indigna, y sin discernir el cuerpo del Señor, come y bebe para su propio castigo" (**1 Co 11.27-29**).

297. ***How can forgiveness, life, and salvation be obtained through bodily eating and drinking?***

"But here our wise spirits twist themselves about with their great art and wisdom. They cry out and bawl, How can bread and wine forgive sins or strengthen faith? They hear and know that we do not say this about bread and wine. Because, in itself, bread is bread. But we speak about the bread and wine that is Christ's body and blood and has the words attached to it. That, we say, is truly the treasure—and nothing else—through which such forgiveness is gained." (Large Catechism V 28). Christ's words of promise have put these gifts into the Sacrament, and the believer receives them there through faith.

298. ***Does everyone who eats and drinks the Sacrament also receive forgiveness, life, and salvation?***

Forgiveness, life, and salvation are truly offered to all who eat the Lord's body and blood in the Sacrament, but only through faith can we receive the blessings offered there.

954 **Luke 1:45** Blessed is she who believed that there would be a fulfillment of what was spoken to her from the Lord.

955 **Luke 11:27–28** "Blessed is the womb that bore You, and the breasts at which You nursed!" But he said, "Blessed rather are those who hear the word of God and keep it!"

Note: To "keep" or "obey" God's Word of promise is to believe or trust it. "For in [the Gospel] the righteousness of God is revealed from faith for faith, as it is written: 'The righteous shall live by faith' " (**Rom. 1:17**).

956 **1 Cor. 10:3–5** All ate the same spiritual food, and all drank the same spiritual drink. For they drank from the spiritual Rock that followed them, and the Rock was Christ. Nevertheless, with most of them God was not pleased, for they were overthrown in the wilderness.

Bible narrative: There was a blessing in touching Jesus or being touched by Him, and faith received it (**Matt. 9:20–22, 27–29**).

IV. How to Receive This Sacrament Worthily

Who receives this sacrament worthily?

Fasting and bodily preparation are certainly fine outward training. But that person is truly worthy and well prepared who has faith in these words: "Given and shed for you for the forgiveness of sins."

But anyone who does not believe these words or doubts them is unworthy and unprepared, for the words "for you" require all hearts to believe.

299. ***Why is it important to receive the Sacrament worthily?***

It is very important because St. Paul clearly teaches: "Whoever, therefore, eats the bread or drinks the cup of the Lord in an unworthy manner will be guilty concerning the body and blood of the Lord. Let a person examine himself, then, and so eat of the bread and drink of the cup. For anyone who eats and drinks without discerning the body eats and drinks judgment on himself" (**1 Cor. 11:27–29**).

300. ***¿Es necesario ayunar antes de recibir este sacramento?***
El ayuno es una buena disciplina de la voluntad, pero Dios no ordenó horas, lugares o formas particulares para hacerlo.

957 **1 Ti 4.8** El ejercicio corporal es poco provechoso, pero la piedad es provechosa para todo.

Nota: Ver **1 Co** 9.24-27.

301. ***¿Cuándo recibimos este sacramento dignamente?***
Lo recibimos dignamente cuando tenemos fe en Cristo y en sus palabras: "Dado y derramada por ustedes para remisión de los pecados."

302. ***¿Cuándo es indigna y no está preparada una persona?***
Una persona es indigna y no está preparada cuando no cree o duda de las palabras de Cristo, porque las palabras "por ustedes" exigen corazones verdaderamente creyentes.

303. ***¿Cómo debemos examinarnos antes de recibir este sacramento?***
Debemos examinarnos para ver si

A. sentimos pesar por nuestros pecados;

958 **Sal 38.18** Voy a confesar mi maldad; pues me pesa haber pecado.

959 **2 Co 7.10-11** La tristeza que proviene de Dios produce arrepentimiento para salvación, y de ésta no hay que arrepentirse, pero la tristeza que proviene del mundo produce muerte. ¡Fíjense! Esta tristeza que provino de Dios, ¡produjo en ustedes preocupación!

B. creemos en nuestro Salvador Jesucristo y en sus palabras en este sacramento;

960 **Lc 22.19-20** Esto es mi cuerpo, que por ustedes es entregado... Esta copa es el nuevo pacto en mi sangre, que por ustedes va a ser derramada.

961 **2 Co 13.5** Examínense ustedes mismos y vean si permanecen en la fe; pónganse a prueba ustedes mismos.

C. nos proponemos, con la ayuda del Espíritu Santo, cambiar nuestras vidas pecaminosas.

962 **Ef 4.22-24** En cuanto a su pasada manera de vivir, despójense de su vieja naturaleza, la cual está corrompida por los deseos engañosos; renuévense en el espíritu de su mente, y revístanse de la nueva naturaleza, creada en conformidad con Dios en la justicia y santidad de la verdad.

Nota: Como una preparación para el sacramento, se pueden usar las "Preguntas cristianas con sus respuestas."

304. ***¿Pueden participar de la Mesa del Señor los que son débiles en la fe?***
Sí, porque Cristo instituyó este sacramento con el propósito de fortalecer e incrementar nuestra fe.

963 **Mc 9.24** ¡Creo! ¡Ayúdame en mi incredulidad!

964 **Jn 6.37** Al que a mí viene, no lo echo fuera.

305. ***¿A quién no se debe dar este sacramento?***
Este sacramento no se debe dar a los siguientes:

A. A los que son abiertamente impíos y no se arrepienten, incluyendo a los que participan de cultos religiosos no cristianos.

300. *Is it necessary to fast before receiving the Sacrament?*

Fasting can be good training for the will, but God does not command particular times, places, and forms for this.

957 **1 Tim. 4:8** Bodily training is of some value, godliness is of value in every way.

Note: See also **1 Cor. 9:24–27.**

301. *When do we receive the Sacrament worthily?*

We receive it worthily when we have faith in Christ and His words, "Given and shed for you for the forgiveness of sins."

302. *When is a person unworthy and unprepared?*

A person is unworthy and unprepared when he or she does not believe or doubts Christ's words, since the words "for you" require all hearts to believe.

303. *How are we to examine ourselves before receiving the Sacrament?*

We are to examine ourselves to see whether

A. we are sorry for our sins;

958 **Ps. 38:18** I confess my iniquity; I am sorry for my sin.

959 **2 Cor. 7:10–11** Godly grief produces a repentance that leads to salvation without regret, whereas worldly grief produces death. For see what earnestness this godly grief has produced in you.

B. we believe in our Savior Jesus Christ and in His words in the Sacrament;

960 **Luke 22:19–20** This is My body, which is given for you. . . . This cup that is poured out for you is the new covenant in My blood.

961 **2 Cor. 13:5** Examine yourselves, to see whether you are in the faith. Test yourselves.

C. we plan, with the help of the Holy Spirit, to change our sinful lives.

962 **Eph. 4:22–24** To put off your old self, which belongs to your former manner of life and is corrupt through deceitful desires, and to be renewed in the spirit of your minds, and to put on the new self, created after the likeness of God in true righteousness and holiness.

Note: As a preparation for the Sacrament, use "Christian Questions with Their Answers."

304. *May those who are weak in faith come to the Lord's Table?*

Yes, for Christ instituted the Sacrament for the very purpose of strengthening and increasing our faith.

963 **Mark 9:24** I believe; help my unbelief!

964 **John 6:37** Whoever comes to Me I will never cast out.

305. *Who must not be given the Sacrament?*

The Sacrament must not be given to the following:

A. Those who are openly ungodly and unrepentant, including those who take part in non-Christian religious worship.

965 **1 Co 5.11, 13** Más bien les escribí que no se junten con los que se dicen hermanos pero son libertinos, avaros, idólatras, insolentes, borrachos y ladrones. Con esa gente, ni siquiera coman juntos. A los de afuera, ya Dios los juzgará. Así que, ¡saquen de entre ustedes a ese perverso!

966 **1 Co 10.20-21** Lo que quiero decir es que los animales que ofrecen los no judíos, se ofrecen a los demonios, y no a Dios; y yo no quiero que ustedes tengan algo que ver con los demonios. Ustedes no pueden beber de la copa del Señor, y también de la copa de los demonios; no pueden participar de la mesa del Señor, y también de la mesa de los demonios.

B. A los que no quieren perdonar y rehúsan reconciliarse. De esta manera demuestran que no creen realmente que Dios les perdona también a ellos.

967 **Mt 6.15** Si ustedes no perdonan a los otros sus ofensas, tampoco el Padre de ustedes les perdonará sus ofensas.

H.B. **Mt 18.21-35** El siervo que no quiso perdonar.

C. A los que no confiesan la misma fe, porque la Cena del Señor es un testimonio de la unidad de la fe.

968 **Hch 2.42** Se mantenían fieles a las enseñanzas de los apóstoles y en el mutuo compañerismo, en el partimiento del pan y en las oraciones.

969 **1 Co 10.17** Hay un solo pan, del cual todos participamos; por eso, aunque somos muchos, conformamos un solo cuerpo.

970 **1 Co 11.26** Siempre que coman este pan, y beban esta copa, proclaman la muerte del Señor, hasta que él venga.

971 **Ro 16.17** Les ruego, hermanos, que se cuiden de los que causan divisiones y tropiezos en contra de la enseñanza que ustedes han recibido, y que se aparten de ellos.

D. A los que no pueden examinarse a sí mismos, como los niños pequeños, los que no recibieron instrucción adecuada, o los que están en estado inconsciente.

972 **1 Co 11.28** Cada uno de ustedes debe examinarse a sí mismo antes de comer el pan y de beber de la copa.

Nota: Los pastores como administradores de los misterios de Dios (**1 Co 4.1**) tienen la mayor responsabilidad en cuanto a quien puede ser admitido al sacramento. Alguna responsabilidad también recae sobre la congregación y el comulgante.

306. *¿Qué es la confirmación?*

La confirmación es un rito de la iglesia precedido por un período de instrucción diseñado para que el creyente ya bautizado se identifique con la vida y la misión de la comunidad cristiana.

Nota: Antes de ser admitido a la Santa Cena, es necesario ser instruido en la fe cristiana (**1 Co 11.28**). El rito de la confirmación provee una oportunidad para que el creyente, fiándose en la promesa de Dios dada en el santo Bautismo, dé una confesión de fe pública y personal como también una promesa de fidelidad a Cristo para toda su vida.

973 **Mt 10.32-33** A cualquiera que me confiese delante de los hombres, yo también lo confesaré delante de mi Padre que está en los cielos. Y a cualquiera que me niegue delante de los hombres, yo también lo negaré delante de mi Padre que está en los cielos.

974 **Ap 2.10** Sé fiel hasta la muerte, y yo te daré la corona de la vida.

965 **1 Cor. 5:11**, 13 [You must not] associate with anyone who bears the name of brother if he is guilty of sexual immorality or greed, or is an idolater, reviler, drunkard, or swindler—not even to eat with such a one… . "Purge the evil person from among you."

966 **1 Cor. 10:20–21** What pagans sacrifice they offer to demons and not to God. I do not want you to be participants with demons. You cannot drink the cup of the Lord and the cup of demons. You cannot partake of the table of the Lord and the table of demons.

B. Those who are unforgiving, refusing to be reconciled. They show thereby that they do not really believe that God forgives them either.

967 **Matt. 6:15** If you do not forgive others their trespasses, neither will your Father forgive your trespasses.

Bible narrative: The unmerciful servant (**Matt. 18:21–35**).

C. Those of a different confession of faith, since the Lord's Supper is a testimony of the unity of faith.

968 **Acts 2:42** They devoted themselves to the apostles' teaching and the fellowship, to the breaking of bread and the prayers.

969 **1 Cor. 10:17** Because there is one bread, we who are many are one body, for we all partake of the one bread.

970 **1 Cor. 11:26** For as often as you eat this bread and drink the cup, you proclaim the Lord's death until He comes.

971 **Rom. 16:17** Watch out for those who cause divisions and and create obstacles contrary to the doctrine that you have been taught; avoid them.

D. Those who are unable to examine themselves, such as infants, people who have not received proper instruction, or the unconscious.

972 **1 Cor. 11:28** Let a person examine himself, then, and so eat of the bread and drink of the cup.

Note: Pastors as stewards of the mysteries of God (**1 Cor. 4:1**) have the greatest responsibility as to who should be admitted to the Sacrament. Some of the responsibility also rests with the congregation and the communicant.

306. *What is confirmation?*

Confirmation is a public rite of the church preceded by a period of instruction designed to help baptized Christians identify with the life and mission of the Christian community.

Note: Prior to admission to the Lord's Supper, it is necessary to be instructed in the Christian faith (**1 Cor. 11:28**). The rite of confirmation provides an opportunity for the individual Christian, relying on God's promise given in Holy Baptism, to make a personal public confession of the faith and a lifelong pledge of fidelity to Christ.

973 **Matt. 10:32–33** So everyone who acknowledges Me before men, I also will acknowledge before My Father who is in heaven, but whoever denies Me before men, I also will deny before My Father who is in heaven.

974 **Rev. 2:10** Be faithful unto death, and I will give you the crown of life.

APÉNDICE

Los credos y las confesiones

Además del Credo Apostólico, el Credo Niceno, que se confiesan cuando se celebra la Cena del Señor, y el Credo Atanasiano, que se lee muchas veces el domingo de la Santa Trinidad, son declaraciones universales de fe sostenidas por la Iglesia Luterana. Ambos se concentran especialmente en la persona y en la obra de Jesucristo.

La Iglesia Luterana también acepta sin reservas todos los documentos contenidos en el Libro de Concordia de 1580 como una declaración y exposición verdadera y no adulterada de la palabra de Dios. El más conocido y usado de estos documentos es el Catecismo Menor de Martín Lutero.

Lutero nació el 10 de noviembre de 1483 en Eisleben, Alemania. Estudió en la Universidad de Erfurt, reconocida como la mejor escuela, especialmente en leyes y artes liberales. Sin embargo, muy pronto solicitó ser admitido en la orden agustina. En 1507 fue consagrado como sacerdote. Más tarde obtuvo el doctorado en teología. Su ruptura con la Iglesia Católica Romana en 1521 se produjo después que se le ordenara retractarse de lo que él creía eran enseñanzas bíblicas contrarias a las de la Iglesia Romana.

El Catecismo Menor y el Catecismo Mayor, terminados en 1529, fueron concebidos originalmente para ser manuales de ayuda para pastores y jefes de familias en la enseñanza de la palabra de Dios a niños y adultos. El Catecismo Mayor no está hecho en forma de preguntas y respuestas, sino presenta enseñanzas cristianas básicas en una forma usada a menudo en sermones.

La Confesión de Augsburgo, otra declaración de fe muy conocida, fue escrita por Felipe Melanchton y leída ante el emperador Carlos V en Augsburgo, Alemania, en 1530. Aunque redactada un tono amigable, fue adoptada como un testimonio contra los abusos que prevalecían en la iglesia y contra los errores de ciertos reformadores en relación a doctrinas fundamentales como el pecado original y los sacramentos.

En 1531 Melanchton escribió la Apología (defensa) de la Confesión de Augsburgo. Este documento también llegó a ser una confesión de fe oficial entre los luteranos, cuando la adoptaron en Esmalcalda, Alemania, en 1537. Contesta detalladamente las críticas a la Confesión de Augsburgo.

Prácticamente, la mitad de la Apología está dedicada a la enseñanza bíblica de la justificación por gracia, por medio de la fe en Jesucristo.

Los Artículos de Esmalcalda fueron escritos por Lutero en 1536 y firmados por muchos clérigos presentes en Esmalcalda en 1537. Los artículos son un resumen de los principales desacuerdos de Lutero con la Iglesia Romana. El Tratado sobre el Poder y la Primacía del Papa, escrito por Melanchton, también fue adoptado oficialmente en Esmalcalda.

La Fórmula de Concordia, completada en 1577, sirvió para resolver diferencias doctrinales entre luteranos, y fue aprobada por más de 8.000 teólogos, pastores y maestros en 1580. No era una nueva confesión, sino una exposición y defensa de los escritos adoptados previamente.

APPENDIX

Creeds and Confessions

In addition to the Apostles' Creed, the Nicene Creed, which is confessed at celebrations of the Lord's Supper, and the Athanasian Creed, often read on Holy Trinity Sunday, are universal statements of faith held by the Lutheran Church. Both concentrate especially on the person and work of Jesus Christ.

The Lutheran Church also accepts without reservation all the documents contained in the Book of Concord of 1580 as a true and unadulterated statement and exposition of the Word of God. The best known and most widely used of these is Dr. Martin Luther's Small Catechism.

Born Nov. 10, 1483, in Eisleben, Germany, Luther attended the University of Erfurt, regarded as the best of schools particularly in law and liberal arts. Soon after, however, he requested to be admitted to the Augustinian order. In 1507 he was consecrated a priest and later obtained a doctorate in theology. His break with the Roman Catholic Church in 1521 occurred after he was told to recant what he believed to be scriptural teachings contrary to those of the Roman Church.

Luther's Small Catechism and his Large Catechism, completed in 1529, were originally intended to be helpful manuals for pastors and family heads in teaching God's Word to children and adults. The Large Catechism is not made up of questions and answers but presents basic Christian teachings in a form often used in sermons.

Another well-known statement of faith, the Augsburg Confession, was written by Philip Melanchthon and read before Emperor Charles V at Augsburg, Germany, in 1530. While friendly in tone, it was adopted as a testimony against abuses prevalent in the church and against the errors of certain reformers regarding such crucial doctrines as original sin and the Sacraments.

In 1531 Melanchthon wrote the Apology (Defense) of the Augsburg Confession. It too became an official confession of faith among Lutherans by its adoption at Smalcald, Germany, in 1537. In great detail it answers criticisms of the Augsburg Confession. Virtually half of the Apology is devoted to the biblical doctrine of justification by grace through faith in Jesus Christ.

The Smalcald Articles were written by Luther in 1536 and signed by many clergy present at Smalcald in 1537. The Articles are a summary of Luther's main disagreements with the Roman Church. Melanchthon's Treatise on the Power and Primacy of the Pope was also officially adopted at Smalcald.

The Formula of Concord, completed in 1577, served to resolve doctrinal differences among Lutherans and was approved by over 8,000 theologians, pastors, and teachers by 1580. It was not a new confession but an exposition and defense of the previously adopted writings.

Quotations from these writings are included in this explanation of the Small Catechism.

EL AÑO ECLESIÁSTICO

Cuatro domingos de Adviento
Navidad (el nacimiento de nuestro Señor)
Año Nuevo
Epifanía
Seis domingos después de Epifanía
Miércoles de Ceniza
Seis domingos de Cuaresma
Domingo de Ramos
Semana Santa, con Jueves Santo y Viernes Santo
La temporada de Pascua de Resurrección (La resurrección de nuestro Señor)
Cinco domingos de Pascua
La ascensión de nuestro Señor
Sexto Domingo de Pascua
Pentecostés
Segundo a Vigésimo Séptimo Domingo después de Pentecostés
Domingo del cumplimiento
Último Domingo después de Pentecostés

THE CHURCH YEAR

Four Sundays in Advent
Christmas (The birth of Our Lord)
New Year
Epiphany
Six Sundays after the Epiphany
Ash Wednesday
Six Sundays in Lent
Palm Sunday
Holy Week, with Maundy Thursday and Good Friday
Easter Season (The Resurrection of Our Lord)
Five Sundays of Easter
The Ascension of Our Lord
Sixth Sunday of Easter
Pentecost
Second through Twenty-seventh Sunday after Pentecost
Sunday of the Fulfillment
Last Sunday after Pentecost